中小企業診断士
最速合格のための
スピードテキスト

② 財務・会計

TAC中小企業診断士講座

はしがき

　企業経営には、各種の経営資源が必要ですが、その中でも「資金」は最も重要な経営資源のひとつと考えることができます。

　企業が創業する際には、その事業規模に応じた資金を調達することが必要となります。また、企業規模が大きくなり、経営の多角化や新規事業への進出、さらに、それに伴う設備投資や研究開発を実施する場合には、そのための資金調達を無視することはできません。

　このように企業経営に資金調達は不可欠なものですが、企業が必要な資金を効率よく調達するためには、資金提供者に対して企業の財政状態や経営成績などを財務諸表として正確に伝えることが求められます。さらに、その財務諸表をもとに企業の経営状態を分析することは、資金提供者の意思決定にも、企業のマネジメントにも有用です。

　一方、企業の経営者もしくは財務担当者は、必要な資金をできるだけ低コストで調達することが必要です。また、調達した資金を有望な事業に投資し、調達コストを上回る成果をあげることが求められ、そうすることで企業の価値が向上していくことになります。ただし、どの事業に投資しても必ず一定の成果が保証されるとは限らず、成果にばらつきが出るといったリスクの存在を認識することが必要です。

　「財務・会計」の学習範囲は非常に多岐にわたりますが、本書を使うことで、必ず合格に必要な実力をつけることができます。あわてず焦らずじっくりと、学習を進めてください。

2021年8月
TAC中小企業診断士講座

本書の利用方法

本書は皆さんの学習上のストーリーを考えた構成となっています。テキストを漫然と読むだけでは、学習効果を得ることはできません。効果的な学習のためには、次の1〜3の順で学習を進めるよう意識してください。

1. 全体像の把握：「科目全体の体系図」「本章の体系図」「本章のポイント」
2. インプット学習：「本文」
3. 本試験との関係確認：「設例」「出題領域表」

1．全体像の把握

テキストの巻頭には「**科目全体の体系図**」を掲載しています。科目の学習に入る前に、まずこの体系図をじっくりと見てください。知らない単語・語句等もあると思いますが、この段階では「何を学ぼうとしているのか」を把握することが重要です。

また、各章の冒頭には「**本章の体系図**」を掲載しています。これから学習する内容の概略を把握してから、学習に入るようにしましょう。「本章の体系図」は、「科目全体の体系図」とリンクしていますので、科目全体のなかでの位置づけも確認してください。

まず、全体像を把握。

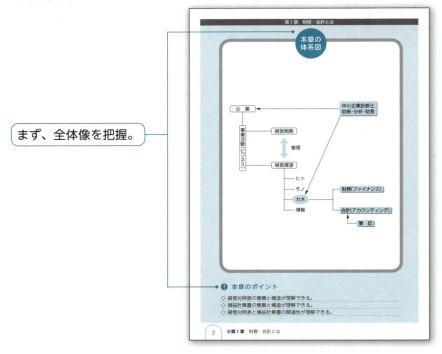

2．インプット学習

　テキスト本文において、特に重要な語句については**太字**で表示しています。また、語句の定義を説明する部分については、色文字で表示をしています。復習時にサブノートやカードをつくる方は、これらの語句・説明部分を中心に行うとよいでしょう。

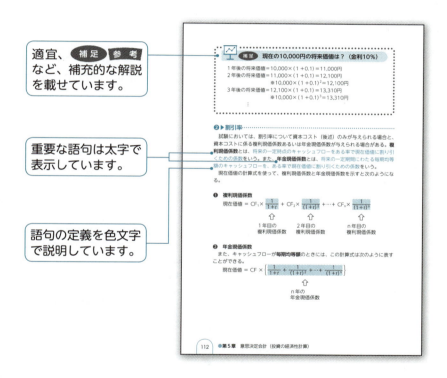

適宜、 補足 参考 など、補充的な解説を載せています。

重要な語句は太字で表示しています。

語句の定義を色文字で説明しています。

3．本試験との関係確認

テキスト本文の欄外にある R元 6 という表示は、令和元年度第1次試験第6問において、テキスト該当箇所の論点もしくは類似論点が出題されているということを意味しています。本試験ではどのように出題されているのか、テキスト掲載の 設 例 や過去問題集等で確認してみましょう。

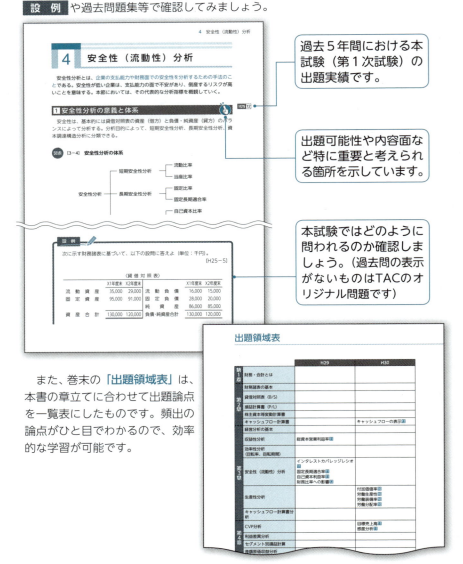

また、巻末の「出題領域表」は、本書の章立てに合わせて出題論点を一覧表にしたものです。頻出の論点がひと目でわかるので、効率的な学習が可能です。

中小企業診断士試験の概要

　中小企業診断士試験は、「第1次試験」と「第2次試験」の2段階で行われます。

　第1次試験は、企業経営やコンサルティングに関する基本的な知識を問う試験であり、年齢や学歴などによる制限はなく、誰でも受験することができます。第1次試験に合格すると、第2次試験へと進みます。この第2次試験は、企業の問題点や改善点などに関して解答を行う記述式試験（筆記試験）と、面接試験（口述試験）で行われます。

　それぞれの試験概要は、以下のとおりです（令和3年度現在）。

第1次試験

【試験科目・形式】　7科目（8教科）・択一マークシート形式（四肢または五肢択一）

		試験科目	試験時間	配点
第1日目	午前	経済学・経済政策	60分	100点
		財務・会計	60分	100点
	午後	企業経営理論	90分	100点
		運営管理（オペレーション・マネジメント）	90分	100点
第2日目	午前	経営法務	60分	100点
		経営情報システム	60分	100点
	午後	中小企業経営・中小企業政策	90分	100点

※中小企業経営と中小企業政策は、90分間で両方の教科を解答します。
※公認会計士や税理士といった資格試験の合格者については、申請により試験科目の一部免除が認められています。

【受験資格】

　年齢・学歴による制限なし

【実施地区】

　札幌・仙台・東京・名古屋・大阪・広島・福岡・那覇

【合格基準】

(1)総点数による基準

　総点数の60％以上であって、かつ1科目でも満点の40％未満のないことを基準とし、試験委員会が相当と認めた得点比率とする。

(2)科目ごとによる基準

　満点の60％を基準とし、試験委員会が相当と認めた得点比率とする。

※一部の科目のみに合格した場合には、翌年度および翌々年度の、第1次試験受験の際に、申請により当該科目が免除されます（合格実績は最初の年を含めて、3年間有効となる）。
※最終的に、7科目すべての科目に合格すれば、第1次試験合格となり、第2次試験を受験することができます。

【試験案内・申込書類の配布期間、申込手続き】

例年5月中旬から6月上旬（令和3年度は5/7〜6/11）

【試験日】 例年8月上旬の土日2日間（令和3年度は8/21・22）

【合格発表】 例年9月上旬（令和3年度は9/21）

【合格の有効期間】

第1次試験合格（全科目合格）の有効期間は2年間（翌年度まで）有効。

第1次試験合格までの、科目合格の有効期間は3年間（翌々年度まで）有効。

> **❗ 第1次試験のポイント**
>
> ①全7科目（8教科）を2日間で実施する試験である
> ②科目合格制が採られており基本的な受験スタイルとしては7科目一括合格を
> 　目指すが、必ずしもそうでなくてもよい（ただし、科目合格には期限がある）

第2次試験《筆記試験》

【試験科目】 4科目・各設問15〜200文字程度の記述式

	試験科目	試験時間	配点
午前	中小企業の診断及び助言に関する実務の事例Ⅰ	80分	100点
	中小企業の診断及び助言に関する実務の事例Ⅱ	80分	100点
午後	中小企業の診断及び助言に関する実務の事例Ⅲ	80分	100点
	中小企業の診断及び助言に関する実務の事例Ⅳ	80分	100点

【受験資格】

第1次試験合格者

※第1次試験全科目合格年度とその翌年度に限り有効です。

※平成12年度以前の第1次試験合格者で、平成13年度以降の第2次試験を受験していない場合
は、1回に限り有効です。

【実施地区】

札幌・仙台・東京・名古屋・大阪・広島・福岡

【試験案内・申込書類の配布期間、申込手続き】

例年8月下旬から9月中旬（令和3年度は9/10〜10/5）

【試験日】 例年10月下旬の日曜日（令和3年度は11/7）

【合格発表】 例年12月上旬（令和3年度は令和4年1/14）

※筆記試験に合格すると、口述試験を受験することができます。

※口述試験を受ける資格は当該年度のみ有効です（翌年への持ち越しはできません）。

第2次試験《口述試験》

【試験科目】 筆記試験の出題内容をもとに4〜5問出題（10分程度の面接）

【試験日】 例年12月中旬の日曜日（令和3年度は令和4年1/23）

【合格発表】 例年12月下旬（令和3年度は令和4年2/2）

> **❗ 第2次試験のポイント**
> ①筆記試験と口述試験の2段階方式で行われる
> ②基本的な学習内容としては1次試験の延長線上にあるが、より実務的な事例による出題となる

〔備考〕実務補習について

　中小企業診断士の登録にあたっては、第2次試験に合格後3年以内に、「診断実務に15日以上従事」するか、「実務補習を15日以上受ける」ことが必要となります。

　この診断実務への従事、または実務補習を修了し、経済産業省に登録申請することで、中小企業診断士として登録証の交付を受けることができます。

中小企業診断士試験に関するお問合せは

一般社団法人 中小企業診断協会 （試験係）

〒104-0061 東京都中央区銀座1-14-11 銀松ビル5階
ホームページ https://www.j-smeca.jp/
TEL 03-3563-0851　FAX 03-3567-5927

財務・会計を学習するにあたってのポイント

　財務・会計の試験対策における失敗の典型的パターンは、無闇に問題演習を繰り返すことです。単純に過去問や問題集を何度も解いても学習効果は低いです。問題を解く場合は、目的意識をもって取り組むようにしましょう。何が論点（要点・ポイント）となっているのかを意識することが重要です。

①演習を繰り返すことで定着させること

　理解が不十分であっても、すぐに問題演習に取り組んでください。完璧に理解してから問題を解こうとすれば、いくら時間があっても足りません。また、「理解すること」と「できること」は、イコールではありません。たとえば、子供のころ学習した足し算や引き算も、繰り返し解くことで身につけてきたと思います。大人であれば子供と違い、論理的な思考ができるため、繰り返し学習は必要がないという考えもありますが、多くの方は演習を繰り返すことで問題が解ける（できる）ようになります。処理手順を理解し、そして定着（覚える）させるために繰り返しているという意識が重要です。「過去問を5回繰り返す」という目標を立て、単純に5回解いても、処理手順が定着していなければ無駄になります。過去にどのような出題があり、その問題の特徴や解法、間違いやすいポイントなどがどのようなものかを覚えてしまうくらいの取り組みが必要です。なお、1次試験では、電卓が使用できないため、筆算での演習も必要になります。

②テキストの確認

　テキストに記載されている事項が理解できているかを確認しましょう。なんとなく読んでいると、理解できているような錯覚におちいってしまいます。他人に説明するつもりで（講師になったつもりで）読み進めてみましょう。「要するに」と、要約してみることもお勧めです。

> （例）財務レバレッジ効果を一言で説明すれば？
> 　→　負債比率の変動によるROEの変動性（バラツキ）の影響
> （例）経過勘定を一言で説明すれば？
> 　→　費用または収益を当期と翌期（以降）に適正に配分すること

　また、テキストの記載内容を定着させるため、数ページ進んだら区切りのよいところで、それまでの内容を思い出してみるのも効果的です。たとえば、白紙に、論点を書き出してみましょう（できれば体系的に整理したいところですが、最初のうちは箇条書きでもかまいません）。思い出せないならば、「ただ読んだだけ」です。

（例）原価計算
　　　目的：財務諸表を作成する　→　製造原価報告書
　　　個別原価計算と総合原価計算
　　　（共通点）総製造費用を期末仕掛品と製造原価に配分する
　　　（相違点）原価の集計方法が異なる
　　　　個別原価計算 … 直接材料費、直接労務費、直接経費、製造間接費
　　　　総合原価計算 … 直接材料費、加工費

③過去問の確認

　過去問の確認は、年度別ではなく領域別に行うのが効果的です。どの領域から、どのようなパターンで出題がなされているか、関連する領域はどこかをチェックしていきましょう。過去問の確認に際しては、実際に解く必要はありません。あくまで、出題パターンの確認ですので、問題と解答およびテキストを並べて、インプット教材の一部として活用しましょう。

財務・会計 体系図

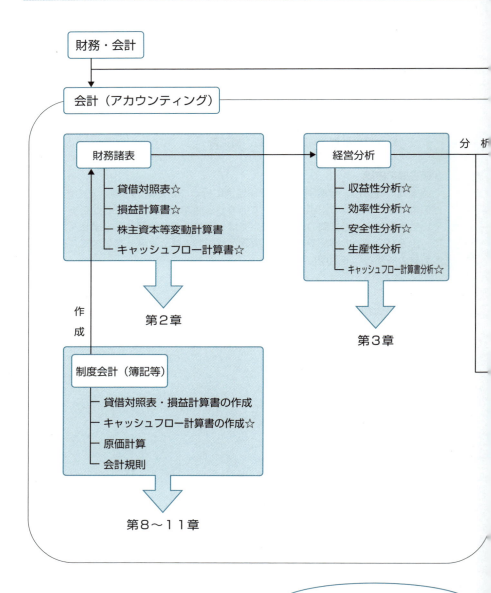

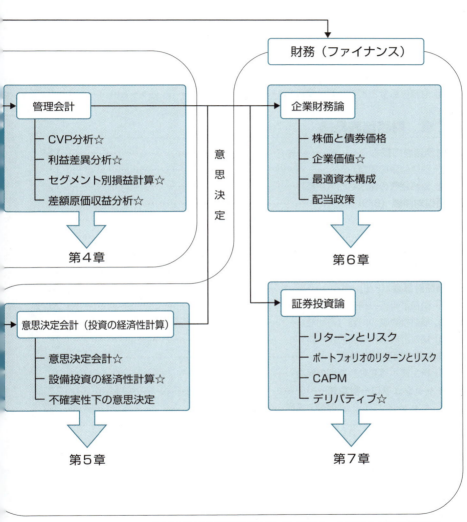

※ 領域の分け方には諸説あるが、便宜上、上図のように分類する。

Registered Management Consultant

C O N T E N T S

第1章　財務・会計とは

1　財務・会計とは ……………………………………………………………… 3
- 1 財務・会計とは ……………………………………………………………… 3
- 2 会計（アカウンティング）の概要 ……………………………………… 3
- 3 財務（ファイナンス）の概要 …………………………………………… 5
- 4 財務・会計とビジネスの関係 …………………………………………… 5

第2章　財務諸表概論

1　財務諸表の基本 ……………………………………………………………… 11
- 1 財務諸表の種類 …………………………………………………………… 11
- 2 財務諸表の作成目的（意義） …………………………………………… 12

2　貸借対照表（B/S） ………………………………………………………… 14
- 1 貸借対照表の構造 ………………………………………………………… 14
- 2 資産の部 …………………………………………………………………… 16
- 3 負債の部 …………………………………………………………………… 20
- 4 純資産の部 ………………………………………………………………… 21

3　損益計算書（P/L） ………………………………………………………… 24
- 1 損益計算書の構造 ………………………………………………………… 24
- 2 損益計算書の内容（各利益） …………………………………………… 25
- 3 損益計算書作成時のルール ……………………………………………… 28

4　株主資本等変動計算書 ……………………………………………………… 30
- 1 株主資本等変動計算書の構造 …………………………………………… 30

5　キャッシュフロー計算書 …………………………………………………… 32
- 1 キャッシュフロー計算書の構造 ………………………………………… 32
- 2 キャッシュ ………………………………………………………………… 32
- 3 キャッシュフロー計算書の内容 ………………………………………… 33

第3章　経営分析

1　経営分析の基本 ……………………………………………………………… 43
- 1 経営分析の意義等 ………………………………………………………… 43
- 2 経営分析の進め方 ………………………………………………………… 44
- 3 経営分析における資本と損益の概念 …………………………………… 44

xiv

2 収益性分析 ･･･ **48**
　1 収益性分析の意義と体系 ･･････････････････････････ 48
　2 資本利益率（ROI：Return On Investment） ･･････ 49
　3 売上高利益率 ････････････････････････････････････ 51

3 効率性分析（回転率、回転期間） ･･････････････････ **55**
　1 効率性分析の意義と体系 ･･････････････････････････ 55
　2 効率性分析 ･･････････････････････････････････････ 56

4 安全性（流動性）分析 ･･････････････････････････････ **61**
　1 安全性分析の意義と体系 ･･････････････････････････ 61
　2 短期安全性 ･･････････････････････････････････････ 62
　3 長期安全性 ･･････････････････････････････････････ 64
　4 資本調達構造 ････････････････････････････････････ 65
　5 その他の安全性分析指標 ･･････････････････････････ 66

5 生産性分析 ･･･ **71**
　1 生産性分析の意義と体系 ･･････････････････････････ 71
　2 生産性と付加価値 ････････････････････････････････ 72
　3 各種生産性分析 ･･････････････････････････････････ 72

6 キャッシュフロー計算書分析 ･･･････････････････････ **76**
　1 キャッシュフロー計算書分析の基本 ･･････････････････ 76
　2 キャッシュフロー計算書による企業の経営活動の分析 ･･････ 78

第4章　管理会計

1 CVP 分析 ･･ **83**
　1 CVP 分析 ･･･････････････････････････････････････ 83
　2 原価、営業量、利益 ･･････････････････････････････ 84
　3 損益分岐点の計算と損益分岐点図表 ･････････････････ 87
　4 損益分岐点比率・安全余裕率の計算 ･････････････････ 92
　5 感度分析 ･･ 94
　6 営業外損益の取り扱い ････････････････････････････ 95

2 利益差異分析 ･･･････････････････････････････････････ **97**
　1 売上高差異分析 ･･････････････････････････････････ 97
　2 費用差異分析 ････････････････････････････････････ 99

3 セグメント別損益計算 ･･････････････････････････････ **100**
　1 製品品種別損益計算(1) ･･･････････････････････････ 100
　2 製品品種別損益計算(2) ･･･････････････････････････ 100
　3 セールスミックス ････････････････････････････････ 101
　4 セグメント別の業績評価 ･･････････････････････････ 102

XV

4 差額原価収益分析 ･･ **105**
　1 特別注文引受可否の決定 ････････････････････････････････････ 105

第5章　意思決定会計（投資の経済性計算）

1 意思決定会計 ･･ **109**
　1 設備投資の経済性計算に関する前提知識 ････････････････････ 109
　2 時間価値の計算 ･･ 110
　3 正味 CF の予測 ･･･ 115
　4 資本コスト ･･ 119
2 設備投資の経済性計算 ･･ **121**
　1 投資や事業の評価 ･･ 121
　2 設備投資案の評価と選択 ･･････････････････････････････････ 122
　3 正味現在価値法と内部収益率法の対比 ････････････････････ 131
　4 取替投資の評価 ･･ 132
3 不確実性下の意思決定 ･･ **135**
　1 リスク調整法（リスク調整割引率法と確実性等価法） ････････ 135

第6章　ファイナンスⅠ（企業財務論）

1 企業財務論（コーポレートファイナンス）の基礎 ･･･････････ **139**
　1 企業の財務意思決定 ･･･････････････････････････････････････ 139
　2 ファイナンスの目的 ･･･････････････････････････････････････ 140
　3 企業価値の計算 ･･ 140
2 株価と債券価格の計算 ･･ **143**
　1 株価の計算 ･･ 143
　2 債券価格の算定 ･･ 149
3 DCF 法などによる企業価値の算定 ････････････････････････ **154**
　1 企業価値の算定（キャッシュフロー割引モデル） ･･･････････ 154
　2 株式価値（株主価値）の計算 ･･････････････････････････････ 164
4 最適資本構成 ･･ **167**
　1 資金調達構造 ･･ 167
　2 負債利用による節税効果 ･･････････････････････････････････ 168
　3 MM理論 ･･ 173
5 配当政策 ･･ **179**
　1 MM理論の配当無関連説 ･･････････････････････････････････ 179
　2 自己株式取得 ･･ 180

xvi

第7章 ファイナンスⅡ（証券投資論）

1 個別証券のリターンとリスク ……………………………………………… **183**
  1 証券投資論の基礎 …………………………………………………… 183
  2 個別証券（危険資産）のリターン ………………………………… 185
  3 個別証券（危険資産）のリスク …………………………………… 185
  4 リスク回避的投資家 ………………………………………………… 186
2 ポートフォリオのリターンとリスク ……………………………………… **188**
  1 ポートフォリオのリターンとリスク ……………………………… 188
  2 効率的ポートフォリオ ……………………………………………… 190
3 共分散と相関係数 …………………………………………………………… **191**
  1 共分散 ………………………………………………………………… 191
  2 相関係数 ……………………………………………………………… 192
  3 相関係数とポートフォリオ効果 …………………………………… 192
4 CAPM ………………………………………………………………………… **197**
  1 安全資産を含む効率的フロンティア ……………………………… 197
  2 CAPM ………………………………………………………………… 199
5 デリバティブ ………………………………………………………………… **204**
  1 先渡取引と先物取引 ………………………………………………… 204
  2 為替先物予約 ………………………………………………………… 206
  3 オプション取引 ……………………………………………………… 209
  4 スワップ取引 ………………………………………………………… 215

第8章 貸借対照表および損益計算書の作成プロセス

1 財務諸表の概観 ……………………………………………………………… **219**
2 取引と仕訳 …………………………………………………………………… **220**
  1 簿記の5要素 ………………………………………………………… 220
  2 取引の二面性 ………………………………………………………… 220
  3 仕 訳 ………………………………………………………………… 220
3 転 記 ………………………………………………………………………… **224**
  1 転記とは ……………………………………………………………… 224
  2 転記の手順 …………………………………………………………… 224
  3 取引と仕訳、転記の例示 …………………………………………… 226
4 試算表 ………………………………………………………………………… **229**
  1 試算表（T/B）とは ………………………………………………… 229
  2 財務諸表の作成 ……………………………………………………… 230
5 期中取引 ……………………………………………………………………… **232**
  1 商品売買 ……………………………………………………………… 232

xvii

2 貸倒れ ……………………………………………………………… 241
6 **決算整理** ……………………………………………………………… **243**
　　1 決算整理とは …………………………………………………… 243
　　2 減価償却 ………………………………………………………… 243
　　3 貸倒引当金 ……………………………………………………… 251
　　4 売上原価の算定 ………………………………………………… 259
　　5 経過勘定 ………………………………………………………… 274
7 **繰延資産** ……………………………………………………………… **287**
8 **精算表** ………………………………………………………………… **289**
9 **特殊論点** ……………………………………………………………… **294**
　　1 伝　票 …………………………………………………………… 294
　　2 本支店会計 ……………………………………………………… 298

第**9**章　キャッシュフロー計算書の作成プロセス

1 **キャッシュフロー計算書の具体例** ………………………………… **305**
2 **直接法によるキャッシュフロー計算書の作成** ………………… **308**
　　1 営業活動によるキャッシュフロー …………………………… 308
　　2 投資活動によるキャッシュフロー …………………………… 314
　　3 財務活動によるキャッシュフロー …………………………… 316
3 **間接法によるキャッシュフロー計算書の作成** ………………… **317**

第**10**章　原価計算

1 **原価計算制度の基礎** ………………………………………………… **325**
　　1 原価計算期間 …………………………………………………… 325
　　2 原価の分類と構成 ……………………………………………… 325
2 **原価計算制度** ………………………………………………………… **329**
　　1 製造原価報告書 ………………………………………………… 329
　　2 原価計算の種類 ………………………………………………… 333
　　3 全部原価計算と直接原価計算 ………………………………… 348

第**11**章　会計規則

1 **会計原則** ……………………………………………………………… **355**
　　1 一般原則 ………………………………………………………… 355
　　2 収益・費用の認識基準（計上基準） ………………………… 357
2 **固定資産の減損に係る会計基準** ………………………………… **360**
　　1 減損処理の意義 ………………………………………………… 360
　　2 会計手続き ……………………………………………………… 360

3 分配可能額の計算 ·· **364**
　① 分配可能額の計算 ·· 364
4 リース取引に関する会計基準 ································ **369**
　① リースの定義 ·· 369
　② リース取引の分類 ·· 369
　③ 会計手続き ·· 370
5 税効果会計に係る会計基準 ·································· **373**
　① 会計上と税務上の考え方 ······································ 373
　② 税効果会計の目的 ·· 374
　③ 会計手続き（法人税等調整額の認識） ··················· 375
6 連結キャッシュフロー計算書等の作成基準 ·········· **379**
　① 資金（キャッシュ）の範囲 ··································· 379
　② 表示区分 ··· 380
7 連結財務諸表に関する会計基準 ··························· **381**
　① 連結の対象 ·· 381
　② 資本連結 ··· 382
8 資産除去債務に関する会計基準 ··························· **386**
　① 資産除去債務の意義 ··· 386
　② 会計手続き ·· 387

出題領域表 ·· **390**

参考文献一覧 ··· **396**

索　引 ·· **397**

xix

第1章

財務・会計とは

Registered Management Consultant

第1章 財務・会計とは

本章の体系図

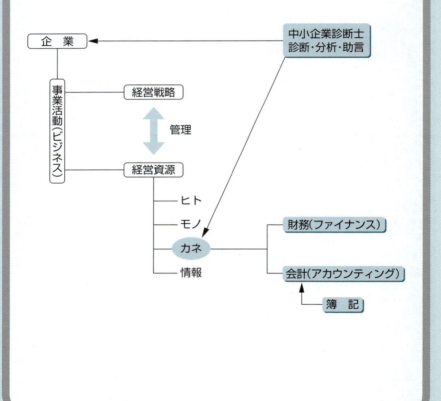

❗ 本章のポイント

◇ 貸借対照表の意義と構造が理解できる。
◇ 損益計算書の意義と構造が理解できる。
◇ 貸借対照表と損益計算書の関連性が理解できる。

1 財務・会計とは

財務・会計の学習を本格的に始める前の導入部分として、本章では、「財務・会計とは何か」ということと、中小企業診断士を目指すにあたって、財務・会計という科目を攻略するためにどのような能力が必要なのかを学習する。

1 財務・会計とは

科目の名称である財務・会計のうち、「財務」とはファイナンスを、「会計」とはアカウンティングを指す。つまり、この科目の試験範囲としてファイナンスとアカウンティングがあるということになる。なお、「2会計（アカウンティング）の概要」で見るように「財務会計」という用語もあるが、この財務会計（アカウンティングの一種）に試験範囲が限定されているわけではない。

2 会計（アカウンティング）の概要

会計とは、企業の財政状態や利益を計算するための方法・技法のことである。

❶ ▶ 会計の種類

債権者（金融機関や取引先など）や株主など、企業の外部関係者への報告を目的とするものを**制度会計（財務会計）**という。外部関係者に対して企業の真実の状態を報告しなければならないため、企業が任意のルールで財務諸表を作成することは認められず、法令や会計基準などによって、一定の作成ルールが決められている。

それに対し、外部関係者ではなく、経営者・管理者などの企業の内部関係者に対して、経営管理や意思決定のための報告を目的とするものを**管理会計**という。企業内部で活用されることから、基本的には、作成方法や判断等を企業が任意で決めることができる。

どちらの報告にも、基本的には財務諸表が用いられる。そして、学習の基本となる財務諸表は貸借対照表、損益計算書、キャッシュフロー計算書の3つであり、これらをまとめて財務3表ということがある。

❶ 貸借対照表の概要

一定時点（通常は事業年度末）における企業の**財政状態**（ストック）を明らかにするための財務諸表である。

貸借対照表（Balance Sheet：B/S）は、企業が所有する現金や建物、土地がどれだけあるか、また、銀行からどれだけ借金をしているのかといった**財政状態**を利害関係者に明らかにするための財務諸表である。なお、財政状態とは、企業の資金

の出どころ（**調達源泉**）とその使いみち（**運用形態**）をいう。
　貸借対照表は、左側（資産）を「借方」、右側（負債、純資産）を「貸方」という。

2 損益計算書の概要

　一定期間（通常は1事業年度）における企業の**経営成績（フロー）**を明らかにするための財務諸表である。
　損益計算書（Profit and Loss Statement：P/L）は、その企業がどれだけもうかったか、または、損をしたかという**経営成績**を利害関係者に明らかにするための財務諸表である。なお、経営成績とは、企業が営業活動を行った結果として獲得した成果（収益）と、それに費やした努力（費用）の差額によって算定されるもうけ（利益）をいう。

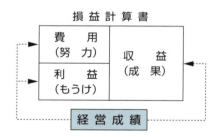

3 キャッシュフロー計算書の概要

　一定期間（通常は1事業年度）の**キャッシュ**（現金及び現金同等物）の増減を表すための財務諸表である。貸借対照表および損益計算書のもとになる取引は、必ずしも現金で行われるとは限らない。たとえば、商品を販売する場合、現金ではなく掛売りの場合もある。このような取引をすべてキャッシュベースに修正したものがキャッシュフロー計算書である。

　それぞれの財務諸表の概要については第2章以降で学習する。また、管理会計の内容については第3、4章で学習する。

❷▶ 簿　記

　財務諸表を作成するための処理方法・処理手順が簿記である。簿記は「帳簿記入」の略といわれている。簿記については第8章以降で学習する。

3 財務（ファイナンス）の概要

　ファイナンスは、日本語では財務、財政、金融などと訳される。これらの訳からわかるように、ファイナンスは資金の流れに関する活動を広く意味する。
　ファイナンスは、国家や個人を主体とするものもあるが、中小企業診断士試験のファイナンスの主体は企業である。企業を主体とするファイナンスを特に**コーポレートファイナンス**（企業財務）といい、財務管理という場合もある。
　ファイナンスについては第5～7章で学習する。

4 財務・会計とビジネスの関係

　企業の経営資源には、大きく分けてヒト、モノ、カネ、情報の4つがある。これらの経営資源を活用して、企業は、経営戦略を実行している。財務・会計は、経営資源のうちの「カネ」に大きく焦点を当てて、企業経営を学ぶ科目である。
　今、新たにビジネスを始める場面を想定してみよう。製造業であれば、製品を作るための原材料や部品を購入しなければならないし、工場も建てなければならない。また、工場で働く作業員も雇わなければならない。小売業であれば、消費者に売るための商品を仕入れなければならないし、店舗も必要だろう。ビジネスを始めるためには、これらの「元手」となるカネが必要である。元手は、自分で準備できればよいが、自分で準備できなければ他人から借りて用意しなければならない。
　そして、企業は、製品やサービスを売って「もうけ」を得る。もうけたカネを再び原材料や仕入れに投入して、再び製品やサービスを売る。平たくいえば、ビジネスはこれらの活動の繰り返しといえる。
　この、ビジネスの「元手」、およびその「元手」の「使いみち」（部品・原材料、工場、商品、店舗など）を表すのが**貸借対照表**である。そして、元手について自分で用意できたものを**自己資本**（**純資産**）、借金のように他人から入手したものを**他人資本**（**負債**）という。
　企業は、この自己資本と他人資本を使ってビジネスを行い、「もうけ」（利益）を得る。この「もうけ」を表すのが損益計算書である。損益計算書では、利益を、「収益」から「費用」を差し引いたものとして表す。

[1-1] **ビジネスと貸借対照表の関係**

企業（会社）は元手を使ってビジネスに必要なものを揃える。これらを「資産」という

ビジネスの元手

銀行など他人から借りれば「負債」

自分で用意すれば「自己資本（純資産）」、特に会社（株式会社）が自分（株主）で用意した元手を「資本金」という

貸借対照表では「借方」という ←→ 貸借対照表では「貸方」という

→ これらを使ってビジネスを行い、利益（もうけ）を得る⇒損益計算書へ

●第1章 財務・会計とは

1 財務・会計とは

図表 [1-2] **財務・会計とビジネスの関係**

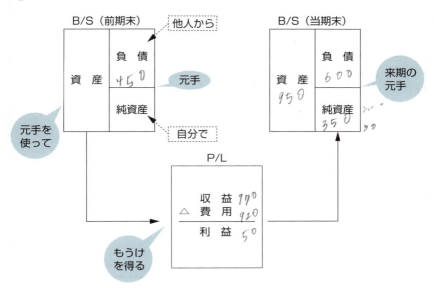

※収益とは、出資・増資等の資本取引以外の経営活動によって利益をもたらすもの（要因）をいう。この段階では、売上高ととらえておけばよい。

設 例

以下の資料をもとにして、空欄Aの金額を求めよ。　〔H14-1改題〕

期首			期末			収益	費用	純利益又は純損失
資産	負債	純資産	資産	負債	純資産			
A	450		950	600	350	970	920	

解 答 750

貸借対照表と損益計算書の関連性が問われている。

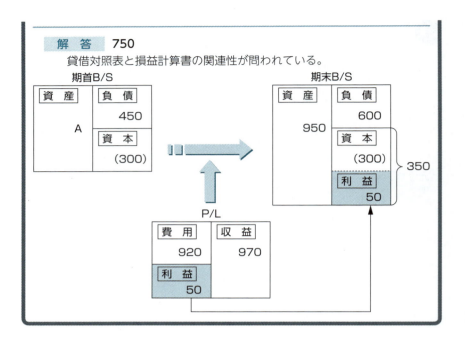

第2章
財務諸表概論

Registered Management Consultant

第2章　財務諸表概論

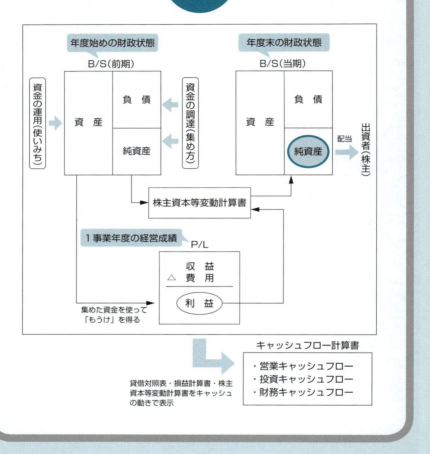

❗ 本章のポイント

◇ 会社法の計算書類、金融商品取引法の財務諸表の違いが理解できる。
◇ 貸借対照表の表示区分、流動・固定の分類基準が理解できる。
◇ 資産、負債、純資産の項目（科目）が区別できる。
◇ 損益計算書の表示区分が理解できる。
◇ 収益、費用の項目（科目）が区別できる。
◇ 株主資本等変動計算書の構造が理解できる。
◇ キャッシュフロー計算書の構造が理解できる。

1 財務諸表の基本

本節では、企業が作成を義務づけられている財務諸表の種類やその作成目的を学習する。

1 財務諸表の種類

財務諸表は、作成主体、つまり企業の種類（形態）によって以下のように異なる。

❶ ▶ 会社法（計算書類）

会社法では、以下の４つを**計算書類**といい、株式会社に作成を義務づけている。
① 貸借対照表
② 損益計算書
③ 株主資本等変動計算書
④ 個別注記表

❷ ▶ 金融商品取引法（財務諸表等規則）

主として上場企業（上場株式会社）では、金融商品取引法（財務諸表等規則）により、以下の**財務諸表**の作成が義務づけられている。
① 貸借対照表
② 損益計算書
③ 株主資本等変動計算書
④ キャッシュフロー計算書
⑤ 附属明細表

図表 [2-1] **財務諸表の種類**

計算書類	財務諸表
①貸借対照表 ②損益計算書 ③株主資本等変動計算書 ④個別注記表	①貸借対照表 ②損益計算書 ③株主資本等変動計算書 ④キャッシュフロー計算書 ⑤附属明細表

> **補足 中小企業の会計に関する指針**
>
> 中小企業の会計に関する指針は、中小企業が、計算書類の作成にあたり、拠ることが望ましい会計処理や注記等を示すものである。このため、中小企業は、本指針に拠り計算書類を作成することが推奨される（義務規定ではない）。

> **補足 中小企業の会計に関する基本要領**
>
> 中小企業の会計に関する基本要領は、中小企業の実態に即して作られた新たな会計ルールである。「中小企業の会計に関する指針」より簡便な会計処理をすることが適当と考えられる中小企業が利用することを想定している（本要領は法令などによってその利用が強制されるものではない）。

本節では、貸借対照表、損益計算書、株主資本等変動計算書、キャッシュフロー計算書について解説する。

2 財務諸表の作成目的（意義）

企業は、その経営活動により発生した各種取引を帳簿に記入し、それを最終的には財務諸表にまとめて報告しなければならない。

財務諸表を作成することによって、経営者に対しては企業の維持・成長に役立つ情報を提供（管理会計目的）し、さらに、利害関係者（株主、投資家、債権者、国家等）に対しては、その企業への投資等に関する判断に必要な情報を提供（財務会計目的）する。このように、財務諸表は会計の2つの側面である管理会計と財務会計に対して、数値の面から有用な情報を提供することになる。

また、簿記（Bookkeeping）とは、図表2－2に示したように、①日々の企業活動を帳簿に記入し、②その結果を一定期間ごとに報告書（財務諸表）にまとめることによって、企業の経営成績（もうけ）および財政状態を明らかにするための一連の処理をいう。簿記については第8章以降で学習する。

1 財務諸表の基本

  [2-2] 簿記と会計の関係

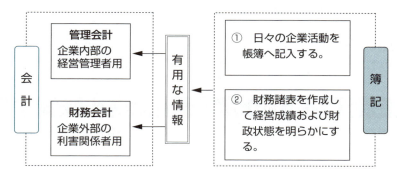

ワンポイント アドバイス

　会社法における計算書類と、金融商品取引法における財務諸表は、基本的に整合性が保たれており、各法に合わせて2種類の処理を行う必要はない。各法に基づいて作成される書類に、どのようなものがあるかは覚えておこう。

　管理会計は企業内部で利用されるものであるから、その利用方法なども企業独自のものでかまわない。画一的に手法が確定されるものではないため、参考とする書籍などによって方法や表現が異なる。一方、財務会計は外部報告会計ともよばれ、一部には複数の処理方法の中から企業が選択できる幅もあるが、基本的に処理方法は制度として規定されている。

2 貸借対照表（B/S）

　貸借対照表とは、**ある時点（通常は事業年度末）における、企業の財政状態（財産の状態）を表す財務諸表のこと**である。

1 貸借対照表の構造

　貸借対照表の具体例を示すと、次のようになる。この具体例をもとに各項目について説明を加えていく。

2 貸借対照表（B/S）

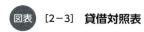 **[2-3] 貸借対照表**

貸　借　対　照　表
（x2年3月31日現在）　　　　　　（単位：千円）

資産の部			負債の部		
流動資産			流動負債		
現金及び預金		25,000	支払手形		30,000
受取手形	100,000		買掛金		35,000
貸倒引当金	△5,000	95,000	短期借入金		18,000
売掛金	60,000		その他流動負債		6,800
貸倒引当金	△3,000	57,000	流動負債合計		89,800
有価証券		15,000	固定負債		
商品		50,000	社債		75,000
短期貸付金	10,000		長期借入金		40,000
貸倒引当金	△500	9,500	固定負債合計		115,000
その他流動資産		1,500	負債合計		204,800
流動資産合計		253,000	純資産の部		
固定資産			株主資本		
（有形固定資産）			資本金		100,000
建物	60,000		資本剰余金		
減価償却累計額	△27,000	33,000	資本準備金		15,000
車両運搬具	5,000		その他資本剰余金		5,000
減価償却累計額	△1,500	3,500	資本剰余金合計		20,000
土地		30,000	利益剰余金		
建設仮勘定		5,000	利益準備金		7,000
（無形固定資産）			その他利益剰余金		
特許権		4,000	任意積立金		3,500
（投資その他の資産）			繰越利益剰余金		5,000
投資有価証券		6,000	利益剰余金合計		15,500
長期貸付金	5,000		自己株式		△1,000
貸倒引当金	△200	4,800	株主資本合計		134,500
固定資産合計		86,300	純資産合計		134,500
資産合計		339,300	負債・純資産合計		339,300

　貸借対照表は、大きく分けると**資産**の部、**負債**の部、**純資産**の部に分かれる。そして、資産の部と負債の部は、以下のようなルールに基づいて、「流動（流動資産、流動負債）」と「固定（固定資産、固定負債）」に分類される。

❶▶流動・固定の分類基準

❶ 正常営業循環基準

　正常営業循環基準とは、売掛金、受取手形、買掛金、支払手形といった取引先との通常の営業取引によって生じた債権・債務や、商品などの棚卸資産を流動項目に

15

分類し、それ以外は固定項目に分類するという基準である。

2 一年基準（ワン・イヤー・ルール）

一年基準とは、正常営業循環基準に該当しない資産・負債について、決算日の翌日から**1年**以内に決済期日が到来するものを流動項目に、それ以外は固定項目に分類するという基準である。

 [2-4] **正常営業循環基準と一年基準**

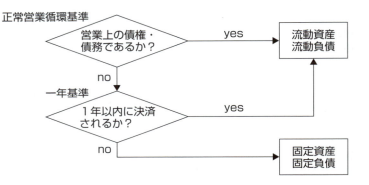

2 資産の部

債権者（金融機関や取引先）などから調達した負債、株主から調達した純資産をどのように運用したかという運用結果が資産の部に記載される。

❶ ▶ 流動資産

流動資産とは、現金や預金、さらに企業が比較的短期間に現金化すると想定される諸資産のことである。

1 現金及び預金

企業の保有する現金及び預金の額が表示される。
　　現金：硬貨および紙幣、小口現金、他人振出の小切手など
　　預金：普通預金、当座預金など

2 受取手形

手形とは、将来の特定の日に特定の金額を支払う旨を約束した有価証券のことである。手形に記入された金額（手形額面）に見合う資金がなくても、手形を発行することによって商品の仕入れなどを行うことができる（現実の支払いを先延ばしす

ることができる）。支払期日（定められた特定の日）には、手形の金額を必ず支払わなければならず、万が一、支払期日に資金を用意できなかった場合は「手形不渡り」となり、手形の発行者は信用を失うことになる。なお、6か月以内に2度の不渡りを出すと銀行取引停止（事実上の倒産）となる。

商品の販売時などに手形を受け取った場合、これを「受取手形」として資産計上する。

❸ 売掛金

主たる営業取引（商品販売など）を行ったが、代金が未収の場合に、その未収分（取引先に対する債権）の金額が表示される。商品の販売時などに取得する資産である点は「受取手形」と同様であるが、「売掛金」は売買契約に基づく債権であり、手形法に基づく手形が発行されることはない。

❹ 貸倒引当金

企業が保有する**売掛金**、**受取手形**、**貸付金**などは、取引先の倒産などにより回収不能（貸倒れ）になる可能性がある。

貸倒引当金には、売上債権（売掛金、受取手形）、貸付金などの金銭債権について、将来、回収不能（＝貸倒れ）となる可能性がある場合、貸倒れとなる金額をあらかじめ見積もったうえで、決算時点における費用として見積もり処理した際の金額が計上される。

貸倒引当金は、将来の回収不能を見積もったうえで計上されるものであるから、売上債権などの価値のマイナスを意味する。つまり、貸借対照表上に表示される売上債権などは、そこから貸倒引当金を控除した額が、回収可能と見込まれる売上債権などの価値となる。したがって、貸倒引当金は、売上債権などから控除する形式、つまり、貸借対照表の流動資産の部に負（マイナス）として表示する（なお、長期貸付金などの長期金銭債権にかかる貸倒引当金は、固定資産の部に負として表示する）。

❺ 有価証券

有価証券とは、企業が保有している株式、債券などのことである。

「有価証券」には、企業が保有する有価証券のうち、売買目的有価証券（時価をもって貸借対照表価額とする）および決算日の翌日から1年以内に満期の到来する社債その他債券の合計額が表示される。

❻ 商 品

物品の仕入および販売を主たる営業取引とする企業（小売業や卸売業が該当）の、期末における未販売の商品の在庫に相当する金額が表示される。

7 その他の流動資産の項目
短期貸付金
　企業が、取引先などの他企業に貸し付けている資金の額のうち、決算日の翌日から１年以内に回収予定のものの金額が表示される。

❷▶固定資産
　固定資産とは、企業が長期にわたり保有し、使用する資産をいい、**有形固定資産、無形固定資産、投資その他の資産**の３つに分類される。

1 有形固定資産
❶ 建　物
　事業活動に使用している建物（社屋、店舗、倉庫など）の取得金額の合計額および取得金額から資産の使用による価値の減少分の累計額（減価償却累計額）を差し引いた金額が表示される。

● 減価償却

　固定資産は、企業活動で使用することで収益獲得に貢献する。また、土地以外の固定資産は、使用することや時の経過によって老朽化し、徐々にその価値が減少する。そこで、決算において、土地以外の固定資産の取得価額をその使用する各期間に「費用」として計上し、固定資産の価値を減少させていく必要がある。この手続きを「減価償却」といい、減価償却によって生じる費用を「減価償却費」という。減価償却費の会計処理方法の詳細は第８章第６節で学習する。

減価償却費の考え方：投資費用を一期に計上するのではなく、その効果
　　　　　　　　　　　（収益）が及ぶ将来の各期に反映させる

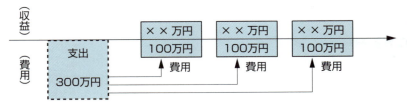

　上記の例では、300万円の支出を、各年度に100万円（＝300万円÷３年）ずつ費用として計上している（本例の償却方法を定額法という）。
　収入・支出（現金の動き）と、収益・費用（現金の動きと切り離されている）は、通常は時間の経過により一致していくが、意味が異なるので注意が必要である。たとえば、100万円の商品が売れた場合、その時点で100万円の収益となるが、代金が未回収で売掛金となっている場合は収入とはならない。後

日、売掛金が回収された時点で100万円の収入となるが、収益とはならない（収益は売れた時点で計上済みであり、結果的に収益＝収入となる）。

❷ 車両運搬具

事業活動に使用している車両などの取得金額の合計額および取得金額から資産の使用による価値の減少分の累計額（減価償却累計額）を差し引いた金額が表示される。

❸ 土地

事業活動に使用している土地の取得金額の合計額が表示される。土地は、時間経過とともに価値が下がるものではないため、減価償却は行わない。

❹ 建設仮勘定

建築中の建物などで未完成のものに対して、手付けなどとして支払った金額が表示される。なお、完成と同時に建物などの他の科目に振り替えられる。

補足　帳簿価額（簿価）

帳簿価額とは、簿記会計上での金額のことである。たとえば、建物や車両などは減価償却費という形で費用計上されるため、建物や車両などの帳簿価額は年々減少することになる。帳簿価額は、会計上の金額であり、実際の資産価値（時価）と必ずしも一致するわけではない。

② 無形固定資産

無形固定資産とは、具体的な形態を持たない資産であり、**特許権**などの法律上の権利を表す資産などから構成される。

③ 投資その他の資産

投資その他の資産とは、投資有価証券（取得原価もしくは償却原価あるいは時価をもって貸借対照表価額とする　※保有目的により異なる）、関係会社株式（取得原価をもって貸借対照表価額とする）、長期貸付金などの投資資産のことである。

❶ 投資有価証券

有価証券（流動資産）および関係会社株式以外の有価証券の合計額が表示される。なお、関係会社株式（子会社株式など）は投資有価証券と同様に、投資その他の資産に表示される。

❷ 長期貸付金

企業が他企業に貸し付けている資金の額のうち、決算日の翌日から1年を超えて回収予定のものの金額が表示される。

3 負債の部

企業の資金調達のうち、銀行や取引先などの債権者から調達した資金などが負債である。

❶▶流動負債

流動負債とは、企業が比較的短期間に現金で支払うと想定される諸負債のことである。

1 支払手形

主たる営業取引（商品仕入）を行ったが、代金が未払いの場合に、その未払分（仕入先に対する債務）のうち「手形」として振り出した額が表示される。

2 買掛金

主たる営業取引（商品仕入）を行ったが、代金が未払いの場合に、その未払分（仕入先に対する債務）から、支払手形の額を差し引いた金額が表示される。

3 短期借入金

金融機関等からの借入金のうち、決算日の翌日から1年以内に返済義務のあるものの金額が表示される。

❷▶固定負債

固定負債とは、返済義務が1年を超える（1年以内には返済しない）諸負債のことである。

1 社　債

社債とは、会社が長期資金を調達するために不特定多数の個人または法人に対して「社債券」という有価証券を発行することなどによって生じた債務であり、一定の利息（クーポンという）の支払いと償還期限における元本の償還が必要となる。

2 長期借入金

金融機関などからの借入金のうち、決算日の翌日から1年を超えた日に返済義務のあるものの金額が表示される。

4 純資産の部

企業の資金調達のうち、主として株主から調達した資金が純資産である。つまり、資産（総資産）から負債を差し引いた残りが純資産である。

純資産は、返済義務のない株主からの資金調達額や利益の留保額などを計上した株主資本に加えて評価・換算差額等と新株予約権により構成される。なお、ここでは会社法を中心とした説明とする。また、ここでの会社は株式会社を指す。

[2-5] **純資産の部の記載形式**

株主資本
資本金
資本剰余金
資本準備金
その他資本剰余金
利益剰余金
利益準備金
その他利益剰余金
任意積立金
繰越利益剰余金
自己株式
評価・換算差額等
新株予約権

※連結貸借対照表の場合は、新株予約権の下に「非支配株主持分（親会社以外の他の株主の持分）」が表示される点も押さえておこう。

❶ ▶ 株主資本

株主資本は、純資産のうち、株主からの出資額（資本金など）と、その出資額を元手に事業を行って得た「もうけ」である利益の蓄積（繰越利益剰余金など）で構成される。

1 資本金

会社財産を確保するための基準となる一定額をいう。会社法が定める法定の資本（事業の元手）である。

2 資本剰余金

資本剰余金は、株主からの出資額などのことであり、大まかにいえば資本金以外の「事業の元手」である。

❶ 資本準備金

株主が会社に対して払込みまたは給付をした財産の額のうち、資本金としなかった額や、その他資本剰余金から配当を行う場合に積み立てた額などのことである。

❷ その他資本剰余金

資本金および資本準備金の取崩しによって生じる剰余金や自己株式を売却した際の売却益などのことである。

❸ 利益剰余金

利益剰余金は、企業活動によって生じた純資産の額のことであり、利益（もうけ）を源泉としたものである。

❶ 利益準備金

その他利益剰余金（繰越利益剰余金）から配当を行う場合に積み立てた額などのことである。

❷ その他利益剰余金
　　1）任意積立金
　　　　会社の意思（株主総会の決議）によって任意に積み立てた利益剰余金のことである。
　　2）繰越利益剰余金
　　　　利益準備金および任意積立金以外の利益剰余金のことである。通常、株主への配当の原資となる。

❹ 自己株式

自社が発行した株式を市場などから取得したものであり、**株主資本の控除項目**となる。

❷▶評価・換算差額等

その他有価証券評価差額金などが計上される。

❸▶新株予約権

会社に対して行使することにより当該会社の株式の交付を受けることができる権利のことである。新株予約権の発行により会社に払い込まれた金額が計上される。

2 貸借対照表（B/S）

ワンポイント アドバイス

　「純資産」と「資産」は似た言葉であるが、意味合いは異なるのでしっかり区別しておこう。たとえば、1,000万円を出資して会社を設立した場合、「純資産（資本金）1,000万円、資産（現金及び預金）1,000万円」となるが、会社設立後に1,000万円の建物を購入したとすれば、「純資産（資本金）1,000万円、資産（建物）1,000万円」となる。つまり、純資産（資本金）1,000万円の意味は、現金1,000万円を保有しているという意味ではなく、1,000万円に相当する資産（現金及び預金、建物など）を保有しているという意味である。

参 考

　貸借対照表は、負債が資産を超過することがある。このことを**債務超過**という。債務超過は、損失が純資産を超過して、資産＜負債となる状態をいう。この場合、増資をして損失をカバーするか、買収されるかなどの改善が求められる。

貸借対照表のイメージ

資産	負債

｝ 債務超過

（債務超過の数値例）
貸借対照表

資産	1億円	負債	1.5億円
		資本金	0.1億円
		繰越利益剰余金	△0.6億円
		純資産	△0.5億円

23

3 損益計算書（P/L）

損益計算書とは、一定期間（通常は1事業年度）における、企業の経営成績（収益、費用、利益・損失）を表す財務諸表のことである。

1 損益計算書の構造

損益計算書は、外部報告用として作成される場合、左右に分割される形式（**勘定式**）ではなく、収益と費用および利益を、上から下へ一定の規則に則って並べた形式（**報告式**）で作成される。

図表 [2-6] **損益計算書**

損 益 計 算 書
x1年4月1日～x2年3月31日　　　　（単位：千円）

売上高			Ⓐ	400,000
売上原価				
期首商品棚卸高	❶	70,000		
当期商品仕入高	❷	260,000		
合　　計		330,000		
期末商品棚卸高	❸	50,000	Ⓑ	280,000　←　❶＋❷－❸
売上総利益			Ⓒ	120,000　←　Ⓐ－Ⓑ
販売費及び一般管理費				
人件費		30,000		
減価償却費		3,200		
その他販管費		66,800	Ⓓ	100,000
営業利益			Ⓔ	20,000　←　Ⓒ－Ⓓ
営業外収益				
受取利息・配当金		4,000	Ⓕ	4,000
営業外費用				
支払利息		10,000	Ⓖ	10,000
経常利益			Ⓗ	14,000　←　Ⓔ＋Ⓕ－Ⓖ
特別利益			Ⓘ	1,000
特別損失			Ⓙ	10,000
税引前当期純利益			Ⓚ	5,000　←　Ⓗ＋Ⓘ－Ⓙ
法人税、住民税及び事業税			Ⓛ	2,000
当期純利益			Ⓜ	3,000　←　Ⓚ－Ⓛ

次項から、損益計算書の段階ごとに各項目を見ていく。基本的には、利益は売上高から費用を差し引くことで求められる。差し引く費用の性格に応じて、利益は、①**売上総利益**、②**営業利益**、③**経常利益**、④**税引前当期純利益**、⑤**当期純利益**の5つに分類できる。

参考
P/Lの構造

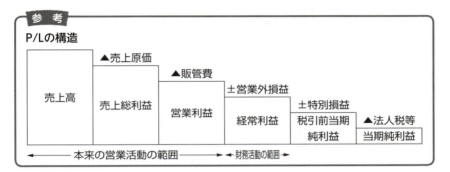

2 損益計算書の内容（各利益）

❶▶売上総利益まで

損益計算書（一部）

売上高		400,000
売上原価		280,000
売上総利益		120,000
⋮		

損益計算書（一部）

売上高		400,000
売上原価		
期首商品棚卸高	70,000	
当期商品仕入高	260,000	
合　　計	330,000	
期末商品棚卸高	50,000	280,000
売上総利益		120,000
⋮		

1 売上高
　企業の本来の営業活動の成果であり、商品（製品）の販売額やサービスの提供額などが該当する。

25

2 売上原価

売上高を獲得するために企業が購入した商品（製品）などの原価が該当する。

3 売上総利益

売上高から売上原価を差し引いて求めた利益のことである。**粗利益**ともいう。

❷▶営業利益まで・・

損益計算書（一部）

販売費及び一般管理費		
人件費	30,000	
減価償却費	3,200	
その他販管費	66,800	100,000
営業利益		20,000
⋮		⋮

1 販売費及び一般管理費（販管費）

本来の営業活動にかかわる販売業務や管理業務に関して発生した費用のことである。

販管費には次のような項目がある。

給料	従業員の給与
旅費交通費	出張旅費など
広告宣伝費	広告活動の費用
支払家賃	事務所などの家賃
減価償却費	事務所など営業用有形固定資産の償却費

2 営業利益

売上総利益から販売費及び一般管理費を差し引いた利益のことである。営業利益は、企業の営業活動の成果、つまり**本業から得られる利益**を表す。

❸▶経常利益まで・・

損益計算書（一部）

営業外収益	4,000
営業外費用	10,000
経常利益	14,000
⋮	⋮

3 損益計算書（P/L）

損益計算書（一部）

営業外収益		
受取利息・配当金	4,000	4,000
営業外費用		
支払利息	10,000	10,000
経常利益		14,000
⋮		⋮

1 営業外収益

企業本来の営業活動以外の活動（主に財務活動）から生じる収益（利益）のことである。

営業外収益には次のような項目がある。

受取利息	預金・貸付金の利息
受取配当金	他社株式の配当金

2 営業外費用

企業本来の営業活動以外の活動（主に財務活動）から生じる費用のことである。

営業外費用には、次のような項目がある。

支払利息	借入金の利息

3 経常利益

営業利益に営業外収益を加え、営業外費用を差し引いた利益のことであり、経常的な（通常の）経営活動に基づく利益を表す。

❹▶税引前当期純利益まで

損益計算書（一部）

特別利益	1,000
特別損失	10,000
税引前当期純利益	5,000
⋮	⋮

1 特別利益

経常的ではなく、臨時・例外的に発生した収益のことである。

特別利益には、次のような項目がある。

固定資産売却益	固定資産の売却益（固定資産の帳簿価額よりも売却価額のほうが大きい場合に生じる）

2 特別損失

経常的ではなく、臨時・例外的に発生した損失のことである。
特別損失には、次のような項目がある。

固定資産売却損	固定資産の売却損（固定資産の帳簿価額よりも売却価額が小さい場合に生じる）
災害損失	災害による損失

3 税引前当期純利益

経常利益に特別利益を加え、特別損失を差し引いた利益のことである。法人税、住民税及び事業税を支払う前段階の利益でもある。

❺▶当期純利益まで

損益計算書（一部）

税引前当期純利益	5,000
法人税、住民税及び事業税	2,000
当期純利益	3,000

1 法人税、住民税及び事業税

税務調整後の所得（課税所得）に対して決定された税額のことである。

2 当期純利益

税引前当期純利益から法人税、住民税及び事業税を差し引いた利益のことである。
当期純利益の額は、**株主資本等変動計算書**において**繰越利益剰余金**に加算されることで貸借対照表に反映される。

3 損益計算書作成時のルール

正しい期間損益を計算するためには、収益と費用の認識（いつ計上するのか）と測定（いくらで計上するのか）の基準が重要である。

❶▶収益・費用の認識基準

1 現金主義

収益は現金収入があったときに、費用は現金支出があったときに計上する考え方である。

2 発生主義

現金の受払いとは関係なく、収益または費用をその発生を意味する経済的事実に

基づいて計上する考え方である。減価償却費の計上などが該当する。

❸ 実現主義

販売の事実をもって収益を認識する考え方である。

ワンポイント アドバイス

まず、収入 ≠ 収益、支出 ≠ 費用であったことを思い出そう。このことは、固定資産の減価償却を例に学習している。

現金主義で収益、費用の認識を行う場合、つねに、収入＝収益、支出＝費用となる。たとえば、商品を販売して代金を回収したら収益とし（商品を販売しても代金を回収するまでは収益としない）、建物等を取得して代金を支払ったら費用とする（減価償却処理を行わない）ということである。機械設備などが高額になり、信用経済（月末締め翌月末払いといった支払形態など）も拡大している現代において、現金主義では適切な利益の算定が難しくなっている。そこで、細かな例外は多いが、基本的に収益は実現主義、費用は発生主義で認識を行う。実現主義においては、たとえば、代金が未収（売上債権となっていて収入がない）でも売上高（収益）が認識される。発生主義においては、財やサービスを消費したときに費用が認識される。たとえば、固定資産について減価償却による処理が行われる。■

---

❷▶収益・費用の測定基準

測定基準としては、実際の取引価額（収入額・支出額）で測定する収支額基準による。

4 株主資本等変動計算書

株主資本等変動計算書とは、当期首の貸借対照表の純資産の部と当期末の貸借対照表の純資産の部の項目ごとの変動を一覧にした財務諸表のことである。

1 株主資本等変動計算書の構造

❶▶株主資本等変動計算書とは

上に述べたとおり、**株主資本等変動計算書**は、純資産の部の変動を表す財務諸表である。

> **参 考**
> 会社法により、会社（株式会社）は、株主総会（一定の場合には取締役会）の決議により、1事業年度中、いつでも、何回でも、配当（「剰余金の配当」という）することができるようになっている。そのため、貸借対照表の純資産の部（特に株主資本の部）の計数が頻繁に（かつ複雑に）変動することとなった。株主資本等変動計算書は、頻繁に変動する純資産の部の計数を的確に把握するために作成が義務づけられている。

図表 [2-7] 株主資本等変動計算書

株主資本等変動計算書
x1年4月1日～x2年3月31日
(単位：千円)

		株主資本										評価換算差額等	新株予約権	純資産合計
		Ⓐ 資本金	Ⓑ 資本剰余金			Ⓒ 利益剰余金				Ⓓ 自己株式	株主資本合計 Ⅰ	Ⅱ	Ⅲ	Ⅰ+Ⅱ+Ⅲ
			資本準備金	その他資本剰余金	資本剰余金合計	利益準備金	その他利益剰余金		利益剰余金合計					
							任意積立金	繰越利益剰余金						
❶	当期首残高	90,000	5,000	5,000	10,000	6,500	3,000	8,000	17,500	△2,000	115,500	0		115,500
	当期変動額													
	新株の発行	10,000	10,000		10,000						20,000			20,000
	剰余金の配当					500		△5,000 △500	△5,000		△5,000			△5,000
	任意積立金の積立						500	△500	0		0			0
	当期純利益							3,000	3,000		3,000			3,000
	自己株式の処分									1,000	1,000			1,000
	株主資本以外の項目の当期変動額											－		
❷	当期変動額合計	10,000	10,000	－	10,000	500	500	△3,000	△2,000	1,000	19,000	－		19,000
❶+❷	当期末残高	100,000	15,000	5,000	20,000	7,000	3,500	5,000	15,500	△1,000	134,500	0	0	134,500

株主資本等変動計算書の各項目の当期末残高と貸借対照表の純資産の部の各項目の残高は**必ず一致**し、損益計算書の当期純利益と株主資本等変動計算書の当期純利益も**必ず一致**することになる。

　株主資本等変動計算書は、原則として純資産の各項目を横に並べる様式により作成する。純資産の各項目を縦に並べる様式により作成することもできるが、本テキストでは割愛する。

5 キャッシュフロー計算書

　貸借対照表が一定時点の財政状態を、損益計算書が一定期間の経営成績を表すのに対し、キャッシュフロー計算書は、一定期間のキャッシュ（現金及び現金同等物）の増減を表すものである。
　キャッシュフロー計算書は、実際に、キャッシュが企業に流入したり、企業から流出しなければ数値の変化が起こらないため、企業のキャッシュの流れを的確に把握するのに適しており、利益が計上されているのにキャッシュが足りない、いわゆる黒字倒産を防ぐことにも有用である（詳細は第9章で学習する）。

1 キャッシュフロー計算書の構造

　キャッシュフロー計算書とは、現金及び現金同等物（キャッシュ）の増減（フロー）の明細を明らかにするための財務諸表である。
　キャッシュフロー計算書は、**営業活動によるキャッシュフロー**、**投資活動によるキャッシュフロー**、**財務活動によるキャッシュフロー**の3つに分けて表示される。

2 キャッシュ

　キャッシュフロー計算書におけるキャッシュとは、現金及び現金同等物のことであり、具体的には次のものをいう。
　① **現　　　金**：手許現金、要求払預金[※1]
　② **現金同等物**：容易に換金可能であり、かつ、価値の変動について僅少なリスクしか負わない短期投資[※2]

　※1　当座預金、普通預金、通知預金
　※2　取得日から満期日または償還日までの期間が**3か月以内**の短期投資である定期預金、譲渡性預金、コマーシャルペーパー（無担保の割引約束手形を取得した場合のこと）など

　なお、キャッシュフロー計算書の作成における「現金及び現金同等物の期末残高」は、貸借対照表の（期末）「現金及び預金」の合計額と原則として一致する。

3 キャッシュフロー計算書の内容

 H30 12

❶▶キャッシュフロー計算書の区分

　キャッシュフロー計算書は、**営業活動によるキャッシュフロー**、**投資活動によるキャッシュフロー**、**財務活動によるキャッシュフロー**の3つに区分されている。キャッシュフローは、簡単にいえば、キャッシュの増減を意味する。

◼︎ 営業活動によるキャッシュフロー

　営業活動によるキャッシュフローには、主として営業損益計算の対象となった取引、および投資活動および財務活動以外の取引によるキャッシュフローを記載する。簡単にいえば、企業が本業で稼いだキャッシュ（の増減）のことである。

◼︎ 投資活動によるキャッシュフロー

　投資活動によるキャッシュフローには、固定資産の取得および売却、現金同等物に含まれない短期投資の取得および売却によるキャッシュフロー等を記載する。簡単にいえば、投資活動に使った、または投資活動で稼いだキャッシュのことである。

◼︎ 財務活動によるキャッシュフロー

　財務活動によるキャッシュフローには、資金の調達および返済によるキャッシュフローを記載する。簡単にいえば、資金の借入れや返済、株主からの資金調達や配当の支払いなどによるキャッシュのことである。

ワンポイント アドバイス

　損益計算書上の「売上高」は、通常、販売時点で認識されるが、その時点では販売代金が回収されないことも多い。このような場合、損益計算書に「売上高」が、貸借対照表に「売掛金」が計上されることになる。「売掛金」は資産であるが、仕入代金の決済や給与の支払いに使うことはできないことがほとんどである。「売上高」が費用より多ければ、損益計算書上は利益が計上される（黒字となる）が、「売掛金」の回収が進んでいない場合、仕入代金の決算や給与支払いが滞ることが考えられる。「売掛金」が回収されるまでの間、必要となる資金を金融機関から調達できればよいが、いわゆる貸し渋りなどがあれば、黒字倒産の可能性が生じる。以上のことをイメージしながら、キャッシュフロー計算書の存在意義について理解しておこう。

❷▶キャッシュフロー計算書の具体例……………………………………

　キャッシュフロー計算書には、**直接法**によるキャッシュフロー計算書（財務諸表等規則様式第5号）と**間接法**によるキャッシュフロー計算書（財務諸表等規則様式第6号）とがある。以下に、キャッシュフロー計算書の具体例を紹介する。

直接法の例

	キャッシュフロー計算書	
	自　×年×月×日　至　×年×月×日	
Ⅰ	**営業活動によるキャッシュフロー**	
	営業収入	×××
	原材料又は商品の仕入れによる支出	−×××
	人件費の支出	−×××
	その他の営業支出	−×××
	小　　　計	×××
	利息及び配当金の受取額	×××
	利息の支払額	−×××
	…………	×××
	法人税等の支払額	−×××
	営業活動によるキャッシュフロー	×××
Ⅱ	**投資活動によるキャッシュフロー**	
	有価証券の取得による支出	−×××
	有価証券の売却による収入	×××
	有形固定資産の取得による支出	−×××
	有形固定資産の売却による収入	×××
	…………	×××
	投資活動によるキャッシュフロー	×××
Ⅲ	**財務活動によるキャッシュフロー**	
	短期借入れによる収入	×××
	短期借入金の返済による支出	−×××
	長期借入れによる収入	×××
	長期借入金の返済による支出	−×××
	株式の発行による収入	×××
	配当金の支払額	−×××
	…………	×××
	財務活動によるキャッシュフロー	×××
Ⅳ	**現金及び現金同等物の増加額（又は減少額）**	×××
Ⅴ	**現金及び現金同等物の期首残高**	×××
Ⅵ	**現金及び現金同等物の期末残高**	×××

（記載上の注意）
1．「利息及び配当金の受取額」については、「投資活動によるキャッシュフロー」の区分に記載し、「利息の支払額」については、「財務活動によるキャッシュフロー」の区分に記載することができる。
2．金額の重要性が乏しい項目については、「その他」として一括して記載することができる。
3．別記事業を営んでいる場合その他上記の様式によりがたい場合には、当該様式に準じて記載すること。

5　キャッシュフロー計算書

間接法の例

<table>
<tr><td colspan="2" align="center">キャッシュフロー計算書</td></tr>
<tr><td colspan="2" align="center">自　×年×月×日　至　×年×月×日</td></tr>
<tr><td>Ⅰ　営業活動によるキャッシュフロー</td><td></td></tr>
<tr><td>　　　税引前当期純利益（又は税引前当期純損失）</td><td>×××</td></tr>
<tr><td>　　　減価償却費</td><td>×××</td></tr>
<tr><td>　　　貸倒引当金の増加額</td><td>×××</td></tr>
<tr><td>　　　受取利息及び受取配当金</td><td>－×××</td></tr>
<tr><td>　　　支払利息</td><td>×××</td></tr>
<tr><td>　　　有形固定資産売却益</td><td>－×××</td></tr>
<tr><td>　　　売上債権の増加額</td><td>－×××</td></tr>
<tr><td>　　　たな卸資産の減少額</td><td>×××</td></tr>
<tr><td>　　　仕入債務の減少額</td><td>－×××</td></tr>
<tr><td>　　　……………</td><td>×××</td></tr>
<tr><td>　　　　小　　　計</td><td>×××</td></tr>
<tr><td>　　　利息及び配当金の受取額</td><td>×××</td></tr>
<tr><td>　　　利息の支払額</td><td>－×××</td></tr>
<tr><td>　　　……………</td><td>×××</td></tr>
<tr><td>　　　法人税等の支払額</td><td>－×××</td></tr>
<tr><td>　　営業活動によるキャッシュフロー</td><td>×××</td></tr>
<tr><td>Ⅱ　投資活動によるキャッシュフロー</td><td></td></tr>
<tr><td>　　　有価証券の取得による支出</td><td>－×××</td></tr>
<tr><td>　　　有価証券の売却による収入</td><td>×××</td></tr>
<tr><td>　　　有形固定資産の取得による支出</td><td>－×××</td></tr>
<tr><td>　　　有形固定資産の売却による収入</td><td>×××</td></tr>
<tr><td>　　　……………</td><td>×××</td></tr>
<tr><td>　　投資活動によるキャッシュフロー</td><td>×××</td></tr>
<tr><td>Ⅲ　財務活動によるキャッシュフロー</td><td></td></tr>
<tr><td>　　　短期借入れによる収入</td><td>×××</td></tr>
<tr><td>　　　短期借入金の返済による支出</td><td>－×××</td></tr>
<tr><td>　　　長期借入れによる収入</td><td>×××</td></tr>
<tr><td>　　　長期借入金の返済による支出</td><td>－×××</td></tr>
<tr><td>　　　株式の発行による収入</td><td>×××</td></tr>
<tr><td>　　　配当金の支払額</td><td>－×××</td></tr>
<tr><td>　　　……………</td><td>×××</td></tr>
<tr><td>　　財務活動によるキャッシュフロー</td><td>×××</td></tr>
<tr><td>Ⅳ　現金及び現金同等物の増加額（又は減少額）</td><td>×××</td></tr>
<tr><td>Ⅴ　現金及び現金同等物の期首残高</td><td>×××</td></tr>
<tr><td>Ⅵ　現金及び現金同等物の期末残高</td><td>×××</td></tr>
</table>

（記載上の注意）
1. 「利息及び配当金の受取額」については、「投資活動によるキャッシュフロー」の区分に記載し、「利息の支払額」については、「財務活動によるキャッシュフロー」の区分に記載することができる。
2. 金額の重要性が乏しい項目については、「その他」として一括して記載することができる。
3. 別記事業を営んでいる場合その他上記の様式によりがたい場合には、当該様式に準じて記載すること。

ワンポイント アドバイス

　直接法と間接法の相違点は、営業活動によるキャッシュフローの小計までの計算の仕方である。計算結果は同じになり、企業が任意で手法を選択することができるが、作成処理負担の関係から間接法を選択する企業が大半である。

　作成方法も含めて第9章で学習するので、この段階では、キャッシュフロー計算書の存在意義と、その大まかな構造を理解しておけばよい。

〈存在意義〉

　損益計算書からは読み取れないキャッシュの流れを把握できる。

〈構造〉

　「Ⅳ　現金及び現金同等物の増加（減少）額」＝「Ⅵ　現金及び現金同等物の期末残高」－「Ⅴ　現金及び現金同等物の期首残高」

　「Ⅳ　現金及び現金同等物の増加（減少）額」＝「Ⅰ　営業活動によるキャッシュフロー」＋「Ⅱ　投資活動によるキャッシュフロー」＋「Ⅲ　財務活動によるキャッシュフロー」

MEMO

[2-8] 財務3表の関連性

損益計算書
x1年4月1日～x2年3月31日　（単位：千円）

売上高			Ⓐ	400,000
売上原価				
期首商品棚卸高	❶	70,000		
当期商品仕入高	❷	260,000		
合　計		330,000		
期末商品棚卸高	❸	50,000	Ⓑ	280,000　←❶+❷-❸
売上総利益			Ⓒ	120,000　←Ⓐ-Ⓑ
販売費及び一般管理費				
人件費		30,000		
減価償却費		3,200		
その他販管費		66,800	Ⓓ	100,000
営業利益			Ⓔ	20,000　←Ⓒ-Ⓓ
営業外収益				
受取利息・配当金		4,000	Ⓕ	4,000
営業外費用				
支払利息		10,000	Ⓖ	10,000
経常利益			Ⓗ	14,000　←Ⓔ+Ⓕ-Ⓖ
特別利益			Ⓘ	1,000
特別損失			Ⓙ	10,000
税引前当期純利益			Ⓚ	5,000　←Ⓗ+Ⓘ-Ⓙ
法人税、住民税及び事業税			Ⓛ	2,000
当期純利益			Ⓜ	3,000　←Ⓚ-Ⓛ

株主資本等変動計算書
x1年4月1日～x2年3月31日　　　　　　　Ⓐ+Ⓑ+ⒸївⒹ

	株主資本									評価換算差額等	新株予約
	Ⓐ	Ⓑ 資本剰余金			Ⓒ 利益剰余金				Ⓓ			
						その他利益剰余金						
	資本金	資本準備金	その他資本剰余金	資本剰余金合計	利益準備金	任意積立金	繰越利益剰余金	利益剰余金合計	自己株式	株主資本合計 Ⅰ	Ⅱ	Ⅲ
❶ 当期首残高	90,000	5,000	5,000	10,000	6,500	3,000	8,000	17,500	△2,000	115,500	0	
当期変動額												
新株の発行	10,000	10,000		10,000						20,000		
剰余金の配当					500		△5,000 △500	△5,000		△5,000		
任意積立金の積立						500	△500	0		0		
当期純利益							3,000	3,000		3,000		
自己株式の処分									1,000	1,000		
株主資本以外の項目の当期変動額											－	
❷ 当期変動額合計	10,000	10,000	－	10,000	500	500	△3,000	△2,000	1,000	19,000	－	
❶+❷ 当期末残高	100,000	15,000	5,000	20,000	7,000	3,500	5,000	15,500	△1,000	134,500	0	

●第2章　財務諸表概論

5　キャッシュフロー計算書

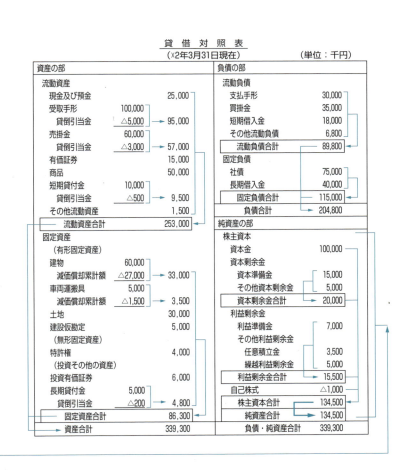

第3章
経営分析

Registered Management Consultant

第3章 経営分析

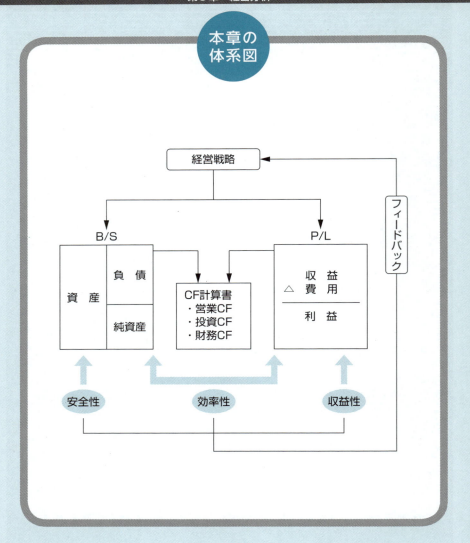

❗ 本章のポイント

◇ 経営分析に必要な資本概念と損益概念が理解できる。
◇ 収益性分析の経営指標の計算ができる。
◇ 効率性分析の経営指標の計算ができる。回転率と回転期間の違いが理解できる。
◇ 安全性分析の経営指標の計算ができる。流動比率と当座比率の違い、固定比率と固定長期適合率の違いが理解できる。
◇ 付加価値の計算式が理解できる。労働生産性を計算式に分解できる。

1 経営分析の基本

本節では、経営分析を行うにあたって前提となる事項について学習する。経営分析は内部報告を目的とする管理会計の分野に属する。したがって、財務会計（制度会計）の領域とは違い、法規によって強制された計算方法などが存在しないため、異なった考え方に基づく計算方法や数値のとらえ方が存在することもあるが、ここでは、試験対策として一般的なものを学習する。なお、経営分析は財務分析、財務比率分析、財務諸表分析とよばれることもあるが、本テキストでは、診断士試験の試験案内にあわせて経営分析とよぶ。

1 経営分析の意義等

経営分析とは、財務諸表の数値を用いて計算・分析し、狭義では企業の収益性や支払能力等を評価判定するための技法（経営戦略手法）である。しかし、財務諸表の数値は、企業の経営戦略や経営者の意思決定の結果を数値として表したものである。つまり、経営分析は、広義では、経営戦略や意思決定、経営内容などの良否を判定・評価し、企業の長所や問題点を明確にし、経営改善や将来の経営戦略・成長戦略などにつなげるための技法ともいえる。

経営分析は、次のような種類に分類できる。

❶ 分析主体

分析する主体（誰が分析するのか）によって、**内部分析**と**外部分析**に分類できる。内部分析は、企業内部の経営者・管理者が、企業の現状の把握、将来に向けての改善策や経営戦略立案などのために行うものである。それに対し、外部分析は、企業外部のステークホルダー（金融機関・取引先といった債権者、投資家など）が行うものであり、ステークホルダーの立場によって、支払能力、投資の有利性など、分析の目的はさまざまである。

❷ 分析目的

経営分析は、分析の目的（何を評価するために分析するのか）によって、収益性分析、効率性分析、安全性分析、生産性分析などに分類できる。それぞれについては次節以降で解説する。

❸ 分析方法

経営分析は、当該企業の数値を単独で分析する場合もあるが、別の測定結果と比較することによって、より有用な結果を得ることができる。比較対象には次のものがある。

1）同一企業における期間比較（期間比較法）
2）特定の同業他社との比較（相互比較法）
3）同業種の平均値・中央値との比較（標準比較法）
※ 上記1）を時系列分析、2）3）を横断面分析とよぶことがある。

2 経営分析の進め方

経営分析の進め方の概略は次のとおりである。
① 各指標の計算
② 算出した指標の多面的比較（期間比較、相互比較、標準比較）
③ 問題点・原因の抽出
④ 改善策の検討

第1次試験の経営分析の出題範囲は、上記②までであり、また、計算すべき指標も指定されるのが一般的である。

しかし、第2次試験の経営分析は、問題点をより的確に描き出す分析指標を自分で選定してから数値を計算し、さらに問題点・原因や改善策などを文章で記述する能力が求められる。

3 経営分析における資本と損益の概念

経営分析において経営指標を計算するときに、各種の資本概念や損益概念が用いられる。これらの勘定科目の多くはすでに第2章「財務諸表概論」で学習済みであるが、経営分析に特有の概念も少なくない。ここでは経営分析の個別論点に入る前に、経営分析において用いられる各種の資本概念、損益概念について見ていく。

❶▶経営分析における資本概念

1 総資本（使用総資本）

総資本とは、経営活動を行うために調達したすべての資本のことである。

```
総資本＝純資産＋負債
   （＝総資産）
```

2 経営資本

経営資本とは、経営活動のために稼働している資本のことであり、以下の計算式により貸借対照表の「資産」の数値から導く。

```
経営資本＝流動資産＋固定資産－建設仮勘定－投資その他の資産
```

❸ 自己資本（equity）

自己資本とは、貸借対照表上における純資産の部から新株予約権を差し引いた額のことである。

❷▶経営分析における損益概念···

❶ 事業利益

事業利益とは、営業活動による成果に財務活動による成果を加えた利益のことであり、以下の計算式によって損益計算書から導く。

> 事業利益＝営業利益＋受取利息・配当金

❷ 金融費用

金融費用とは、他人資本による資金調達にともなって発生するコストであり、以下の計算式によって損益計算書から導く。

> 金融費用＝支払利息＋社債利息

❸▶経営分析に使用する貸借対照表と損益計算書·······················

　次節以降で、具体的な経営指標を説明するが、その指標値を計算する際の財務諸表（貸借対照表と損益計算書）を次に示しておく。本章の計算例は原則としてこの貸借対照表と損益計算書の数値を使用しているので、学習の際に確認していただきたい。

ワンポイント アドバイス

　経営分析は、制度（法）に基づいて作成される財務諸表を活用するが、分析そのものは制度（法）により行われるものではないため、その手法や表現が書籍などによって異なる場合がある。本試験では、一般的な呼称が使われるため、本テキストの記載をそのまま覚えておけばよい。この後、各種経営指標を確認していくが、第1次・第2次試験ともに最頻出の領域である。数値の計算のみならず、良否判断も求められるので、指標がもつ意味合いも含めて覚えておこう。

貸 借 対 照 表
（X2年3月31日現在）　　　　　　（単位：千円）

資産の部			負債の部		
流動資産			流動負債		
現金及び預金		25,000	支払手形		30,000
受取手形	100,000		買掛金		35,000
貸倒引当金	△5,000	95,000	短期借入金		18,000
売掛金	60,000		その他流動負債		6,800
貸倒引当金	△3,000	57,000	流動負債合計		89,800
有価証券		15,000	固定負債		
商品		50,000	社債		75,000
短期貸付金	10,000		長期借入金		40,000
貸倒引当金	△500	9,500	固定負債合計		115,000
その他流動資産		1,500	負債合計		204,800
流動資産合計		253,000	純資産の部		
固定資産			株主資本		
（有形固定資産）			資本金		100,000
建物	60,000		資本剰余金		
減価償却累計額	△27,000	33,000	資本準備金		15,000
車両運搬具	5,000		その他資本剰余金		5,000
減価償却累計額	△1,500	3,500	資本剰余金合計		20,000
土地		30,000	利益剰余金		
建設仮勘定		5,000	利益準備金		7,000
（無形固定資産）			その他利益剰余金		
特許権		4,000	任意積立金		3,500
（投資その他の資産）			繰越利益剰余金		5,000
投資有価証券		6,000	利益剰余金合計		15,500
長期貸付金	5,000		自己株式		△1,000
貸倒引当金	△200	4,800	株主資本合計		134,500
固定資産合計		86,300	純資産合計		134,500
資産合計		339,300	負債・純資産合計		339,300

損 益 計 算 書

（×1年4月1日〜×2年3月31日）　　（単位：千円）

売上高		400,000
売上原価		
期首商品棚卸高	70,000	
当期商品仕入高	260,000	
合　　計	330,000	
期末商品棚卸高	50,000	280,000
売上総利益		120,000
販売費及び一般管理費		
人件費	30,000	
減価償却費	3,200	
その他販管費	66,800	100,000
営業利益		20,000
営業外収益		
受取利息・配当金	4,000	4,000
営業外費用		
支払利息	10,000	10,000
経常利益		14,000
特別利益		1,000
特別損失		10,000
税引前当期純利益		5,000
法人税、住民税及び事業税		2,000
当期純利益		3,000

2 収益性分析

収益性とは、企業の利益獲得能力のことである。企業の成長発展＝ゴーイングコンサーンのためには、利益の獲得は不可欠である。収益性分析とは、企業の収益獲得能力を判定するための分析手法であり、経営分析の基盤ともいえるものである。

本節においては、収益性分析の代表的な指標を学習する。

1 収益性分析の意義と体系

収益性分析とは、企業の収益獲得能力の分析のことである。収益獲得能力は、投下した資本に対してどれほどの利益を獲得しているかを表すものであり、いくつかの公式を利用し財務諸表から導く。利益を絶対額ではなく比率として見ることで、**企業規模が異なっていても比較が可能**になる。

収益性分析の出発点は**資本利益率**であり、それは**売上高利益率**と**資本回転率**に分解される（回転率は第3節で解説する）。

図表 [3-1] 収益性分析の体系

$$\text{収益性分析} - \text{資本利益率} \begin{cases} \text{売上高利益率} \\ \text{資本回転率} \end{cases}$$

$$\text{資本利益率} = \text{売上高利益率} \times \text{資本回転率}$$

$$\Rightarrow \frac{\text{利　益}}{\text{資　本}} = \frac{\text{利　益}}{\text{売上高}} \times \frac{\text{売上高}}{\text{資　本}}$$

なお、資本利益率および資本回転率は、1年間のフロー（利益、売上高）と一時点のストック（資本）から計算される。したがって、基準を合わせるために（分子と分母を統一するために）、ストック（資本）については、原則として**期中平均値**（期首／期末の平均値）を用いることが合理的である。ただし、**1期（当期）分の財務諸表しか与えられていない場合は期中平均を計算することができない**。この場合は期末の数値を用いることになる。本テキストにおいても、前掲の貸借対照表は当期分しかないため、これ以降の「計算例」では期末の数値を用いることにする。

2 資本利益率（ROI：Return On Investment）

資本利益率は、投下した資本（investment）に対して、どれだけの利益（return）を獲得したかを表しており、企業の総合的な収益性を表す指標である。

資本利益率は、**高いほうが望ましい**。この指標を高めるためには、分母の資本（総資本、経営資本）を減らすか、または分子の利益（経常利益、営業利益、事業利益）を増やすことになる。

資本利益率には、資本概念、利益概念のとらえ方によっていくつかの指標があり、代表的な指標を以下に示す。

❶▶総資本経常利益率

企業が総資本（総資産）を使って経営活動を行った結果、どれだけの経常利益を上げたかを示す指標である。

$$総資本経常利益率（\%）= \frac{経常利益}{総資本} \times 100$$

経常利益＝損益計算書における経常利益
総 資 本＝貸借対照表上における負債の部と純資産の部の合計額

● 計算例

$$総資本経常利益率（\%）= \frac{14,000}{339,300} \times 100 = 4.126 \cdots ≒ 4.13（\%）$$

❷▶総資本事業利益率（ROA：Return On Assets）

使用総資本利益率ともいう。管理会計の書物では、この指標を「ROA：Return On Assets」とよぶことが多い。

$$総資本事業利益率（\%）= \frac{事業利益}{総資本} \times 100$$

事業利益＝営業利益＋受取利息・配当金
総 資 本＝貸借対照表上における負債の部と純資産の部の合計額

● 計算例

$$総資本事業利益率（\%）= \frac{20,000+4,000}{339,300} \times 100 = 7.073 \cdots ≒ 7.07（\%）$$

> **参 考**
>
> 分母の総資本（使用資本）は他人資本（負債）と自己資本（純資産）からなる。その総資本に対して分子を経常利益としてしまうと、経常利益は他人資本（負債）に対する支払利息を控除した後の利益（かつ自己資本に対する配当前の利益）のため、分母と分子が対応しなくなる。そこで、分母と分子を対応させるために、支払利息などの金融費用を控除する前の事業利益（営業利益＋金融収益〔受取利息・配当金〕）を用いたものが、総資本事業利益率である。

❸▶経営資本営業利益率

経営資本とは、総資本のうち、企業が本来の目的である事業活動に使用している資本のことである。したがって、経営資本に対応する利益は、企業の本来の営業活動（本業）の成果である営業利益となる。

$$経営資本営業利益率（\%）＝\frac{営業利益}{経営資本}\times100$$

営業利益＝損益計算書における営業利益
経営資本＝流動資産＋固定資産－建設仮勘定－投資その他の資産

● 計算例

$$経営資本営業利益率（\%）＝\frac{20,000}{253,000＋86,300－5,000－10,800}\times100＝6.182\cdots$$
$$≒6.18（\%）$$

R2 11
R2 12
H29 11

❹▶自己資本利益率（ROE：Return On Equity）

自己資本当期純利益率または株主資本利益率ともいう。

分母を自己資本にすることで、株主が自分で出資した資本でどれだけの利益を獲得したかを示す指標である。

$$自己資本利益率（\%）＝\frac{当期純利益}{自己資本}\times100$$

当期純利益＝損益計算書末尾の当期純利益
自 己 資 本＝貸借対照表上における純資産の部から新株予約権を差し引いた額

● 計算例

$$自己資本利益率（\%）＝\frac{3,000}{134,500}\times100＝2.230\cdots≒2.23（\%）$$

2 収益性分析

> **参 考**
>
> 分母を自己資本（株主が出資した資本）にするということは、総資本から他人資本（負債）を控除するということである。よって、自己資本に対応するための利益は、他人資本（負債）に対する支払利息を控除した後の当期純利益を用いる。

3 売上高利益率

　企業の総合的な収益性を表す資本利益率は、売上高利益率と資本回転率に分解できる。つまり、売上高利益率は資本利益率の構成要素のひとつであり、売上高利益率を向上させれば資本利益率も向上する（逆に、売上高利益率が悪化すれば、資本利益率も悪化する）。

　売上高利益率は売上高に対する利益の割合、すなわちマージン率であり、損益計算書の数値を使って計算する。そして、売上高利益率は、原則として高いほうが望ましい。

図表 ［3−2］ **売上高利益率**

$$\frac{利益}{売上高}$$

分子：損益計算書の各利益を用いる

分母：売上高（これも損益計算書の数値）

売上高利益率の代表的な指標は、以下のとおりである。

❶▶売上高総利益率

　売上高に対する総利益の割合である。**粗利益率**ともいう。企業が提供している商品・製品、サービスそのものの収益性を表す指標である。

$$売上高総利益率（\%）＝\frac{売上総利益}{売上高}\times100$$

● 計算例

$$売上高総利益率（\%）＝\frac{120,000}{400,000}\times100＝30（\%）$$

　売上総利益＝売上高−売上原価であるから、売上原価を減らせば売上総利益が増えることになり、売上高総利益率が向上することになる。

51

❷▶売上高営業利益率

R元 11

売上高に対する営業利益の割合である。企業の本業による収益性を表す指標である。

$$売上高営業利益率（\%）＝\frac{営業利益}{売上高}×100$$

● 計算例

$$売上高営業利益率（\%）＝\frac{20,000}{400,000}×100＝5（\%）$$

営業利益＝売上高－売上原価－販売費及び一般管理費であるから、販売費及び一般管理費（および売上原価）を減らせば営業利益が増えることになり、売上高営業利益率が向上することになる。

❸▶売上高経常利益率

売上高に対する経常利益の割合である。財務活動も含めた企業の通常の経営活動による収益性を表す指標である。企業の総合的な収益性を表す指標ともいえる。

$$売上高経常利益率（\%）＝\frac{経常利益}{売上高}×100$$

● 計算例

$$売上高経常利益率（\%）＝\frac{14,000}{400,000}×100＝3.5（\%）$$

経常利益＝売上高－売上原価－販売費及び一般管理費＋（営業外収益－営業外費用）であるから、営業外収益を増やすか、または営業外費用（および売上原価、販売費及び一般管理費）を減らせば経常利益が増えることになり、売上高経常利益率が向上することになる。

❹▶売上高当期純利益率

売上高に対する当期純利益の割合である。臨時の損益（特別損益）、さらには支払った税金まで含めた、企業活動のすべての結果の収益性を表す指標である。分子に税引前当期純利益を用いる場合もある。

$$売上高当期純利益率（\%）＝\frac{当期純利益}{売上高}×100$$

● 計算例

$$売上高当期純利益率（\%）＝\frac{3,000}{400,000}×100＝0.75（\%）$$

特別損益や税金は、売上高と直接関係せず、売上高当期純利益率は重要な指標ではない（この比率のみを改善することが難しいため）。

❺▶費用面からの分析指標

これまで見てきた利益率は、それぞれの利益に対応する費用を分子におけば、売上高費用率（費用面からの分析）となる。代表的な指標は以下のとおりであり、原則として低いほうが望ましい。

❶ 売上高売上原価比率

売上高に対する売上原価の割合である。単に**原価率**ともいう（商品の減耗などの発生状況を表す減価率と混同しないこと）。

$$\text{売上高売上原価比率（％）} = \frac{\text{売上原価}}{\text{売上高}} \times 100$$

（補足）
売上原価＝期首商品棚卸高＋当期商品仕入高－期末商品棚卸高
売上高売上原価比率＋売上高総利益率＝100％
　　　　（原価率＋粗利益率＝100％）

● 計算例

$$\text{売上高売上原価比率（％）} = \frac{280,000}{400,000} \times 100 = 70（％）$$

❷ 売上高販管費比率

売上高に対する販売費及び一般管理費の割合である。

$$\text{売上高販管費比率（％）} = \frac{\text{販売費及び一般管理費}}{\text{売上高}} \times 100$$

● 計算例

$$\text{売上高販管費比率（％）} = \frac{100,000}{400,000} \times 100 = 25（％）$$

販売費及び一般管理費の中で特定の費用（例：人件費）のみに焦点を当てて分析することもある（例：売上高人件費比率）。

$$\text{売上高人件費比率（％）} = \frac{\text{人件費}}{\text{売上高}} \times 100$$

53

● 計算例

$$売上高人件費比率（％）＝\frac{30,000}{400,000}×100＝7.5（％）$$

※製造原価報告書（第10章で学習する）が与えられている場合には、製造原価報告書の労務費を人件費に加える。

❸ 売上高金融費用比率

本来、経常利益に対応するのは営業外損益であるが、費用面の分析を行うため、営業外費用のみに焦点を当てる（営業外収益は含めない）。営業外費用の大半は金融費用であるため、分子に金融費用を用いた売上高金融費用比率とする場合が多い。

$$売上高金融費用比率（％）＝\frac{金融費用}{売上高}×100$$

● 計算例

$$売上高金融費用比率（％）＝\frac{10,000}{400,000}×100＝2.5（％）$$

3 効率性分析（回転率、回転期間）

　効率性分析（活動性分析ともいう）とは、資本（資産）の使用効率の分析であり、資本回転率をはじめとする各種の回転率で分析する。
　企業の総合的な収益性を表す資本利益率は、売上高利益率と資本回転率に分解できる。したがって、資本回転率は資本利益率の構成要素のひとつであり、資本回転率を向上させれば資本利益率を向上できる（逆に、資本回転率が悪化すれば、資本利益率も悪化する）。
　資本回転率は、資本の使用効率性を示す指標であり、少ない資本で多くの売上高が獲得されていれば回転率は高くなり、資本の使用効率性が高いと判断できる。したがって、資本回転率は、原則として高いほうが望ましい（高いほうが効率的である）。
　回転期間は、投下資本の回収期間を示しており、月数ベースの回転期間と日数ベースの回転期間とがある。

1 効率性分析の意義と体系

　効率性の分析は、事業に使用している資産（貸借対照表）の数値と、その資産を使って獲得した売上高などの成果（損益計算書）の数値を使った**回転率**で表すことが一般的である。

　[3-3]　**回転率**

$$\frac{売上高}{資本（資産）}$$

分子：損益計算書の売上高を用いる

分母：貸借対照表の各資本（もしくは各資産）を用いる

　回転率の分析は、まず総資本回転率の分析から出発し、個別資産の回転率についても検討を加え、総資本回転率が低い要因が主にどこにあるのか明らかにする。

2 効率性分析

主な回転率の指標は以下のとおりである。なお、単位は「回」である（「×100」は使わない）。

R元 11 **❶▶総資本回転率（総資産回転率）**

総資本（総資産）をどの程度効率的に使って売上高を獲得しているかを表す指標である。この指標が「1回」であれば、総資本をちょうど1回使って、同額の売上高を獲得した、という意味になる。

$$総資本回転率（回）=\frac{売上高}{総資本}$$

● 計算例

$$総資本回転率（回）=\frac{400,000}{339,300}=1.178\cdots≒1.18（回）$$

本来は分母の総資本は期中平均値（期首／期末の平均値）を用いるが、ここでは期末の数値のみを用いている（以下、同じ）。

❷▶経営資本回転率

企業が本来の目的である事業活動に使用している資本、すなわち経営資本をどの程度効率的に使って売上高を獲得しているかを表す指標である。

$$経営資本回転率（回）=\frac{売上高}{経営資本}$$

経営資本＝流動資産＋固定資産－建設仮勘定－投資その他の資産

● 計算例

$$経営資本回転率（回）=\frac{400,000}{253,000+86,300-5,000-10,800}=1.236\cdots≒1.24（回）$$

❸▶売上債権回転率

売上債権の効率性を測る指標であるが、売上債権の回収状況も表す。この指標が高ければ、売上債権の回収状況が良好であることも意味する。

$$売上債権回転率（回）=\frac{売上高}{売上債権}$$

なお、貸倒引当金がある場合は、売上債権から貸倒引当金を控除する。

3　効率性分析（回転率、回転期間）

● 計算例

$$売上債権回転率（回）＝\frac{400,000}{100,000－5,000＋60,000－3,000}＝2.631\cdots≒2.63（回）$$

❹▶棚卸資産回転率・・

棚卸資産の効率性を測る指標である。棚卸資産を細分類して、分母に製品／商品（製造業の場合は製品、流通業の場合は商品）、仕掛品、原材料を用いることもできる。

棚卸資産回転率は、棚卸資産の消化（販売）速度を示しており、この指標が高いほど棚卸資産の消化速度が速いといえる。また、棚卸資産は在庫であるから、在庫管理の適切性も判定できる。

$$棚卸資産回転率（回）＝\frac{売上高}{棚卸資産}$$

● 計算例

$$棚卸資産回転率（回）＝\frac{400,000}{50,000}＝8（回）$$

分母の棚卸資産は原価であるから、それに対応する分子は売上原価となる（売上高は売価である）。ただし、棚卸資産回転率は総資本回転率の分解式のひとつであり、総資本回転率の分子が売上高のため、棚卸資産回転率の分子に売上高を用いることが多い。

なお、分子に売上原価を用いた場合の計算式および計算例は以下のとおりである。

$$棚卸資産回転率（回）＝\frac{売上原価}{棚卸資産}$$

● 計算例

$$棚卸資産回転率（回）＝\frac{280,000}{50,000}＝5.6（回）$$

❺▶有形固定資産回転率・・

機械設備などの有形固定資産の効率性を測る指標である。この指標が高ければ、機械設備等の稼働率が高く、有効に使われていることを意味する。有形固定資産に限らず、分母に固定資産を用いた固定資産回転率という指標もある。

$$有形固定資産回転率（回）＝\frac{売上高}{有形固定資産}$$

有形固定資産の中に建設仮勘定（未稼働の資産）があるときは、これを含めず計

57

算するのが一般的である。また、有形固定資産の数値は、減価償却後のものを用いる。

● 計算例

$$有形固定資産回転率（回）＝\frac{400,000}{33,000＋3,500＋30,000}＝6.015\cdots≒6.02（回）$$

❻ ▶ その他の回転率

１ 買入債務（仕入債務）回転率

これまで見てきた回転率は、資産の効率性を測る指標である。それに対し、買入債務回転率は、負債の回転率、つまり買入債務の支払速度を測る指標である。

買入債務は売上高ではなく仕入のために使われる金額なので、これまでの回転率と異なり、分子には当期商品仕入高を用いる。買入債務回転率は、高ければ仕入代金の支払速度が速く（短く）、低ければ支払速度が遅い（長い）ことを意味する。ただし、どちらがよいかは一概にはいえず、売上債権回転率とのバランスを見て判断することが大切である。

$$買入債務回転率（回）＝\frac{当期商品仕入高}{買入債務}$$

買入債務は、通常は「支払手形＋買掛金」を使う。

● 計算例

$$買入債務回転率（回）＝\frac{260,000}{30,000＋35,000}＝4（回）$$

❼ ▶ 回転期間

これまで見てきた回転率を、逆数（分母と分子を逆にしたもの）にすれば回転期間になる。回転期間は、各資産（買入債務は負債）の回収期間を月、日といった時間単位で把握する指標である。

１ 売上債権回転期間

売上債権回転期間は、売上債権を回収するのに要する日数（または月数）を表す指標であり、短いほうが望ましい（短いほうが早く現金化されていることを意味する）。売上債権回転率と売上債権回転期間は逆数の関係にあるから、売上債権回転率が高ければ当然、売上債権回転期間は短くなる。

日数ベースの計算式は、次のとおりである。

3 効率性分析（回転率、回転期間）

$$
売上債権回転期間（日）=\frac{受取手形＋売掛金}{1日当たり平均売上高}
$$

$$
=\frac{受取手形＋売掛金}{年間売上高÷365（日）}
$$

また、式の変換により次の計算式からも導くことができる。

$$
売上債権回転期間（日）=\frac{365（日）}{売上債権回転率}
$$

● 計算例

$$
売上債権回転期間（日）=\frac{95,000＋57,000}{400,000÷365（日）}=138.7（日）
$$

月数ベースの回転期間を計算する場合は、「365（日）」を「12（月）」に置き換えればよい。

2 棚卸資産回転期間

棚卸資産回転期間は、棚卸資産が在庫として企業内に滞留している日数（または月数）を表す指標である。在庫が販売されるのに要する日数（または月数）を表す指標であり、短いほうが望ましい（短いほうが在庫期間は短くなり、商品陳腐化などの損失のおそれが小さくなる）。また、棚卸資産回転率と棚卸資産回転期間は逆数の関係にあるから、棚卸資産回転率が高ければ当然、棚卸資産回転期間は短くなる。

ここでは、月数ベースの計算式を以下に示す。

$$
棚卸資産回転期間（月）=\frac{棚卸資産}{1か月当たり平均売上高}
$$

$$
=\frac{棚卸資産}{年間売上高÷12（月）}
$$

また、式の変換により次の計算式でも計算できる。

$$
棚卸資産回転期間（月）=\frac{12（月）}{棚卸資産回転率}
$$

● 計算例

$$
棚卸資産回転期間（月）=\frac{50,000}{400,000÷12（月）}=1.5（月）
$$

日数ベースの回転期間を計算する場合は、「12（月）」を「365（日）」に置き換えればよい。

3 買入債務回転期間

買入債務回転期間は、買入債務を実際に支払うまでの日数（または月数）を表す指標である。この期間が短いと早く現金として支払っていることになり、逆に長いと現金が企業内に残っていることを意味する。したがって、どちらがよいかは、一概にはいえない。

買入債務回転率と買入債務回転期間は逆数の関係にあるから、買入債務回転率が高ければ当然、買入債務回転期間は短くなる。

月数ベースの計算式は、次のとおりである。

$$買入債務回転期間（月）= \frac{支払手形＋買掛金}{1 \text{か月当たり平均仕入高}}$$

$$= \frac{支払手形＋買掛金}{当期商品仕入高÷12（月）}$$

また、式の変換により次の計算式からも導くことができる。

$$買入債務回転期間（月）= \frac{12（月）}{買入債務回転率}$$

● 計算例

$$買入債務回転期間（月）= \frac{30,000＋35,000}{260,000÷12（月）} = 3（月）$$

日数ベースの回転期間を計算する場合は、「12（月）」を「365（日）」に置き換えればよい。

なお、有形固定資産（固定資産）については回転期間を用いることが少ないため、ここでは割愛する。

● 第3章 経営分析

4 安全性（流動性）分析

安全性分析とは、企業の支払能力や財務面での安全性を分析するための手法のことである。安全性が低い企業は、支払能力の面で不安があり、倒産するリスクが高いことを意味する。本節においては、その代表的な分析指標を概観していく。

1 安全性分析の意義と体系

H29 12

安全性は、基本的には貸借対照表の資産（借方）と負債・純資産（貸方）のバランスによって分析する。分析目的によって、短期安全性分析、長期安全性分析、資本調達構造分析に分類できる。

 [3-4] 安全性分析の体系

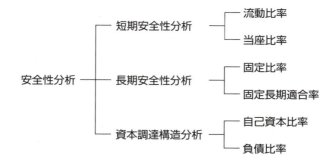

1 短期安全性分析

企業の短期的な支払手段と支払義務の対応関係を分析するものである。短期的な支払義務に対して、短期的な支払手段が十分に確保されているかどうかが分析のポイントとなる。

2 長期安全性分析

企業の長期的な運用資産と資金調達手段の対応関係を分析するものである。企業が保有している固定資産が、長期安定的な調達手段でまかなわれているかどうかが分析のポイントとなる。

3 資本調達構造分析

企業の資本調達手段には大きく分けて他人資本（負債）と自己資本（純資産）がある。

他人資本は業績にかかわらず契約にしたがって利息負担と返済を求められるが、自己資本は利益の配当が経営者の裁量に基づいて実施され、原則として返済も不要である。両者を比較すると、自己資本のほうがより安全な資本調達方法であるといえる。
　資本調達構造における他人資本と自己資本への依存度を計算し、その安全性を分析するのがポイントである。

2 ▶ 短期安全性

短期安全性分析には、以下の指標が使われる。

❶ ▶ 流動比率

流動比率は、短期的な支払義務、つまり１年以内に支払義務がある流動負債に対して、短期的な支払手段、つまり１年以内に現金化できる流動資産がどの程度確保されているかを表す指標である。

$$流動比率(\%) = \frac{流動資産}{流動負債} \times 100$$

　流動比率は、理想的には、200％以上が望ましいが、少なくとも100％以上あることが必要である。流動比率が100％以上ということは、流動負債以上の流動資産が確保されているということであり、原則として、１年以内の支払能力は確保されていることを意味する。

 [3-5] **流動比率のイメージ**

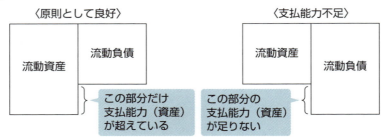

● 計算例

$$流動比率(\%) = \frac{253{,}000}{89{,}800} \times 100 = 281.737\cdots ≒ 281.74(\%)$$

❷▶当座比率

当座比率は、流動比率の分子の流動資産を、より回収可能性の高い当座資産に置き換えた指標であり、企業の支払能力をより厳格に評価するための指標である。この当座比率も100％以上であることが望まれる。

$$当座比率（\%）＝\frac{当座資産}{流動負債}\times100$$

当座資産＝現金及び預金＋受取手形※＋売掛金※＋有価証券

※受取手形、売掛金は、回収不能額を見積もった値である貸倒引当金を控除した後の回収可能額を用いる。

当座比率と流動比率の間に乖離がある場合（当座比率は悪いが、流動比率は良い場合）、棚卸資産（在庫）の過剰が原因と考えられ、資金繰りを悪化させることが考えられる。

[3-6] **当座比率のイメージ**

〈良好な状態〉

| 当座資産 | 流動負債 |

〈支払能力不足〉

| 当座資産 | 流動負債 |

〈棚卸資産過剰〉

| 当座資産 | 流動負債 |
| 棚卸資産 | |

● 計算例

$$当座比率（\%）＝\frac{25,000＋95,000＋57,000＋15,000}{89,800}\times100＝213.808\cdots$$
$$≒213.81（\%）$$

3 長期安全性

長期安全性分析には、以下の指標が使われる。

R2 12
R元 11
H29 12

❶▶固定比率

固定比率は、1年超の期間運用が行われる（すなわち1年以内には現金化されない）固定資産が、返済義務のない自己資本によってどの程度カバーされているかを示す指標である。固定比率は低いほど資金面で安定的な設備投資がなされていることを意味する。

$$固定比率（\%）＝\frac{固定資産}{自己資本}×100$$

図表 [3-7]　固定比率のイメージ

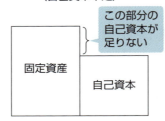

● 計算例

$$固定比率（\%）＝\frac{86,300}{134,500}×100＝64.163\cdots≒64.16（\%）$$

R3 10
R2 11
H29 11

❷▶固定長期適合率

固定長期適合率は、1年超の期間運用が行われる固定資産が、長期資本（自己資本と固定負債）によってどの程度カバーされているのかを示す指標である。

固定資産は、長期にわたって資本が拘束されるため、その調達源泉は長期資本であるべきであり、固定長期適合率は、100％以下であることが必要である。

$$固定長期適合率（\%）＝\frac{固定資産}{自己資本＋固定負債}×100$$

図表 [3-8]　**固定長期適合率のイメージ**

● 計算例

$$固定長期適合率(\%) = \frac{86,300}{134,500 + 115,000} \times 100 = 34.589\cdots \fallingdotseq 34.59(\%)$$

4 資本調達構造

資本調達構造は、企業の支払能力というよりも、企業の資金調達の構造の安全性を分析する指標である。具体的には、その企業が、他人資本と自己資本でどのように資金調達をしているかを表す指標である。

資本調達構造分析には、以下の指標が使われる。

❶▶自己資本比率

自己資本比率は、総資本に占める自己資本の割合を示す指標である。

自己資本は、原則として返済義務がないため多いほど望ましく、自己資本比率もまた高いほうが望ましい。

ただし、財務レバレッジ効果（第6章第4節で学習する）を考慮した場合、収益性の面では必ずしも自己資本比率が高いほうが望ましいとはいえない場合がある。

$$自己資本比率(\%) = \frac{自己資本}{総資本（総資産）} \times 100$$

● 計算例

$$自己資本比率(\%) = \frac{134,500}{339,300} \times 100 = 39.640\cdots \fallingdotseq 39.64(\%)$$

❷▶負債比率

負債比率は、他人資本と自己資本のバランスを評価するための指標である。

安全性の面からは、企業は他人資本に大きく依存しないことが望ましく、一般的には、負債比率は低いほうが安全性は高いと判断される。

$$負債比率(\%) = \frac{負債}{自己資本} \times 100$$

● 計算例

$$負債比率(\%) = \frac{204,800}{134,500} \times 100 = 152.267\cdots \fallingdotseq 152.27(\%)$$

5 その他の安全性分析指標

R3 10
H29 11
❶▶インタレストカバレッジレシオ‥‥‥‥‥‥‥‥‥‥‥‥‥‥‥‥‥

インタレストカバレッジレシオは、本業の利益である営業利益および財務活動で稼いだ金融収益が、支払利息などの金融費用の何倍であるかを表す指標である。この指標は高いほうが望ましく、1.0倍であるときは事業利益と金融費用が同等（同額）であることを表す。

$$インタレストカバレッジレシオ(倍) = \frac{事業利益}{金融費用}$$

● 計算例

$$インタレストカバレッジレシオ(倍) = \frac{20,000 + 4,000}{10,000} = 2.4(倍)$$

> **参 考**
>
> これまで見てきた当座比率から負債比率までの各指標は、貸借対照表、つまりストックの数値を用いた分析手法である。しかし、流動比率や当座比率などは企業の支払能力を表す指標であるが、その支払いの源泉となる利益について考慮していない。つまり、企業の収益／費用のフローを示す損益計算書について考慮していない。インタレストカバレッジレシオは、このような限界を克服するために用いられている。

4 安全性（流動性）分析

設 例

以下の資料に基づき計算された財務比率の値として、最も適切なものを下記の解答群から選べ。　　　　　　　　　　　　　　　　　　　　　〔R2-11〕

【資　料】

貸借対照表　　　　　　　（単位：千円）

資産の部		負債・純資産の部	
現金預金	25,000	買掛金	40,000
売掛金	22,000	長期借入金	70,000
商品	13,000	資本金	50,000
建物	80,000	資本剰余金	10,000
備品	60,000	利益剰余金	30,000
資産合計	200,000	負債・純資産合計	200,000

損益計算書　（単位：千円）

売上高	250,000
売上原価	180,000
売上総利益	70,000
販売費および一般管理費	40,000
営業利益	30,000
支払利息	4,000
税引前当期純利益	26,000
法人税等	8,000
当期純利益	18,000

〔解答群〕

ア　固定長期適合率は155.6％である。

イ　自己資本比率は25％である。

ウ　自己資本利益率（ROE）は30％である。

エ　当座比率は117.5％である。

解答　エ

　経営分析に関する問題である。与えられた財務比率の計算方法は次のとおりである。

経 営 指 標	計 算 式
固定長期適合率	固定資産÷（自己資本＋固定負債）×100（％）
自己資本比率	自己資本÷総資本（総資産）×100（％）
自己資本利益率	当期純利益÷自己資本×100（％）
当 座 比 率	当座資産÷流動負債×100（％）

　上記より、各財務比率を計算すると次のとおりである。

経 営 指 標	計 算 式
固定長期適合率	(80,000＋60,000)÷(90,000*＋70,000)×100＝87.5%
自己資本比率	90,000*÷200,000×100＝45%
自己資本利益率	18,000÷90,000*×100＝20%
当 座 比 率	(25,000＋22,000)÷40,000×100＝117.5%

※自己資本：50,000（資本金）＋10,000（資本剰余金）
　　　　　　＋30,000（利益剰余金）＝90,000

設　例

次に示す財務諸表に基づいて、以下の設問に答えよ（単位：千円）。

〔H25－5〕

〈貸 借 対 照 表〉

	X1年度末	X2年度末		X1年度末	X2年度末
流 動 資 産	35,000	29,000	流 動 負 債	16,000	15,000
固 定 資 産	95,000	91,000	固 定 負 債	28,000	20,000
			純 資 産	86,000	85,000
資 産 合 計	130,000	120,000	負債・純資産合計	130,000	120,000

4　安全性（流動性）分析

〈損益計算書〉

	X1年度	X2年度
売上高	180,000	170,000
営業費用	150,000	152,000
営業利益	30,000	18,000
支払利息	1,000	800
経常利益	29,000	17,200
固定資産売却損	1,000	200
税引前当期純利益	28,000	17,000
法人税等	10,000	4,000
当期純利益	18,000	13,000

（設問1）

収益性の動向に関する説明として最も適切なものはどれか。なお、比率の計算における総資本は年度末の金額を利用する。

ア　総資本営業利益率：悪化　売上高営業利益率：悪化　総資本回転率：改善
イ　総資本営業利益率：悪化　売上高営業利益率：改善　総資本回転率：改善
ウ　総資本営業利益率：改善　売上高営業利益率：悪化　総資本回転率：改善
エ　総資本営業利益率：改善　売上高営業利益率：改善　総資本回転率：悪化

（設問2）

安全性の動向に関する説明として最も適切なものはどれか。

ア　流動比率：悪化　　固定長期適合率：悪化　　負債比率：改善
イ　流動比率：悪化　　固定長期適合率：改善　　負債比率：改善
ウ　流動比率：改善　　固定長期適合率：悪化　　負債比率：改善
エ　流動比率：改善　　固定長期適合率：改善　　負債比率：悪化

解　答　（設問1）ア　（設問2）ア

（設問1）

経営指標の計算式は次のとおりである。

経営指標	計算式
総資本営業利益率	営業利益÷総資本×100（％）
売上高営業利益率	営業利益÷売上高×100（％）
総資本回転率	売上高÷総資本（回）

経営指標を計算すると次のとおりである。

69

	X1年度	X2年度	判断
総資本営業利益率	30,000÷130,000×100≒23.08%	18,000÷120,000×100＝15%	悪化
売上高営業利益率	30,000÷180,000×100≒16.67%	18,000÷170,000×100≒10.59%	悪化
総資本回転率	180,000÷130,000≒1.38回	170,000÷120,000≒1.42回	改善

（小数点第3位四捨五入）

　総資本営業利益率、売上高営業利益率、総資本回転率はいずれも高いほうがよい。

（設問2）
　経営指標の計算式は次のとおりである。

経営指標	計算式
流動比率	流動資産÷流動負債×100（％）
固定長期適合率	固定資産÷（固定負債＋自己資本）×100（％）
負債比率	負債÷自己資本×100（％）

　経営指標を計算すると次のとおりである。

	X1年度	X2年度	判断
流動比率	35,000÷16,000×100＝218.75%	29,000÷15,000×100≒193.33%	悪化
固定長期適合率	95,000÷（28,000＋86,000）×100≒83.33%	91,000÷（20,000＋85,000）×100≒86.67%	悪化
負債比率	（（16,000＋28,000）÷86,000）×100≒51.16%	（（15,000＋20,000）÷85,000）×100≒41.18%	改善

（小数点第3位四捨五入）

　流動比率は高いほうがよく、固定長期適合率、負債比率は低いほうがよい。

5 生産性分析

生産性分析とは、生産諸要素がどれだけ効率的に生産に寄与したかを分析する技法である。

1 生産性分析の意義と体系

生産性分析は、一般的に、企業が投入した資本・労働力・原材料などの経営資源、つまり生産要素（インプット）と、その生産要素を使って獲得した産出量（アウトプット）の関係を示すものであり、生産の効率（能率）を表す指標である。したがって、生産性の指標は高いほうが望ましい。

生産性にはさまざまなものがあるが、おおむね以下の計算式に集約される。

 [3-9] **生産性の計算式**

$$生産性 = \frac{産出量（output）}{投入量（input）}$$

この計算式からわかるように、生産性を高めるためには、①（投入量を増やさずに）産出量を増やす、②（産出量を減らさずに）投入量を減らす、ということになる。

また、企業が投入した生産要素は、大別すると労働力と資本（生産設備など）に分けられることから、生産性は、労働生産性と資本生産性に大別できる。それぞれの計算式の考え方は以下のとおりである。

 [3-10] **労働生産性の計算式**

$$労働生産性 = \frac{産出量（output）}{労働力（input）}$$

 [3-11] **資本生産性の計算式**

$$資本生産性 = \frac{産出量（output）}{資本（input）}$$

2 生産性と付加価値

生産性の分子、つまり企業が生産要素を使って獲得した産出量を表すものとして、売上高、付加価値、生産量などが用いられるが、一般的には**付加価値**が用いられることが多い。付加価値とは、企業が外部から購入した原材料・サービスに対して、企業内でどの程度新たな価値を生み出したかを意味するものである。

付加価値額の計算式にはさまざまなものがあり、明確な定義はない。なお、「中小企業の財務指標」（中小企業庁編）では、次のように示されている。

> 付加価値額＝経常利益＋労務費＋人件費＋支払利息割引料－受取利息配当金
> ＋賃借料＋租税公課＋減価償却実施額

3 各種生産性分析

❶▶労働生産性

労働生産性（付加価値労働生産性ともいう）は、付加価値額を労働力（人件費、従業員数、労働時間など）で除して計算する。分母に従業員数を用いるものが代表的であり、従業員1人当たり付加価値額ともいう。

$$労働生産性（円／人）＝\frac{付加価値額}{従業員数}$$

※従業員数は、通常は年間の平均をとる。

● 計算例（付加価値額を「120,000千円」、従業員数を「10人」とする）

$$労働生産性＝\frac{120,000千円}{10人}＝12,000（千円／人）$$

生産性分析において最も基本的な指標は、労働生産性であるが、この計算式をさらに分解することにより、詳細な分析が可能となる。

> ① 労働生産性＝$\dfrac{売上高}{従業員数}×\dfrac{付加価値額}{売上高}$
>
> ＝従業員1人当たり売上高×付加価値率
>
> ② 労働生産性＝$\dfrac{有形固定資産}{従業員数}×\dfrac{付加価値額}{有形固定資産^{※}}$
>
> ＝資本装備率（労働装備率）×資本生産性（設備生産性）

※ここでの「有形固定資産」は「有形固定資産－建設仮勘定」の略

> ③ 労働生産性＝$\dfrac{人件費}{従業員数}÷\dfrac{人件費}{付加価値額}$
>
> ＝従業員1人当たり人件費÷労働分配率

● 計算例（付加価値額を「120,000千円」、従業員数を「10人」とする）

① 労働生産性 $= \dfrac{400,000}{10(人)} \times \dfrac{120,000}{400,000}$

　　　　　　$= 40,000（千円／人）\times 0.3$

　　　　　　$= 12,000（千円／人）$

② 労働生産性 $= \dfrac{66,500}{10(人)} \times \dfrac{120,000}{66,500}$

　　　　　　$= 6,650（千円／人）\times（約）1.805$

　　　　　　$≒ 12,000（千円／人）$

③ 労働生産性 $= \dfrac{30,000}{10(人)} \div \dfrac{30,000}{120,000}$

　　　　　　$= 3,000（千円／人）\div 0.25$

　　　　　　$= 12,000（千円／人）$

❷▶資本生産性

　資本生産性（資本投資効率ともいう）は、付加価値額を資本（総資本、生産設備など）で除して計算する。分母に生産設備を用いたものを設備生産性（設備投資効率）といい、生産設備は、有形固定資産から建設仮勘定を引いたものが用いられる。

$$資本生産性（設備生産性）（\%）= \frac{付加価値額}{有形固定資産－建設仮勘定} \times 100$$

※（有形固定資産－建設仮勘定）は、通常は年間の平均をとる。また、設備生産性は分母・分子ともに「円」であるから、「％」（または「倍」）を用いることが一般的である。

● 計算例（付加価値額を「120,000千円」とする）

$$設備生産性（\%）= \frac{120,000千円}{66,500千円} \times 100 = 180.451\cdots ≒ 180.45（\%）$$

補足

　付加価値率は、売上高に占める付加価値の割合を示し、企業内での加工度を表す。この指標が高ければ高付加価値を実現できているといえる。
　資本装備率（労働装備率）は、従業員1人当たりに装備されている有形固定資産（生産設備）を示し、生産の合理化の程度を表す。
　労働分配率は、付加価値に占める人件費の割合を示し、企業が獲得した付加価値を労働力（従業員）にどれだけ分配しているかを表す。

 設例

　以下の資料は、20X1年の実績と20X2年の予算の抜粋である。20X2年における財務比率の変化に関する記述として、最も適切なものを下記の解答群から選べ。　　　　　　　　　　　　　　　　　　　　　　〔H30－10〕

【資　料】

	20X1年（実績）	20X2年（予算）
資産合計	1,200百万円	1,400百万円
有形固定資産合計	300百万円	360百万円
売上高	1,250百万円	1,500百万円
付加価値	250百万円	250百万円
うち当期純利益	30百万円	25百万円
支払利息	5百万円	5百万円
人件費	150百万円	160百万円
その他	65百万円	60百万円
従業員数	40人	38人

〔解答群〕
　ア　付加価値率は上昇する。
　イ　労働生産性は低下する。
　ウ　労働装備率は上昇する。
　エ　労働分配率は低下する。

5 生産性分析

解答　ウ

各経営指標値を計算すると以下のとおりである。

財務比率	20X1年（実績）	20X2年（予算）	変化
付 加 価 値 率	20（％）	16.7（％）	低下
労 働 生 産 性	6.3（百万円／人）	6.6（百万円／人）	上昇
労 働 装 備 率	7.5（百万円／人）	9.5（百万円／人）	上昇
労 働 分 配 率	60（％）	64（％）	上昇

6 キャッシュフロー計算書分析

ここでは、キャッシュフロー計算書を基礎とした経営分析手法を学ぶ。

1 キャッシュフロー計算書分析の基本

キャッシュフロー計算書は、通常は2期の財務諸表を用いて、各区分のキャッシュフローの増減の値から企業の資金状況を明示する。用いる財務諸表は、通常は貸借対照表、損益計算書、株主資本等変動計算書（配当金の支払額を求めるために必要）であるが、業種によっては製造原価報告書などの原価に関する報告書（cost report）を用いる場合もある。

なお、ここでは、営業活動によるキャッシュフローを営業CF、投資活動によるキャッシュフローを投資CF、財務活動によるキャッシュフローを財務CF、フリーキャッシュフローをフリーCFと、それぞれ略して表記する。

❶▶営業CFの分析

企業の本来の営業活動（本業）から獲得したキャッシュフローであり、プラスであることが望ましく、企業の営業活動の強さや債権回収力を見ることができる。

ただし、創業間もないベンチャー企業であれば、売上収入や操業度が上がるまではマイナスであることは異常とはいえない。この場合は、単月ベースでの営業CFの黒字化が当面の目標となる。

❷▶投資CFの分析

投資CFは、新規事業などのために設備投資を積極的に行っている場合、通常はマイナスになる。逆にプラスである場合は、設備投資をあまり行っていない状況を示す。ベンチャー企業の成長期では、大幅なマイナスとなることもある。

車両の買換えなど、企業活動を維持するための費用も投資活動に含まれる。設備投資以外では、有価証券の取得・売却や貸付金の支出・回収といった資金運用活動によっても投資CFは増減する。

なお、企業がリストラ局面である場合は、一時的にプラスとなる場合がある。

❸▶財務CFの分析

財務CFは、資金の借入や借入金の返済、社債・株式発行などによって増減する。企業の資金調達と返済の状況を示すものであり、プラスであれば、資金調達が返済を上回っている状況である。ただし、借入金（負債）が増えて営業外費用が増えた場合、経常利益にマイナスの影響を与えることもあるため、財務CFがプラスであることが必ずしも望ましいとはいえない。

❹▶ フリーCFの分析

　キャッシュフロー計算書におけるフリーCFとは、**営業CFと投資CFの合計額**を指す。つまり、本業で獲得した営業CFから、設備投資等に使った投資CFを差し引いた後に残ったキャッシュフローがフリーCFであり、企業が自由に使える資金を意味する。

　フリーCFは、企業の存続・成長という観点からも重要な指標であり、プラスが最も望ましい状態である。フリーCFがプラスであれば、借入金などの財務CFを賄うことができる。逆にマイナスであれば、フリーCFのマイナス分を財務CFで補う必要が生じることになる。

　なお、ベンチャー企業であれば、営業CFがマイナス、投資CFもマイナスとなって、フリーCFもマイナスとなることも珍しくない。

❺▶ 運転資本（運転資金）について

　運転資本は、企業活動を行ううえで必要となる資金のことであり、以下の計算式で表される。

$$運転資本（運転資金）＝売上債権＋棚卸資産－仕入債務$$

　企業活動における「現金→商品→売上債権→現金」というサイクルは、1回の営業活動の終了によって現金に戻る。この期間は、商品を仕入れて販売するまでの期間（資金が在庫品になっている期間）に加え、商品を販売した後に顧客から代金を回収するまでに要する期間で表される。さらに、この期間から商品を購入し現金で支払うまでの期間を差し引くことになる。この期間に必要となる資金が運転資金である。

図表 [3-12] 企業活動のサイクルと運転資本

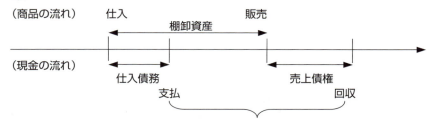

　この期間は、仕入債務の支払後、売上債権の回収までは現金が入ってこないため、短いほうが望ましい。手元資金がない場合は、その間の資金を短期の借入れによって賄うことになり、支払利息が発生することになる。

補足 運転資本とキャッシュフローの関係

　キャッシュフロー（特に営業キャッシュフロー）の改善が必要である企業では、「運転資本の増加」がキャッシュフロー悪化の原因である場合が多い。たとえば、売上債権と棚卸資産が増加し、仕入債務が減少すれば、運転資本が増加しキャッシュフローの悪化に繋がることになる。事業活動の規模が変わらないとすれば、売上債権が早期に回収（現金化）されれば売上債権は減少する。また、商品がより短期間で販売されれば棚卸資産は減少する。売上債権や棚卸資産が増加するということは、これと逆の動き（現金流入を遅らせる）を意味する。さらに、債務の決済を遅らせる（支払を遅らせる）と仕入債務が増加する一方で手元に資金が残る。仕入債務が減少するということは、これと逆の動き（現金流出を早める）を意味する。

 [3-13] 運転資本（運転資金）

貸借対照表

売上債権	仕入債務
棚卸資産	運転資本

 補足 正味運転資本（正味運転資金）

　正味運転資本とは、流動資産と流動負債の差額である。
　　正味運転資本＝流動資産－流動負債
　なお、正味運転資本は、資金運用表などで用いられる用語である（資金運用表自体は、学習対象外）。運転資本と正味運転資本の計算式の違いを覚えておこう。

2 キャッシュフロー計算書による企業の経営活動の分析

　キャッシュフロー計算書を分析するためには、企業が自由に使える資金である**フリーCFに着目**することが重要となる。
　フリーCFはプラスであることが望ましく、そのためには営業CFをプラスにすることが必要であり、まず、利益（または売上高）を増やすことが必要となる。さらに、売上債権の早期回収や棚卸資産の適正管理によって運転資本をできる限り減らすことが必要である。

また、投資CFは、設備投資を行うと、一時的にマイナスになる。この場合、その投資額以上に将来の営業CFをプラスに導く効果があるかどうかの判断が重要となる。

 [3-14] **キャッシュフロー計算書の分析のまとめ**

営業CF	投資CF	フリーCF	CFの状況
＋	＋	＋	フリーCFは＋であり良好である。ただし、投資の回収（資産の売却）を行っている状況であるため、投資を抑制するだけではなく、将来の成長機会を逃したり、妨げたりすることのないよう注意する。
＋	－	＋	営業活動で生み出したCFの範囲で投資活動を行っており、健全といえる。
＋	－	－	営業活動で生み出したCFを超える大きな投資をしたケースである。この状況が単年度であったり、一過性のものであれば大きな問題はない。しかし、この状況が続くと、投資活動の見直しを検討する必要がある。
－	＋	＋	営業活動ではCFを生み出していないが、投資活動で生み出した資金でカバーしている状況。本来の営業活動は健全とはいえないため、営業活動の見直しが必要になる。
－	＋	－	営業活動でCFを生み出していないうえ、投資活動でも営業CFをカバーできるほど資金を生み出していない。営業活動の見直しが必要である。なおリストラ局面のケースも考えられる。
－	－	－	投資活動により今後の営業CFがプラスになればよいが、この状況が続くと非常に危険である。財務CFで補うしかない状況で、一刻も早い改善が必要である。ただし、ベンチャー企業の創業期や成長期ではこのような状況は珍しくない。

（参考文献：『中小企業の会計　38問38答改訂版』中小企業庁）

第4章

管理会計

Registered Management Consultant

第4章 管理会計

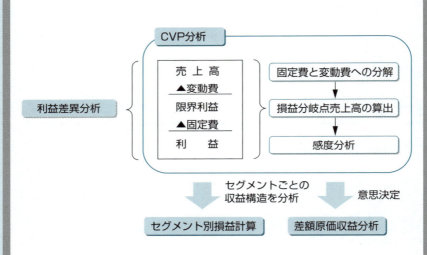

❗ 本章のポイント

◇ CVP分析の考え方が理解でき、各種数値が計算できる（第1節の POINT 参照）。
◇ 売上高差異分析のうち、価格差異と数量差異が計算できる。
◇ セールスミックスにおける採算性の分析ができる（機械工程などの制約がある場合を含む）。
◇ セグメント別の損益計算ができる（限界利益と貢献利益が計算できる）。
◇ 特別注文引受可否の意思決定が理解できる。

1 CVP分析

CVP分析 (Cost-Volume-Profit Analysis) とは、原価 (Cost)、営業量 (Volume)、利益 (Profit) の関係を分析する手法である。

> **POINT**
> ・全部原価計算と直接原価計算の違いが理解できる。
> ・変動費と固定費の違いが理解できる。
> ・S－$_α$S－FC＝0より、損益分岐点売上高が計算できる。
> ・S－$_α$S－FC＝Pより、目標売上高が計算できる。
> ・損益分岐点比率および安全余裕率が計算できる。
> ・感度分析により、利益が計算できる。
> ・営業外損益が与えられた場合の営業外損益の取扱いが理解できる。

1 CVP分析

CVP分析は、利益計画において設定された目標利益を達成するための営業量の計算や利益も損失も発生しない営業量である損益分岐点 (BEP：Break Even Point) の計算などに使われる手法である。

なお、損益分岐点の計算を中心にこの分析を行うときには損益分岐点分析という表現も使われる。

企業は、毎年一定の利益を獲得し続けなければならない。次年度はいくらの利益を獲得したいのか、そのためにはどれだけの売上高あるいは販売量が必要になるのかなどの計画が必要になる。通常の原価計算による損益計算（制度会計上の損益計算書）は、この問題に対して役立つ情報を提供することができない。これは、原価の中には売上高の増減に伴って比例的に増減する原価（変動費）もあれば、全く変化しない原価（固定費）もあるので、売上高が増減したときに、原価と利益がどのように変化するのか予測ができないからである。

【制度会計上の損益計算書（全部原価計算）】

	当年度
売上高	100
売上原価	45
売上総利益	55
販管費	23
営業利益	32

売上高2倍→
原価は？

利益は？

	次年度
売上高	200
売上原価	?
売上総利益	?
販管費	?
営業利益	?

そこで、短期利益計画にとって役立つ情報を得るためには、原価を変動費と固定費に分ける原価計算手法が必要になる。原価を変動費と固定費に分けておけば、たとえば、売上高が2倍になったときに、売上高に比例して2倍に増加する原価（変動費）と、変化しない原価（固定費）が判明し、その結果、利益がどのように変化するのかを予測できる。

【管理会計上の損益計算書（直接原価計算）】

	当年度
売上高	100
変動費	30
限界利益	70
固定費	38
営業利益	32

売上高2倍→
変動費2倍→

利益は？

	次年度
売上高	200
変動費	60
限界利益	140
固定費	38
営業利益	102

CVP分析のイメージは次のようなものである。たとえば、うどん店の新規出店をイメージするとよいだろう。客単価を想定し、一日平均で何杯売れば黒字になるのか、また、利益を100万円確保したいなら、一日平均で何杯売ればよいのかをシミュレーションするのである。CVP分析はあらゆる業界で使うことができ、たとえば、スポーツジムが何人の会員を確保すれば黒字になるか、自動車メーカーが自動車を何台売れば黒字になるか等々、広く応用が可能である。

2 原価、営業量、利益

❶▶原価の分類

企業活動から発生する原価は、**変動費**（VC：Variable Cost）と**固定費**（FC：Fixed Cost）に分類することができる。

1 変動費の意義

変動費とは、営業量（販売数量など）に比例して増減する原価のことであり、材料費、外注加工費、運送費などが変動費に該当する。

2 固定費の意義

固定費とは、営業量の増減に関係なく、固定的に発生する原価のことであり、支払家賃、固定給、減価償却費、火災保険料、支払利息などが固定費に該当する。

なお、変動費および固定費を、縦軸に原価、横軸に営業量をとった平面で図示すると次のようになる。

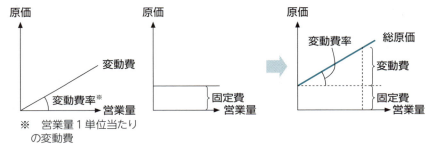

※ 営業量1単位当たりの変動費

> **参考**
>
> **変動費と固定費の分解方法**
>
> CVP分析においては、原価を変動費と固定費に分解することが必要である。ここでは、その代表的な方法を紹介する。
>
> ① **勘定科目法**
>
> **勘定科目法**とは、財務諸表上の勘定科目ごとに変動費か固定費かを決定していく方法である。
>
> ② **高低点法**
>
> **高低点法**とは、過去の総原価の実績データのうち、最高の営業量のときの実績データと最低の営業量の実績データから、原価の推移を直線とみなし、変動費率と固定費を求める方法である。
>
>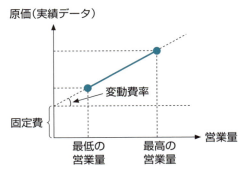
>
> ③ **スキャッターグラフ法（散布図表法）**
>
> **スキャッターグラフ法**とは、横軸が営業量、縦軸が総原価のグラフ上に、過去の営業量と総原価の実績を記入し（散布）、各点の中間を通る直線を引き、

変動費率と固定費を求める方法である。

④ **最小自乗法**
  最小自乗法とは、過去の営業量と総原価のデータで、数学的に傾向直線（回帰直線）を求め、変動費率と固定費を求める方法である。

❷▶営業量

  営業量とは、量的単位によって測定された各部門もしくは企業全体の経営活動の量のことであり、企業全体を対象にする場合には**売上高**や**販売量**などが、工場全体であれば**生産量**などが、工場内の1部門であれば**直接作業時間**や**機械作業時間**などが選択される。

❸▶限界利益

  CVP分析では、売上高から変動費を回収した残余を**限界利益**といい、この限界利益からさらに固定費を回収して利益を計上する、という考え方がとられ、次のような損益計算が行われる。

$$
\begin{array}{r}
売\ 上\ 高 \\
-\ 変\ 動\ 費 \\ \hline
限界利益 \\
-\ 固\ 定\ 費 \\ \hline
利\quad 益 \\ \hline
\end{array}
$$

ワンポイント アドバイス

次の数値例を見てみよう。

売 上 高	100	150	200
－変 動 費（60%）	60	90	120
限界利益	40	60	80
－固 定 費	60	60	60
利　益	△20	0	20

  売上高が100から150（50%増）、100から200（100%増）になった場合、変動費および限界利益も50%増、100%増になっている（比例）一方で、固定費の額は一定である。限界利益（売上高と比例的に変動）から固定費（売上高にかかわらず一定）を控除した額が利益であり、利益が0のとき、限界利益－固定費＝0、つまり、限界利益＝固定費となる。「限界利益」という利益概念と、固定費および利益との関連はしっかりと理解しておこう。

3 損益分岐点の計算と損益分岐点図表

❶▶損益分岐点の営業量

損益分岐点の営業量は、利益も損失も発生しない営業量（販売数量）のことである。つまり、収益と費用が等しくなる営業量のことであり、採算点を意味する。売上高と費用および利益の一般的な関係から次のように表すことができる。

売上高S－費用C＝利益P

より、費用を変動費と固定費で表せば、

販売価格×営業量－１単位当たり変動費×営業量－固定費FC＝利益P

基本計算式である！

となる。この計算式は、
　（販売価格－１単位当たり変動費）×営業量－固定費FC＝利益P
と表すことができる。また、利益がゼロのとき、
　（販売価格－１単位当たり変動費）×営業量－固定費FC＝０
　１単位当たり限界利益×営業量＝固定費FC

$$営業量 = \frac{固定費FC}{１単位当たり限界利益}$$

と表すことができる。さらに、この損益分岐点の営業量に販売価格を乗じることで、**損益分岐点売上高**を計算することができる。

また、目標利益を達成する営業量を計算することもできる。

　（販売価格－１単位当たり変動費）×営業量－固定費FC＝利益P
　１単位当たり限界利益×営業量＝固定費FC＋利益P

$$目標営業量 = \frac{固定費FC＋利益P}{１単位当たり限界利益}$$

となる。

設 例

　製品Zの販売価格が500円、1単位当たりの変動費が300円であるとき、固定費20,000円を回収するためには、製品Zを何個販売する必要があるか。

解 答　**100（個）**
　（販売価格－1単位当たり変動費）×営業量－固定費＝利益　より、
　（500－300）×営業量－20,000＝0
　∴　営業量＝20,000÷200＝<u>100（個）</u>

設 例

　製品Zの販売価格が500円、1単位当たりの変動費が300円、固定費20,000円であるとき、目標利益10,000円を獲得するために、製品Zを何個販売する必要があるか。

解 答　**150（個）**
　（販売価格－1単位当たり変動費）×営業量－固定費＝利益　より、
　（500－300）×営業量－20,000＝10,000
　∴　営業量＝（20,000＋10,000）÷200＝<u>150（個）</u>

`R3` `12`
`R2` `21`
`H30` `11`

❷▶損益分岐点売上高と損益分岐点図表

　損益分岐点売上高とは利益も損失も発生しない売上高のことである。売上高と費用および利益の一般的な関係から次のように表すことができる。

　　売上高S＝費用C＋利益P
　　　　　　＝変動費VC＋固定費FC＋利益P

　ここで売上高に占める変動費の割合を変動費率 α（＝変動費÷売上高＝1単位当たり変動費÷販売価格）とすると、変動費VC＝売上高S×変動費率 α が成立する。
　これを上記式に代入すると、

　　$S = \alpha S + FC + P$　あるいは　$S - \alpha S - FC = P$

　　　　　　　　　　　　　　基本計算式である！

となる。
　また、上記式を展開すると損益分岐点売上高は、

$$S（損益分岐点売上高）＝ \frac{固定費FC}{1 －変動費率 \alpha}$$

と表すことができる（損益分岐点なので利益Pはゼロとする）。なお、分母の（1 －変動費率 α）を限界利益率で表すこともできる。

$$S（損益分岐点売上高）＝ \frac{固定費FC}{限界利益率}$$

また、基本計算式を用いて、目標利益を達成する売上高（目標売上高）を計算することもできる。基本計算式を展開すれば、目標売上高は次のように表すことができる。

$$S（目標売上高）＝ \frac{固定費FC＋利益P}{1 －変動費率 \alpha}$$

限界利益－固定費＝利益であり、損益分岐点においては利益が0であるため、限界利益＝固定費となる。

設 例

G社の前期と当期の損益計算書は以下のように要約される。当期の損益分岐点売上高を計算せよ。　　　　　　　　　　　　　〔R2－21（設問1）改題〕

	損益計算書		（単位：万円）	
	前期		当期	
売 上 高		2,500		2,400
変 動 費	1,250		960	
固 定 費	1,000	2,250	1,200	2,160
営業利益		250		240

解 答　**2,000（万円）**

当期の損益分岐点売上高が問われている。損益分岐点売上高をSとする。
変動費率：960（変動費）÷2,400（売上高）＝0.4（40％）
固定費：1,200
損益分岐点売上高：S－0.4S－1,200＝0　∴S＝2,000（万円）

設 例

2期間のデータが与えられた場合の変動費率と固定費を計算せよ。なお、前期と当期で変動費率と固定費は変わらないものとする。

	前期	当期
売上高	100	150
営業利益	20	50

解 答 変動費率＝0.4（40％）　固定費＝40

基本計算式であるS－αS－FC＝Pに、与えられた数値を代入すれば、
　当期：150－150α－FC＝50　……①
　前期：100－100α－FC＝20　……②
が成り立つ。
　①式－②式より、
　　50－50α＝30
　　－50α＝－20
　　∴α＝0.4　→　40％
　①式に代入し、150－150×0.4－FC＝50
　　　90－FC＝50
　　　∴FC＝40
となる。なお、②式に代入しても同じ結果になる（100－100×0.4－FC＝20）。

CVP分析における、売上高、変動費、固定費、利益の関係を図示したものを**損益分岐点図表**という。

図表 [4-1] 損益分岐点図表

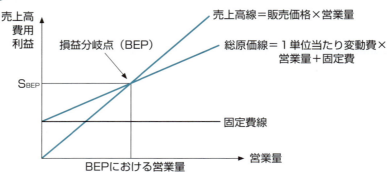

また、横軸を売上高とした場合の損益分岐点図表は、次のようになる。この場合、総原価線は、１単位当たり変動費×営業量＋固定費＝（１単位当たり変動費÷販売価格）×売上高＋固定費＝<u>変動費率×売上高＋固定費</u>となる。

 [4-2] 損益分岐点図表

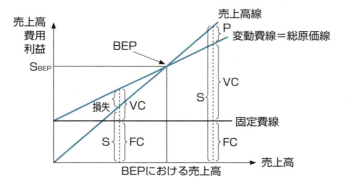

縦軸をY、横軸をSとすれば、売上高線はY＝Sの計算式が成り立ち、総原価線はY＝αS＋FCの計算式が成り立つ（傾き変動費率α、切片FCの１次関数である）。よって、売上高線Y＝Sを総原価線Y＝αS＋FCに代入すれば、S＝αS＋FCとなり、展開すれば、S＝FC÷（１－α）が成り立つことが確認できる。

 [4-3] 目標利益を達成する売上高

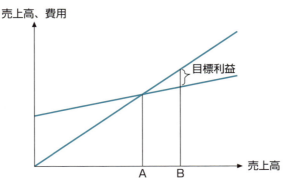

A：損益分岐点売上高
B：目標利益達成のための売上高

> **ワンポイント アドバイス**
>
> CVP分析は制度会計ではなく企業が任意に行うものであるから、その手法や表現も任意である。一般的には、営業利益で考えるケースが多いが、営業外費用である支払利息を含めた利益や、経常利益で考えてもかまわない。損益計算書上の表現にとらわれず、その企業（その問題）のCVP分析における利益概念は何なのかを意識しよう。その企業のCVP分析における利益概念が「営業利益」ならば、「売上高－費用＝利益」の式が示す「費用」は、売上原価、販売費・一般管理費であるし、その企業のCVP分析における利益概念が「営業利益から支払利息を控除したもの」ならば、「売上高－費用＝利益」の式が示す「費用」は、売上原価、販売費・一般管理費、支払利息である。

4 損益分岐点比率・安全余裕率の計算

ここでは、損益分岐点比率と安全余裕率の計算について見ていく。

❶▶損益分岐点比率

損益分岐点比率とは、損益分岐点売上高が売上高に占める割合であり、以下の計算式で表される。

$$損益分岐点比率(\%) = \frac{損益分岐点売上高}{売上高} \times 100$$

この損益分岐点比率が高いか低いかにより、企業の収益獲得能力面での安全度が判断できる。

損益分岐点が低ければ低いほど、企業はより少ない売上高で利益を得ることができる。**損益分岐点比率が低い**ということは、その企業が**売上高の減少というリスクに強い**ということになる。

❷▶安全余裕率

安全余裕率とは、経営安全率ともよばれ、現状の収益面（売上高）の安全性を判断する比率である。

$$安全余裕率(\%) = \frac{売上高 - 損益分岐点売上高}{売上高} \times 100$$

この比率が高ければ、現状の売上高の安全性は高いといえる。

$$安全余裕率(\%) = 100 - 損益分岐点比率$$

[4-4] **損益分岐点比率と安全余裕率の関係**

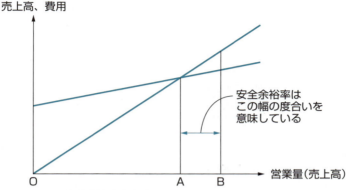

ＯＡ：損益分岐点売上高
ＯＢ：売上高

$$損益分岐点比率 = \frac{OA}{OB} \times 100$$

$$安\,全\,余\,裕\,率 = \frac{AB}{OB} \times 100$$

❸ ▶ 安全余裕率の向上

安全余裕率が高いということは、**売上高の減少に対する抵抗力が高い**ということであり、企業にとって望ましい。

安全余裕率を高めるためには、売上高の増大、損益分岐点売上高の引下げのいずれかあるいは両方が必要である。

具体的には次のような方策が考えられる。

１）**変動費の削減**

売上高の増大が期待できない場合でも、変動費を削減することによって損益分岐点が引き下げられ安全余裕率は高まる。

２）**固定費の削減**

売上高の増大が期待できない場合でも、固定費を削減することによって損益分岐点が引き下げられ安全余裕率は高まる。

３）**売上数量の増大**

変動費・固定費の削減あるいは販売単価の引上げが期待できない場合でも、販売数量を増大させることができれば、売上高が増大し、安全余裕率は高まる。

４）**販売単価の引上げ**

販売単価を引き上げると、営業量に変動がなくても売上高が増大し、同時に損益分岐点が低下することにより安全余裕率が高まる。

> **設 例**
>
> A社の当期の売上高は20,000千円、費用は以下のとおりであった。なお、一般管理費はすべて固定費である。安全余裕率を計算せよ。 〔H25-8改題〕
>
> | | |
> |---|---|
> | 変動製造費用 | 5,000千円 |
> | 固定製造費用 | 9,000千円 |
> | 変動販売費 | 3,000千円 |
> | 固定販売費 | 800千円 |
> | 一般管理費 | 1,000千円 |
>
> **解 答** 10（％）
>
> 　安全余裕率は、（売上高－損益分岐点売上高）÷売上高×100（％）で計算される。売上高、変動費、固定費が問題文で与えられているため、損益分岐点売上高がわかれば、安全余裕率を求めることができる。
>
> 　売上高　20,000千円
> 　変動費　 8,000千円　（変動製造費用5,000＋変動販売費3,000）
> 　固定費　10,800千円　（固定製造費用9,000＋固定販売費800＋
> 　　　　　　　　　　　一般管理費1,000）
> 　変動費率α＝変動費8,000÷売上高20,000＝0.4（40％）
> より、損益分岐点売上高Sは、
> 　　S－0.4S－10,800＝0
> 　　0.6S＝10,800
> 　∴　S＝10,800÷0.6
> 　　　＝18,000
> 　したがって、
> 安全余裕率＝（20,000－18,000）÷20,000×100
> 　　　　　＝<u>10（％）</u>

5 感度分析

　短期利益計画の設定に際し期待利益が利益目標に達しない場合には、さまざまな利益改善策を探求し、期待利益をできるかぎり目標利益に近づけなければならない。そこで、各種利益改善策の採用による利益への影響を明らかにすることが必要になり、そのために感度分析が行われる。
　感度分析とは、当初の予測データが変化したら結果はどうなるかを分析することである。つまり、製品の販売価格、販売量、変動費、固定費などの変化が営業利益に対してどのような影響を与えるかを分析することをいう。

設 例

D社の次年度の予想損益は次のとおりである。この資料に基づいて、次年度の①販売価格を5％値上げしたときの営業利益、②販売量が10％増加したときの営業利益、③製品単位当たり変動販売費を10％引き上げたときの営業利益、④固定費を100円増加させたときの営業利益を計算せよ。

予想損益計算書		
売上高	@50×100個	5,000円
変動売上原価	@26.6×100個	2,660円
変動販売費	@3.4×100個	340円
限界利益		2,000円
固定費		1,496円
営業利益		504円

※変動費の単価＝@26.6＋@3.4＝@30

解 答

① 販売価格を5％値上げしたときの営業利益
　（@50×1.05－@30）×100個－1,496＝<u>754円</u>
② 販売量が10％増加したときの営業利益
　（@50－@30）×100個×1.1－1,496＝<u>704円</u>
③ 製品単位当たり変動販売費を10％引き上げたときの営業利益
　（@50－@26.6－@3.4×1.1）×100個－1,496＝<u>470円</u>
④ 固定費を100円増加させたときの営業利益
　（@50－@30）×100個－（1,496＋100）＝<u>404円</u>

6 営業外損益の取り扱い

　営業外損益は売上高（営業量）と無関係であるから、CVP分析からは除外されるべき性質の損益である。しかし、経常利益を目標利益にする場合など、営業外損益をCVP分析に含める必要がある場合には、**固定費の修正項目**として扱う。営業外収益は固定費から控除し、営業外費用は固定費に加算するのである。

> **設　例** 🖉

　当期の損益計算書（要旨）は次のとおりである。変動費、固定費の構造は一定とすると、経常利益の目標10,500千円を達成する売上高を計算せよ（単位：千円）。　　　　　　　　　　　　　　　　　　　　　〔H20−12改題〕

<u>損 益 計 算 書 （要旨）</u>
（単位：千円）

売　　　上　　　高	100,000
売　　上　　原　　価	60,500
販売費及び一般管理費	26,000
営　業　利　益	13,500
営　業　外　収　益	3,200
営　業　外　費　用	6,900
経　　常　　利　　益	9,800

（以 下 省 略）

（注）1．営業費用のうち固定費は21,500千円である。
（注）2．売上高が変化しても営業外収益、営業外費用は一定である。

> **解　答**　　**102,000（千円）**

　$S−\alpha S−FC=P$の計算式を用いて、目標とする売上高を計算する。題意より、変動費率と固定費が算出できる。

　　変動費率α＝変動費÷売上高＝$(60,500+26,000-21,500)$
　　　　　　　　　　　　　　　　　÷$100,000=0.65$
　　固定費$FC=21,500+6,900-3,200=25,200$
　　　　　　　　　　　　　　　（営業外損益の固定費調整）

　よって、$S=0.65S+25,200+10,500$
　　　　　　$S-0.65S=25,200+10,500$
　　　　　　$0.35S=35,700$
　　∴　$S=102,000$（千円）

96　●第4章　管理会計

2 利益差異分析

損益分岐点分析を通して作成された利益計画は、利益統制を伴う必要がある。利益統制のうち、特に重要と考えられるものが、利益差異分析である。利益差異分析は、原則として各収益項目と各費用項目に対して行われる。

1 売上高差異分析

利益差異分析は、まず、実際売上高と計画売上高の差異分析から出発する。
売上高差異は、**数量差異**と**価格差異**に分けてとらえることができる。

```
売上高差異＝実際売上高－計画売上高
        ＝数量差異＋価格差異
数 量 差 異＝(実際販売数量－計画販売数量)×計画販売価格
価 格 差 異＝(実際販売価格－計画販売価格)×実際販売数量
```

	価格差異	
	計画売上高	数量差異

実際販売価格／計画販売価格（左軸）
実際売上高（右上）
計画販売数量　実際販売数量（下軸）

また、利益差異分析では、企業にとって利益の増加につながる差異を**有利差異**といい、逆に利益の減少につながる差異を**不利差異**という。

設例

販売予算が以下のとおり編成されていたとする。いま、第2四半期（Q2）の実際販売量が1,100個、販売価格が99,000円であったとする。数量差異と価格差異の組み合わせとして、最も適切なものを下記の解答群から選べ。

〔H27-8改題〕

販売予算	Q1	Q2	Q3	Q4	合計
販売量（個）	1,000	1,200	1,400	1,400	5,000
販売価格（円）	100,000	100,000	100,000	100,000	－

〔解答群〕
ア　数量差異900万円（不利差異）と価格差異210万円（不利差異）
イ　数量差異1,000万円（不利差異）と価格差異110万円（不利差異）
ウ　数量差異1,100万円（不利差異）と価格差異10万円（不利差異）
エ　数量差異1,200万円（不利差異）と価格差異90万円（有利差異）

解　答　イ

売上高差異は、数量差異と価格差異に分けてとらえる。本問は、実際と予算とそれぞれの販売量および販売価格が与えられているため、計算式あるいは図を用いて計算すればよい。

なお、売上高差異は、実際値から計画値を差し引いているため、プラスの場合には有利差異、マイナスの場合には不利差異となる。

数量差異＝（実際販売数量－計画販売数量）×計画販売価格　より、
　　　　＝（1,100個－1,200個）×100,000＝－1,000（万円）　となる。

価格差異＝（実際販売価格－計画販売価格）×実際販売数量　より、
　　　　＝（99,000－100,000）×1,100個＝－110（万円）　となる。

また、売上高差異分析の計算は、次の図を用いて計算できる。

```
実際販売価格
  99,000円   ┌─────────────────────────────┐
計画販売価格 │ 価格差異                         │
 100,000円  │ (99,000－100,000)×1,100＝－110万円│
            │         ┌────────────────────────┤
            │         │ 数量差異                 │
            │         │ (1,100－1,200)×         │
            │         │ 100,000＝－1,000万円     │
            └─────────┴────────────────────────┘
              計画販売数量           実際販売数量
                1,200個                1,100個
```

2 費用差異分析

利益差異分析は、次に、費用面からの分析、費用差異分析を行う。

費用差異は、**数量差異**と**価格差異**に分けてとらえることができる。

費用差異＝計画費用－実際費用
　　　　＝数量差異＋価格差異
数量差異＝(計画販売数量－実際販売数量)×単位当たり計画コスト
価格差異＝(単位当たり計画コスト－単位当たり実際コスト)×実際販売数量

単位当たり実際コスト		実際費用
単位当たり計画コスト	価格差異	
	計画費用	数量差異

計画販売数量　　実際販売数量

なお、費用差異分析は第10章で詳細を学習する。

3 セグメント別損益計算

　CVP分析の考え方を応用し、製品品種別など、事業部制組織を採用している企業のセグメント単位で利益計算を行えば、企業全体のCVP分析のみならず企業全体の利益獲得に対して各セグメントがどの程度貢献しているかについても正しく判断することが可能となる。

1 製品品種別損益計算(1)

(単位：万円)

製 品 品 種	A	B	C	合 計
売 上 高	1,000	2,000	3,000	6,000
売 上 原 価	750	1,500	2,100	4,350
売 上 総 利 益	250	500	900	1,650
販 売 費 及 び 一 般 管 理 費	210	500	500	1,210
営 業 利 益	40	0	400	440
売上高営業利益率	4%	0%	13.3%	7.3%

　この損益計算書からは、営業利益率が０％のＢ製品は企業全体の利益に貢献していないように解釈できる。したがって、この企業はＢ製品の利益率改善に努めるか、もしくは、Ｂ製品の製造販売の中止も視野に入れることになる。

2 製品品種別損益計算(2)

(単位：万円)

製 品 品 種	A	B	C	合 計
売 上 高	1,000	2,000	3,000	6,000
変 動 売 上 原 価	550	900	1,300	2,750
変 動 販 売 費	110	300	200	610
限 界 利 益	340	800	1,500	2,640
固 定 費				2,200
営 業 利 益				440
限 界 利 益 率	34%	40%	50%	44%

　この損益計算書によれば、企業全体の利益に対する各製品の貢献度は、限界利益率の最も高いＣ製品であり、次にＢ製品、Ａ製品という順になる。したがって、製

品品種別損益計算(1)の場合と異なり、まず最初に改善すべき製品はＡ製品ということになる。

3 セールスミックス

製品別などセグメント（企業の収益単位を製品別、店舗別などに区分したもの）単位でCVP分析の考え方を適用すれば、セグメント別の収益性を適正に判断することができる。

複数の製品を生産している企業は、限られた経営資源を使って、どの製品に注力して製造販売していくかという意思決定を行う場合がある。その際の有効な概念が**セールスミックス（製品ごとの売上高の組み合わせ）**である。

セールスミックスでは、**限界利益**による分析が一般的である。たとえば、①複数の製品を製造している場合に、どの製品をどれだけ生産し、販売すれば、企業全体としての利益が最大になるのか、②生産設備の制約から、製品の品種を減らさなければならない場合に、現在生産している製品の中からどの製品の生産を中止することによって、利益の減少を最小化できるのか、というようなケースに、限界利益による分析は有効な情報を提供することができる。

1 機械工程などに制約がある場合

限りある経営資源の中で、さらに時間などのキャパシティに制約がある場合は、できるだけ各製品の需要を満たしながら、制約条件単位当たり限界利益額の高い製品の順に生産していくというルールにもとづいて希少資源を割り振ることが必要になる。

設 例

当社は、3つの製品Ｘ、Ｙ、Ｚを生産している。以下の資料に基づいて、次月の生産計画を確定したい。最大の限界利益を得るには、どのようなセールスミックスが望ましいか。なお、機械設備のキャパシティに制約があり、次月の総製造時間は500時間が最大となっている。

（単位：千円）

	Ｘ製品	Ｙ製品	Ｚ製品
製品1個当たりの単価	1,200	1,000	800
製品1個当たり変動費	600	550	480
製品1個当たり限界利益	600	450	320
製品1個当たり限界利益率（%）	50	45	40
次月に予測される需要量（個）	100	100	100
製品1個当たりの製造時間	4時間	2時間	1時間

解 答

まず、1時間当たりの限界利益額を計算する。
(製品1個当たり限界利益÷製品1個当たり製造時間)
次に、1時間当たりの限界利益額の高い順に優先順位を付け、500時間の総製造時間を優先順に次月に予測される需要量を割り付け、以下のように計算する。

Z：320千円…優先順位①　→　100個×1時間＝100時間
Y：225千円…優先順位②　→　100個×2時間＝200時間
X：150千円…優先順位③　→　残り200時間なので、
　　　　　　　　　　　　　　　200時間÷4時間/個＝50個

∴ 利益を最大にするセールスミックスはY、Z各100個、X50個である。
また、その場合の限界利益は次のようになる。

Z：320千円×100個＝　32,000千円
Y：450千円×100個＝　45,000千円
X：600千円× 50個＝　30,000千円
　　　　　　　　計　107,000千円

4 セグメント別の業績評価

　セグメント別の損益計算を行うにあたり、売上高や変動費は、どのセグメントで発生したかが明らかである。しかし、固定費は、どのセグメントで発生したかが明らかなものもあれば、明らかでないものもある。各セグメントがどの程度の利益を獲得したかを適切に把握するためには、特定のセグメントに直接関連づけられる固定費を各セグメントの売上高から直接控除するべきである。そこで、固定費は、各セグメントに直接関連づけられるか否かにより、個別固定費と共通固定費に分類することができる。

	意味	具体例
個別固定費	各セグメントに直接関連づけられる固定費	特定の品種の製造に必要な設備の減価償却費　事業部長の給料
共通固定費	各セグメントに共通して発生する固定費	本社建物の減価償却費や固定資産税　本社役員の給料

　セグメント別損益計算において、固定費を限界利益から一括に差し引かずに、個別固定費と共通固定費を段階的に差し引けば、セグメント別の利益（貢献利益）を

3　セグメント別損益計算

把握することができる。**貢献利益**とは、全社的利益を獲得するのに各セグメントがどの程度貢献したかを示す各セグメント固有の利益をいう。

　ここでは、セグメントを事業部で置き換えて考えてみる。事業部自体の業績を適切に測定するためには、特定の事業部に対して関連づけられる固有の利益（貢献利益）が必要になる。事業部自体の業績測定は、貢献利益により行う。

	A事業部	B事業部	C事業部	全体
売上高	100	200	300	600
変動費	50	120	170	340
限界利益	50	80	130	260
個別固定費	10	45	65	120
貢献利益	40	35	65	140
共通固定費	−	−	−	100
営業利益	−	−	−	40

設例

　N社は製品別事業部制を採用している。A事業部とB事業部の売上高と変動費、固定費の内訳は次のとおりである。A事業部とB事業部の限界利益と貢献利益の金額を計算せよ（単位：百万円）。

	A事業部	B事業部	全体
売上高	800	600	1,400
変動売上原価	500	400	900
変動販売費	80	40	120
個別固定費	100	60	160
共通固定費	−	−	140

解答

	A事業部	B事業部	全体
売上高	800	600	1,400
変動売上原価	500	400	900
変動販売費	80	40	120
限界利益	220	160	380
個別固定費	100	60	160
貢献利益	120	100	220
共通固定費	−	−	140

> **参　考**
>
> **限界利益と貢献利益について**
>
> 　簿記検定試験や公認会計士試験などは、限界利益を「貢献利益」といい、貢献利益を「セグメント別貢献利益」という。一方、中小企業診断士試験では、限界利益と貢献利益の組み合わせで出題されているので、他資格で学習済みの方は混同しないよう留意されたい。
>
> ※平成30年度第1次試験においては、簿記検定試験などと同様に限界利益を「貢献利益」と表記していた。今後の中小企業診断士試験対策としては、「限界利益」・「貢献利益」のどちらで表記されても、その内容から何を示しているのかを考え、対処しなければならない。

4 差額原価収益分析

ここでは、経営上生じる問題点を解決する意思決定のための手法について学習する。

1 特別注文引受可否の決定

特別注文引受可否の意思決定とは、従来から生産・販売している製品に対して新規の顧客から特別の条件で注文があった場合に、これを引き受けるべきか否かについての判断を行う意思決定である。新規に特別注文を引き受けることによって追加的に発生する収益と原価、つまり、差額収益と差額原価から差額利益（追加的な利益）を計算し、**特別注文の引受けにより差額利益が生じるならば、その注文は引き受けるべき**であると判断する。

通常は、変動費が差額原価となり、固定費は無関連原価（注文の引受け如何にかかわらず追加的に発生しない原価）となる。

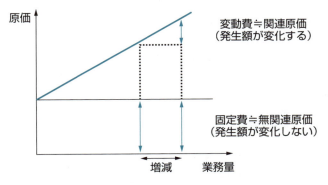

ただし、業務量が増減したときに固定費も増減する場合には、増減する部分の固定費は関連原価となる（例：部品を内製するために、別途必要となる機械の賃借料など）。

設例

　X製品の需要が高まっているため、遊休機械設備を利用して月間1,200個増産することを検討中である。以下の資料に基づいて、増産によって得られる追加的な利益を計算せよ。　　　　　　　　　　　　　　〔H26－12改題〕

[資料]
・遊休機械設備に関するデータ
　月間減価償却費は500,000円であり、増産した場合には月間メンテナンス費用が追加的に120,000円かかる。
・X製品に関するデータ
　X製品の販売価格は2,000円であり、単位当たり変動費は1,500円である。また、減価償却費以外の固定費が月間250,000円発生すると予測されるが、このうち60%は増産による追加的なコストである。

解　答　　330,000（円）

　本問では、増産した場合、追加的コストとして遊休機械設備に関する月間メンテナンス費120,000円と減価償却費以外の固定費150,000円（＝250,000×60%）が生じるため、差額原価として認識する。なお、月間減価償却費500,000円は、増産するかどうかにかかわらず、すでに発生している原価であり、無関連原価となる。

(単位：円)

差額収益	@2,000×1,200個
差額原価 　変動費	@1,500×1,200個
固定費 　　月間メンテナンス費 　　減価償却費以外の固定費	120,000 150,000

$$差額利益（追加的な利益）＝（@2,000－@1,500）×1,200個－120,000$$
$$－150,000$$
$$＝600,000－120,000－150,000$$
$$＝\underline{330,000（円）}$$

●第4章　管理会計

第5章

意思決定会計
（投資の経済性計算）

Registered Management Consultant

第5章　意思決定会計（投資の経済性計算）

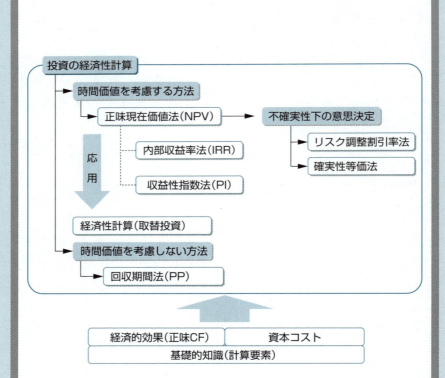

❗ 本章のポイント

◇ 設備投資の経済性計算における計算要素（正味CF、資本コストなど）が理解できる。

◇ 設備投資の経済性計算における評価方法（正味現在価値法、内部収益率法など）が理解できる。

1 意思決定会計

　企業の業務構造に関する計画は、中長期の経営計画の一環として策定される。設備の新設、取替えなど、生産・販売に使用される固定資産への投資に関して設備投資の意思決定（または、設備投資の経済性計算）が行われる。設備投資の意思決定では、個々の設備投資案ごとにその損益を計算し、それによって投資案の優劣を比較することで採否を決定する。

> **POINT**
> ・将来価値を現在価値に割り引くという考え方が理解できる。
> ・複利現価係数と年金現価係数の違いが理解できる。
> ・経済的効果（正味CF）が計算できる。
> ・減価償却費や売却損の節税効果が計算できる。
> ・資本コストと投資家の要求収益率が同義であることが理解できる。

1 設備投資の経済性計算に関する前提知識

　設備投資の意思決定は、新製品開発や新市場開拓投資、原価低減のための機械化などさまざまな投資目的がある。投資の経済性計算において、投資額はキャッシュで把握するため、投資によって将来得られる成果もキャッシュで把握する必要がある。よって、会計上の収益と費用に基づく利益ではなく、収入と支出に基づくキャッシュ（経済的効果、正味キャッシュフローなどとよばれる）をベースに計算を行う。キャッシュが投資時点と各年度末に発生すると仮定して図示すると、以下のようになる（投資によって3年間キャッシュが得られるものとする）。

　たとえば、ある2つの投資案について、その優劣を比較してみよう。

（単位：百万円）

	投資額	1年度末 正味CF	2年度末 正味CF	3年度末 正味CF
投資案①	500	100	200	300
投資案②	500	100	150	200

　どちらの投資案が採算性に優れているか、一目瞭然である。投資案①は、投資額500に対して正味キャッシュフロー（CF）の合計が600であるため、差額100のキャッシュを獲得することができ投資に値する。一方、投資案②は、投資額500に対して正味CFの合計が450であるため、差額がマイナス50となり投資に値しない。

　なお、投資期間（通常は投資対象設備の耐用年数）全体で考えれば、結果的に収益＝収入、費用＝支出が成立する。

　投資の経済性計算を行うにあたって、前提知識として次の3点が必要になる。

① 時間価値の計算
　設備投資は一般的に長期に及ぶため、時間経過による価値の変動（現在価値）を考慮する必要がある。

② 正味CFの予測
　投資によって将来的に得られる経済的効果（正味キャッシュフロー）を計算する必要がある。

③ 資本コスト（加重平均資本コスト）
　社債や株式などにより企業が調達した資金に対するコストの割合を全社的に表したものである。現在価値を計算する場合の割引率などに利用される。

ワンポイント アドバイス

　「キャッシュ」という言葉が登場するが、キャッシュフロー計算書とは切り分けて考えよう。キャッシュフロー計算書は、過去の集計をもとに報告用としてキャッシュの変動を計算したものである。一方、本章でいうキャッシュは、将来の予測であり、投資案の優劣を比較するものである。名称だけでなく、計算の仕方も似ているが、全く別のものと考えるほうが混乱がないだろう。

R2 17
R元 16

2 時間価値の計算

❶▶現在価値の考え方

　企業が設備投資を行う場合、投資額が大きく、投資期間（設備の耐用年数）が長期に及ぶ場合も多い。投資によって得られるであろうキャッシュフローを予測したとき、投資案Aは5年後に1,000百万円、投資案Bは7年後に1,050百万円であっ

たとする（どちらも、5年後、7年後の投資終了時点で全額が手に入るものとする）。どちらか一方を選ばなければならないとしたら、どのように比較すればよいだろうか。「5年後」「7年後」とキャッシュフローの発生タイミングが両案で異なるので、その部分の調整が必要となる。「現在価値」「将来価値」の概念について、以下の例で確認してみよう。

【例】

　いまあなたに2つの選択肢がある。1つは現時点において10,000円をもらえるという選択肢であり、もう1つは1年後に10,500円もらえるという選択肢である。あなたはどちらを選択するであろうか。ただし、金利は10％とする。

　このとき2つの選択肢はタイミングがずれているので修正しなければ比較することはできない。そこで、現時点における10,000円は1年後にいくらになるかを考えると、金利の10％を加え11,000円となるので、現時点で10,000円もらったほうが得と判断できる。このように、1年後という将来の価値で比較をすれば判断は明快になる。これを一般化すると次のような①式で示すことができる。

> 将来価値＝現在価値＋現在価値×金利
> 　　　　＝現在価値×（1＋金利）… ①

　以上のように、将来時点の比較によりタイミングのずれを修正するという考え方も正しいが、設備投資の経済性計算などにおいてタイミングを修正する場合、現時点における価値を用いることが一般的である。そこで、①式から現在価値を計算する計算式に変形すると②式となる。

$$現在価値＝\frac{将来価値}{（1＋金利）} … ②$$

　②式に1年後の10,500円を代入すると、現時点において約9,545円となる。したがって、現時点では10,000円のほうが得となる。

　さて、将来キャッシュフローの発生が1年後の場合、分母は②式のように「1＋金利」であるが、将来キャッシュフローが複数年後に発生する場合は、分母が異なり、一般化して示すと以下の③式になる。

> **将来キャッシュフローの発生がn年後の場合**
> $$現在価値＝\frac{将来価値}{（1＋金利）^n} … ③$$

　なお、将来のキャッシュフローを現在の価値に修正することを「現在価値に割り引く」という。割り引いたものを**割引現在価値**、割り引く際に使用した年利（金利）を**割引率**という。

> **補足 現在の10,000円の将来価値は？（金利10%）**
>
> 1年後の将来価値＝10,000×（1＋0.1）＝11,000円
> 2年後の将来価値＝11,000×（1＋0.1）＝12,100円
> 　　　　　　※10,000×（1＋0.1）^{2}＝12,100円
> 3年後の将来価値＝12,100×（1＋0.1）＝13,310円
> 　　　　　　※10,000×（1＋0.1）^{3}＝13,310円
> 　　　　⋮

❷▶割引率

　試験においては、割引率について資本コスト（後述）のみが与えられる場合と、資本コストに係る複利現価係数あるいは年金現価係数が与えられる場合がある。**複利現価係数**とは、将来の一定時点のキャッシュフローをある率で現在価値に割り引くための係数をいう。また、**年金現価係数**とは、将来の一定期間にわたる毎期均等額のキャッシュフローを、ある率で現在価値に割り引くための係数をいう。

　現在価値の計算式を使って、複利現価係数と年金現価係数を示すと次のようになる。

❶ 複利現価係数

$$現在価値 = CF_1 \times \frac{1}{1+r} + CF_2 \times \frac{1}{(1+r)^2} + \cdots + CF_n \times \frac{1}{(1+r)^n}$$

　　　　　⇧　　　　　　　　⇧　　　　　　　　　⇧
　　　　1年目の　　　　　2年目の　　　　　　n年目の
　　　複利現価係数　　　複利現価係数　　　　複利現価係数

❷ 年金現価係数

　また、キャッシュフローが**毎期均等額**のときには、この計算式は次のように表すことができる。

$$現在価値 = CF \times \left\{ \frac{1}{1+r} + \frac{1}{(1+r)^2} + \cdots + \frac{1}{(1+r)^n} \right\}$$

　　　　　　　　　　　　　　　　⇧
　　　　　　　　　　　　　　　n年の
　　　　　　　　　　　　　年金現価係数

1　意思決定会計

複利現価係数

n	1%	2%	3%	4%	5%	6%	7%	8%	9%	10%
1年	.9901	.9804	.9709	.9615	.9524	.9434	.9346	.9259	.9174	.9091
2年	.9803	.9612	.9426	.9246	.9070	.8900	.8734	.8573	.8417	.8264
3年	.9706	.9423	.9151	.8890	.8638	.8396	.8163	.7938	.7722	.7513
4年	.9610	.9238	.8885	.8548	.8227	.7921	.7629	.7350	.7084	.6830
5年	.9515	.9057	.8626	.8219	.7835	.7473	.7130	.6806	.6499	.6209
6年	.9420	.8880	.8375	.7903	.7462	.7050	.6663	.6302	.5963	.5645
7年	.9327	.8706	.8131	.7599	.7107	.6651	.6227	.5835	.5470	.5132
8年	.9235	.8535	.7894	.7307	.6768	.6274	.5820	.5403	.5019	.4665
9年	.9143	.8368	.7664	.7026	.6446	.5919	.5439	.5002	.4604	.4241
10年	.9053	.8203	.7441	.6756	.6139	.5584	.5083	.4632	.4224	.3855

年金現価係数

n	1%	2%	3%	4%	5%	6%	7%	8%	9%	10%
1年	.9901	.9804	.9709	.9615	.9524	.9434	.9346	.9259	.9174	.9091
2年	1.9704	1.9416	1.9135	1.8861	1.8594	1.8334	1.8080	1.7833	1.7591	1.7355
3年	2.9410	2.8839	2.8286	2.7751	2.7232	2.6730	2.6243	2.5771	2.5313	2.4869
4年	3.9020	3.8077	3.7171	3.6299	3.5460	3.4651	3.3872	3.3121	3.2397	3.1699
5年	4.8534	4.7135	4.5797	4.4518	4.3295	4.2124	4.1002	3.9927	3.8897	3.7908
6年	5.7955	5.6014	5.4172	5.2421	5.0757	4.9173	4.7665	4.6229	4.4859	4.3553
7年	6.7282	6.4720	6.2303	6.0021	5.7864	5.5824	5.3893	5.2064	5.0330	4.8684
8年	7.6517	7.3255	7.0197	6.7327	6.4632	6.2098	5.9713	5.7466	5.5348	5.3349
9年	8.5660	8.1622	7.7861	7.4353	7.1078	6.8017	6.5152	6.2469	5.9952	5.7590
10年	9.4713	8.9826	8.5302	8.1109	7.7217	7.3601	7.0236	6.7101	6.4177	6.1446

設 例

① 現時点で保有する100万円を、年利10％の複利で3年間運用した場合の3年後の元利合計を計算せよ。
② 3年後に得られる収入100万円の現在価値を計算せよ。なお、割り引く際には、年利10％の複利現価係数を用いるものとする。

解 答　①133.1（万円）　②75.13（万円）

①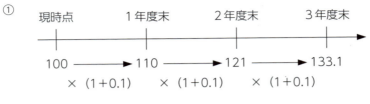

②

なお、複利現価係数を用いずに、計算式を表すと次のようになる。

$$\frac{100}{(1+0.1)^3} \fallingdotseq 75.13$$

設 例

割引率が8％の場合の年金現価係数は、以下のとおりである。2期末のキャッシュ・フローを現在価値にする複利現価係数として、最も適切なものを下記の解答群から選べ。　　　　　　　　　　　　　　　　　　　　　〔R2-17〕

期間	年金現価係数
1	0.9259
2	1.7833
3	2.5771
4	3.3121
5	3.9927

〔解答群〕
　ア　0.7938　　イ　0.8574　　ウ　0.9259　　エ　1.7833

解 答　イ

年金現価係数の計算は次のとおりである。

1年の年金現価係数：$\dfrac{1}{1+0.08} \fallingdotseq 0.9259$

2年の年金現価係数：$\dfrac{1}{1+0.08} + \dfrac{1}{(1+0.08)^2} \fallingdotseq 1.7833$

これに対して、2期末のキャッシュフローを現在価値にする複利現価係

数は「$\dfrac{1}{(1+0.08)^2}$」で計算される。

したがって、「2年の年金現価係数−1年の年金現価係数＝$\left(\dfrac{1}{1+0.08}+\dfrac{1}{(1+0.08)^2}\right)-\dfrac{1}{1+0.08}=\dfrac{1}{(1+0.08)^2}$（2期末のキャッシュフローを現在価値にする複利現価係数）」となる。

よって、
2期末のキャッシュフローを現在価値にする複利現価係数：1.7833−0.9259＝<u>0.8574</u>

3 正味CFの予測

❶▶ 経済的効果（正味CFあるいはCF）

　設備投資案を評価するにあたり、キャッシュフロー（CF）が用いられる。キャッシュフローの計算では、設備投資によって生ずる現金収入額（CIF：キャッシュインフロー）および現金支出額（COF：キャッシュアウトフロー）を見積もる。「キャッシュフロー計算書」とは基本的に異なるので、混同しないようにする必要がある。

■ 法人税を無視した場合（税引前キャッシュフロー）

　法人税を無視した場合の設備投資の経済性計算について考える。具体的には、次の項目を、計算上使用する。

❶　設備投資額

　新たに設備を購入するためのCOFである。設備の取得原価と考えればよい。

❷　経済的効果

　設備投資をすれば、売上増加あるいは原価削減などの効果が得られる。それによって生ずる現金収入（CIF）から現金支出（COF）を差し引いた正味キャッシュフロー（正味CF）を計上する。

> 経済的効果（正味CF）＝CIF−COF

　なお、当該正味CFは、法人税を無視したものであるため、税引前キャッシュフロー（税引前CF）ともよばれる。

❸　設備売却額

　耐用年数を終えたとき、設備を売却することによって得られるCIFである（通常、問題文に売却価額が与えられる）。

> ✏️ **設 例**

　ある企業では、新たな設備投資を行って新製品を生産・販売することを検討している。そこで、次のデータにもとづいて、この投資案の各年の経済的効果（正味CF）を計算せよ。なお、5年後の売却収入は考慮しない。

　設備投資額は、50,000千円、耐用年数は5年であり、残存価額はゼロと見積もられた（定額法により償却、各年の減価償却費＝50,000÷5＝10,000千円）。
　新製品の各年の売上収入は60,000千円であり、これに対応する現金支出原価（材料費や労務費など）は40,000千円である。これらの金額は各年度末に生ずると仮定する。

　解 答　**20,000（千円）**
●　1年度末～5年度末の経済的効果（正味CF）
　　売上収入60,000－現金支出原価40,000＝<u>20,000千円</u>

　年々の経済的効果（正味CF）は、売上収入60,000千円から現金支出原価40,000千円を差し引いた20,000千円となる。

H29 15　**2 法人税を考慮した場合（税引後キャッシュフロー）**

　法人税を考慮した場合の設備投資の経済性計算について考える。設備投資によって会計上の利益に変化が生ずるのであれば、それによって法人税額が変化する。法人税は基本的には会計上の利益を課税標準（税額計算のベース）としているからである。法人税はCOFをともなうため、その金額が変化するのであれば、投資意思決定に関連する原価となる。具体的には、次の項目を使用する。

❶　設備投資額

　新たに設備を購入するためのCOFである。設備の取得原価と考えればよい。設備投資額は、減価償却を通して各期に費用として配分される。

❷　経済的効果

　設備投資をすれば、売上増加あるいは原価削減などの効果が得られる。それによって生ずるCIFからCOFを差し引いた正味キャッシュフロー（正味CF）を計上する。さらに、減価償却費の増加による法人税節税額（タックスシールド）を計上する。
　タックスシールドとは、設備投資に伴う減価償却費の増加が、会計上の利益を減

1 意思決定会計

少させ、それに対応する分だけの法人税の節約をもたらす効果のことである。よって、減価償却費×税率を正味CFに加算するという処理を行う。

> 経済的効果（正味CF）＝（CIF－COF）×（1－税率）＋減価償却費×税率

また、営業利益をベースに計算式を展開することもできる。

会計上の利益計算においては、減価償却費は期間費用として売上収入から差し引かれるが、CF計算上は、非現金支出項目であるため、売上収入から差し引くべきではない。そこで、会計上の利益から、その期間のCFを計算するには、すでに差し引いた減価償却費を加え戻さなければならない。他方、法人税は現金支出を伴うので、キャッシュフロー計算に含めなければならない。つまり、

> 経済的効果（正味CF）＝会計上の利益－税額＋減価償却費
> ＝会計上の利益－会計上の利益×税率＋減価償却費
> ＝会計上の利益×（1－税率）＋減価償却費

となる。通常、設備投資の経済的効果は営業利益をベースとして測定するため、計算式としては以下のとおり覚えておけばよい。

> 経済的効果（正味CF）＝（CIF－COF－減価償却費）×（1－税率）＋減価償却費
> ＝営業利益×（1－税率）＋減価償却費

枠囲みの両式とも同義であり、問題指示によって使いやすいほうを選択すればよい（どちらで計算しても結果は同じになる）。

❸ 設備売却額

耐用年数を終えたとき、設備を売却することによって得られるCIFである（通常、問題文に売却価額が与えられる）。

参考

投資の経済的効果（正味CF）の計算において、在庫（棚卸資産）の増減や掛け取引を考慮すると、運転資本の増減の調整が別途必要になる。この場合、投資の経済的効果（正味CF）は、

正味CF＝税引後営業利益＋減価償却費－運転資本の増加額

となる。ただし、試験対策上、運転資本を考慮する必要がない場合が多いため、本書では省略している。

117

設 例

　ある企業では、新たな設備投資を行って新製品を生産・販売することを検討している。そこで、次のデータに基づいて、この投資案の各年の経済的効果（正味CF）を計算せよ。なお、5年後の売却収入は考慮しない。

　設備投資額は、50,000千円、耐用年数は5年であり、残存価額はゼロと見積もられた（定額法により償却、各年の減価償却費＝50,000÷5＝10,000千円）。

　新製品の各年の売上収入は60,000千円であり、これに対応する現金支出原価（材料費や労務費など）は40,000千円である。これらの金額は各年度末に生ずると仮定する。

　なお、法人税率は40％とする。

　解 答　　**16,000（千円）**

①　[(CIF−COF)×(1−税率)＋税率×減価償却費] による場合

　税率×減価償却費（タックスシールド）があることによって法人税というCOFが節約できるため、正味CFはその分だけ多くなる。

- 1年度末～5年度末の経済的効果（正味CF）
  (売上収入60,000−現金支出原価40,000)×(1−0.4)＋0.4
  ×10,000※＝16,000千円
  ※減価償却費＝50,000÷5年＝10,000千円

②　[営業利益×(1−税率)＋減価償却費] による場合

　税引後営業利益に減価償却費を加えて正味CFを算出する。会計上の利益を計算する場合には、減価償却費を差し引くが、減価償却費は非現金支出費用であるから、正味CFを算出するときには足し戻す必要がある。

- 1年度末～5年度末の経済的効果（正味CF）
  (売上収入60,000−現金支出原価40,000−減価償却費10,000※)
  ×(1−0.4)＋10,000＝16,000千円
  ※減価償却費＝50,000÷5年＝10,000千円

参 考

　設備投資の経済性計算では、初期投資（＝設備の購入など）は現時点において行われ、その投資の効果としてのキャッシュフローは各年度末に生じると仮定して計算するのが一般的である。

設例

次のデータに基づいて、営業キャッシュフローを計算せよ（単位：百万円）。
〔H24-13改題〕

売上高：100百万円　　現金支出を伴う費用：50百万円
減価償却費：15百万円　実効税率：40％

解　答　36（百万円）

営業利益＝売上高100－現金支出を伴う費用50－減価償却費15＝35
よって、
営業キャッシュフロー＝営業利益35×（1－税率40％）＋減価償却費15
　　　　　　　　　＝36（百万円）

となる。営業利益を計算する場合、「現金支出を伴う費用」には、減価償却費が含まれていないため、減価償却費を差し引くことに注意する。なお、営業収支ベースで計算しても同じ結果になる。

営業キャッシュフロー＝税引後営業収支＋減価償却費×税率
　　　　　　　　　＝（100－50）×（1－税率40％）＋15×税率40％
　　　　　　　　　＝30＋6＝36（百万円）

設例

投資額500万円を必要とし、経済命数5年、各年度の減価償却費100万円の投資案の税引後キャッシュフローが220万円と予測されている。この投資案の税引後利益額を計算せよ（単位：万円）。ただし、実効税率40％とし、減価償却費以外の費用および収益はすべてキャッシュフローとする。〔H20-24改題〕

解　答　120（万円）

税引後キャッシュフロー220＝税引後利益額＋減価償却費100
　よって、税引後利益額＝220－100＝120（万円）となる。なお、実効税率40％は計算上、使用しないデータである。

4 資本コスト

資本コスト（加重平均資本コスト）は、社債や株式の発行などにより企業が調達した資金に対する調達コストの割合（あるいはコストの額そのもの：本書では「割合」とする）を個別調達源泉ごとではなく、全社的に表したものである。

また、企業がこれらの調達した資金を投資することで収益が生みだされ、この投資資金に対する収益の割合が投資収益率となる。投資家は、投資のリスクに対してリターンを要求するので、企業も円滑な資金調達を行うためには投資家の要求を無視することは許されない。そこで、企業は、投資意思決定において投資家の要求収益率である資本コストを**ハードルレート**（投資判定基準）として用いる。したがって、**資本コストは、企業が投資により獲得すべき収益率である必要収益率の最低ライン**と考えることができる。
　たとえば、正味現在価値を計算する場合の割引率などに利用される。

図表 [5-1] **投資の流れ**

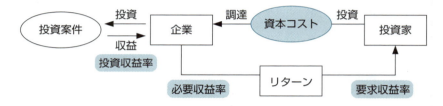

　なお、全社的な資本コストの具体的な計算方法は第6章第3節で学習する。

2　設備投資の経済性計算

DCF法（Discount Cash Flow Method）は、前節で述べた現在価値を用いて、将来の異なる時点のキャッシュフローの金額を、現在という単一時点での価値へ割り引くことによって投資機会（設備投資）を評価する方法である。

DCF法の考え方を用いて、投資機会を評価する具体的な計算方法は、正味現在価値法（NPV法）と、内部収益率法（IRR法）にさらに分かれていく。

> **POINT**
> ・正味現在価値が計算できる（正味現在価値法を用いて投資の評価ができる）。
> ・内部収益率法の問題点が理解できる。
> ・年金現価係数を用いて内部収益率が計算（推定）できる。
> ・収益性指数法の計算式が理解できる。
> ・回収期間法の問題点が理解できる。
> ・正味現在価値法と内部収益率法の関連性が理解できる（グラフが読み取れる）。
> ・取替投資の評価ができる（差額キャッシュフローが計算できる）。

1 投資や事業の評価

設備投資とは、生産や販売に使用する固定資産に対する投資のことである。具体的には、工場や営業所などの建物、機械設備などを導入することをいう。一般に、投資とは、経済的な効果が長期間に及ぶ支出をいう。これに対して、短期間のうちに効果が現われる支出を業務支出という。したがって、投資とは、

● 金額が大きく
● 将来の長期間にわたって企業の業績に影響を及ぼす

ような支出であるといえる。

投資の対象としては、土地、有価証券、研究開発などもあげられる。しかし、企業の本来の目的は製品の生産と販売にあることから、そのために必要となる設備投資こそが最も重要な投資であるといえる。

設備投資のプロセスは、一般的に次のようになる。

図表 [5-2] 設備投資のプロセス

プロセス	説　明
①目的の明確化	まず、設備投資によって達成しようとする目的を明確にする。具体的には、生産能力の拡張や省力化などがあげられる。
②設備投資案の探索	次に、目的に適合する設備投資案を作成する。たとえば、生産能力を拡張するという目的をとっても、新工場を建設するか現在の工場を拡張するか、機械設備としては何を備えるか、機械設備は購入するか自製するかなどさまざまな選択肢がある。これらの諸点について検討する。
③設備投資案の評価と選択	②で作成した各設備投資案について、さまざまな観点から評価して最も有利な案を選択する。
④資金調達	設備投資には巨額の資金が必要になるため、増資、社債、借入金などによって調達する。
⑤実行	設備投資案を実行に移す。実行後は、予定額以内の投資で設備を取得できるか、また期待したとおりの効果をあげているかを監視することが必要である。

2 設備投資案の評価と選択

　設備投資のプロセスのうち、最も重要で難しいのは設備投資案の評価と選択（図表5－2の③）である。この意思決定は、ときに企業の死活を決することがある。うまくいけば長期にわたって好業績がもたらされるが、失敗したときの損失も大きくなるからである。しかも、いったん投資がなされると簡単に変更することはできないので、投資時点で慎重に決定することが求められる。ここでは、代表的な評価方法について学習する。

〈投資や事業の評価方法〉

時間価値を考慮する方法	● 正味現在価値法（NPV） ● 内部収益率法（IRR） ● 収益性指数法（PI）
時間価値を考慮しない方法	● 回収期間法（PP）

❶▶正味現在価値法（NPV：Net Present Value Method）……………

　正味現在価値法は、設備投資によって、①将来得られるキャッシュフローをすべて現在価値に割り引き、②その現在価値を合計し、③その合計額から、初期投資額を差し引き、その値（正味現在価値）がプラスであるとき、その投資代替案を採用するという投資評価基準である。

　複数の投資代替案があるときは、値がプラスで最も大きな正味現在価値の投資案が選択される。

　正味現在価値法は、現金の時間価値を考慮している点で優れており、現在では最

も利用価値の高い投資評価基準といえる。

$$NPV = C_1 \times \frac{1}{1+r} + C_2 \times \frac{1}{(1+r)^2} + \cdots + C_n \times \frac{1}{(1+r)^n} + \cdots - 設備投資額$$

C_n：n年目のキャッシュフロー　r：資本コスト

例 次の資料により正味現在価値を求めると次のようになる。

（単位：万円）

初期投資 （1期首）	1期末	2期末	3期末	資本コスト
－100	30	40	50	3%

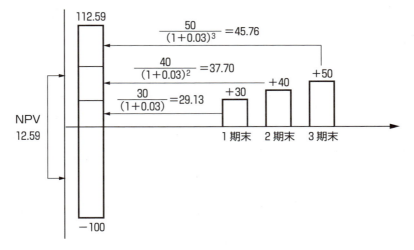

$$NPV = \frac{30}{1+0.03} + \frac{40}{(1+0.03)^2} + \frac{50}{(1+0.03)^3} - 100 = 12.59 \text{（万円）}$$

設例

　ある企業では、新たな設備投資を行って新製品を生産・販売することを検討している。そこで、次のデータに基づいて、この投資案の正味現在価値を計算せよ。

　設備投資額は、20,000千円、耐用年数は5年であり、残存価額はゼロと見積もられた（各年の減価償却費は4,000千円、耐用年数経過後の設備の売却見積額は0円とする）。

新製品の年々の売上収入は30,000千円であり、これに対応する現金支出（材料費や労務費など）は24,000千円である。これらの金額は各年度末に生ずると仮定する。

なお、実効税率は40％、割引率は10％である。

割引率（10％）	1年度末	2年度末	3年度末	4年度末	5年度末
複利現価係数	0.91	0.83	0.75	0.68	0.62

解 答 　－292（千円）

（単位：千円）

	1年度末	2年度末	3年度末	4年度末	5年度末
①営業利益	2,000	2,000	2,000	2,000	2,000
②税引後営業利益	1,200	1,200	1,200	1,200	1,200
③減価償却費	4,000	4,000	4,000	4,000	4,000
④正味キャッシュフロー	5,200	5,200	5,200	5,200	5,200
⑤複利現価係数	0.91	0.83	0.75	0.68	0.62
⑥現在価値（④×⑤）	4,732	4,316	3,900	3,536	3,224

※営業利益＝売上高（売上収入）30,000－費用（現金支出24,000＋減価償却費4,000）
　　　　　＝2,000

よって、将来キャッシュフローの現在価値合計＝4,732＋4,316＋3,900＋3,536＋3,224＝19,708（千円）となる。将来キャッシュフローの現在価値合計から設備投資額20,000千円を控除すると、正味現在価値＝－292（千円）となる。

❷▶内部収益率法（IRR：Internal Rate of Return Method）…………

1 内部収益率の意義

内部収益率とは、投資の正味現在価値がゼロとなる割引率のことである。内部収益率法の投資評価では、**投資プロジェクトの内部収益率が必要収益率（資本コスト）を上回る場合に投資を実施すべき**である。

内部収益率（r）は次の式を解くことによって求めることができる。

$$0 = C_1 \times \frac{1}{1+r} + C_2 \times \frac{1}{(1+r)^2} + \cdots + C_n \times \frac{1}{(1+r)^n} + \cdots - 設備投資額$$

$$C_n：n年目のキャッシュフロー$$

複数の投資案があるときは、注意が必要である。内部収益率同士を直接比較すると、内部収益率法が投資の規模を考慮していないため、収益率は高いが正味現在価値の小さい投資案を選択する可能性がある。このような場合に備え、正味現在価値

2　設備投資の経済性計算

法も併用したほうがよい。

❷ 問題点

　内部収益率法は、正味現在価値法と同様にキャッシュフローの現在価値が考慮されている点で優れているが、次のような問題点がある。

　1）電卓で計算しようとすると、試行錯誤で行うことが多く、非常に煩雑である。

　2）将来予測されるキャッシュフローの符号が変わるとき、複数の内部収益率が算出され、正味現在価値法を併用しないと意思決定ができない。

❸ 年金現価係数の利用による内部収益率の算定

　たとえば、各年度のキャッシュフローが均等である（Rとする）ならば、前述した❶の計算式は、次のようになる。

> 0＝R×年金現価係数－設備投資額

これを変形すれば、

> $\dfrac{\text{設備投資額}}{\text{R}}$＝年金現価係数

となる。したがって、各種の利子率および年数についての年金現価係数が示されている年金現価係数表を利用することにより、内部収益率を簡便的に計算することができる。しかし、各年度のキャッシュフローが均等でない場合には、年金現価係数表から計算することはできない。

設 例

　設備投資について、以下のV案が提案されている。経済命数（耐用年数）は3年で、それぞれの投資評価のためのデータは「キャッシュフロー、正味現在価値、内部収益率」に示されている。このデータと「年金現価係数表」にもとづき、内部収益率を計算せよ。なお、当社の資本コストは5％である。

	初期投資額	第1年度	第2年度	第3年度	内部収益率
V案	－5,000	2,000	2,000	2,000	A ～ B

※内部収益率以外の数値単位は万円である。また、（－）は支出額を意味する。

125

年金現価係数表

割引率	3年	割引率	3年
4%	2.78	11%	2.44
5%	2.72	12%	2.40
6%	2.67	13%	2.36
7%	2.62	14%	2.32
8%	2.58	15%	2.28
9%	2.53	16%	2.25
10%	2.49	17%	2.21

（設問1）

V案の内部収益率として、 $\boxed{A}$ ～ $\boxed{B}$ に入る最も適切なものはどれか。

ア　A：8%　B：9%　　　イ　A：9%　B：10%
ウ　A：10%　B：11%　　　エ　A：11%　B：12%

（設問2）

（設問1）に基づき、投資すべきか否かを評価せよ。

解　答

（設問1）

$$\frac{5,000}{2,000}=年金現価係数$$

　よって、年金現価係数＝5,000÷2,000＝2.5

　また、年金現価係数表より、3年の年金現価係数が2.5となるのは、割引率が9%と10%の間である。よって、イが正解である。

（設問2）

　当社の資本コストは5%であり、内部収益率は9%と10%の間であるため、<u>投資すべき</u>である。

R3 19 ❸▶ **収益性指数法（PI：Profitability Index Method）**･････････････････

　収益性指数法とは、各年度のキャッシュフローの現在価値合計と投資額（の現在価値）の比率を計算する方法である。**投資案が独立投資案である場合には、収益性指数が1より大きければ、その投資案は有利である**ため採用すべきと判定し、逆に1より小さければ、その投資案は不利であるため棄却すべきと判定するものである。

2 設備投資の経済性計算

$$収益性指数 = \frac{各年のキャッシュフローの現在価値合計}{投資額（の現在価値）}$$

評価基準：収益性指数 > 1 … 有利
　　　　　収益性指数 < 1 … 不利

❹▶回収期間法（PP：Payback Period Method）

回収期間法とは、投資額の回収期間を求め、それが満足し得る期間であるときにはその投資代替案を選択するという、単純な投資評価基準である。複数の投資代替案が存在するときには、最も回収期間の**短い**代替案が選択される。

投資額をどれくらいの期間で回収できるかの基準として、キャッシュフローが用いられる。

■ 計算方法
❶ 各年度のキャッシュフローが均等額の場合

$$回収期間 = \frac{設備投資額（初期）}{キャッシュフロー（均等額）}$$

設 例

次のデータに基づいて、この投資の回収期間を求めよ。
　投資額　　100,000
　CFは3年間にわたって毎年均等額の40,000が発生する。

解 答　**2.5（年）**

$$回収期間 = \frac{100,000}{40,000} = \underline{2.5（年）}$$

---

❷ 各年度のキャッシュフローが均等額でない場合

設備投資額を、各年度のキャッシュフローで充当しながら、回収完了期間を計算する。

設 例

次のデータに基づいて、この投資の回収期間を求めよ。
　投資額　　100,000
　投資後1年目に発生するCF　30,000

127

> 投資後 2 年目に発生するCF　40,000
> 投資後 3 年目に発生するCF　50,000

> **解　答**　**2.6（年）**
>
> 投資後 1 年目の回収残＝100,000－30,000＝70,000
> 投資後 2 年目の回収残＝70,000－40,000＝30,000
>
> $$回収期間 ＝ 2 + \frac{30,000}{50,000} = \underline{2.6（年）}$$

2 問題点

回収期間法は、計算は簡単であるが、次のような問題点をもっている。
1）回収期間内のキャッシュフローの発生するタイミング（時間的価値）を考慮していない。
2）投資額を回収したのちに発生するキャッシュフローを無視している。
3）基準となる回収期間の決定方法があいまいである。

設　例

5,000万円の設備投資で、 5 年間にわたり毎年600万円の税引後営業利益（営業利益×（ 1 －実効税率）＝税引後営業利益）が得られる投資案について、以下の(1)(2)を求めよ。

ただし、資本コストは10％とし、投資はN年度期首に行われ、税引後営業利益は、N年度期末から毎年度の期末に発生するものとする。また、投資対象の設備については、耐用年数 5 年、残存価額ゼロとした定額法で、N年度期末より減価償却を行う（各年の減価償却費＝5,000÷ 5 ＝1,000万円）。

計算にあたっては、与えられた複利現価係数を使用して計算し、計算結果に端数が生じるときは、小数点第 3 位を四捨五入すること。
(1)　正味現在価値法による正味現在価値
(2)　回収期間法による回収期間

資本コスト10％の複利現価係数

1 年	2 年	3 年	4 年	5 年
0.91	0.83	0.75	0.68	0.62

> **解　答**　(1)　**1,064万円**
> 　　　　　　(2)　**3.13年**

(1) 正味現在価値
　　＝(600＋1,000※)×(0.91＋0.83＋0.75＋0.68＋0.62)−5,000
　　＝1,600×3.79−5,000＝<u>1,064（万円）</u>
　※減価償却費＝5,000÷5＝1,000

(2) 回収期間
　　＝ $\dfrac{5,000}{600+1,000}$ ＝3.125≒<u>3.13（年）</u>

設 例

　ある企業では、次の資料に示す設備投資を検討中である。そこで、①正味現在価値法、②収益性指数法、③回収期間法によった場合について、それぞれ計算せよ。なお、端数が生じた場合は、小数点第2位を四捨五入せよ。

- 投資額　20,000千円（耐用年数　4年）
- 減価償却方法　定額法、残存価額10％
  （減価償却費＝20,000×0.9÷4＝4,500千円）
- 4年後の売却予想額　2,000千円
- 投資額と設備処分以外のキャッシュフロー予想額（単位：千円）

	1年度	2年度	3年度	4年度
現金収入	6,500	10,000	12,000	15,000
現金支出	1,000	2,000	3,000	5,000

- 実効税率40％
- 資本コスト10％

資本コスト（10％）	1年度末	2年度末	3年度末	4年度末
複利現価係数	0.91	0.83	0.75	0.68

解 答

① 正味現在価値法
　「(1−税率)×(現金収入−現金支出)＋税率×減価償却費」によって計算すれば、以下のようになる。

	1年度末	2年度末	3年度末	4年度末
①現金収入	6,500	10,000	12,000	15,000
②現金支出	1,000	2,000	3,000	5,000
③現金収支　((①－②)×0.6)	3,300	4,800	5,400	6,000
④減価償却費×0.4	1,800	1,800	1,800	1,800
⑤設備の売却収入	0	0	0	2,000
⑥正味CF　(③＋④＋⑤)	5,100	6,600	7,200	9,800
⑦複利現価係数	0.91	0.83	0.75	0.68
⑧現在価値　(⑥×⑦)	4,641	5,478	5,400	6,664

※設備の売却収入は、損益項目でないため課税されない点に注意する。

よって、正味現在価値＝現在価値の総額－投資額

$$= (4,641+5,478+5,400+6,664) - 20,000$$

$$= 2,183 （千円）$$

② 収益性指数法

$$収益性指数 = \frac{各年度のキャッシュフローの現在価値合計}{投資額の現在価値}$$

$$= \frac{22,183}{20,000}$$

$$= 1.10\cdots$$

$$\fallingdotseq 1.1$$

③ 回収期間法

3年度末までの正味CFの累計額＝5,100＋6,600＋7,200＝18,900

$$回収期間 = 3 + \frac{20,000 - 18,900}{9,800}$$

$$= 3.11\cdots$$

$$\fallingdotseq 3.1 （年）$$

3 正味現在価値法と内部収益率法の対比

正味現在価値（以下、NPV）は、割引率の関数として割引率の上昇につれて減少する。

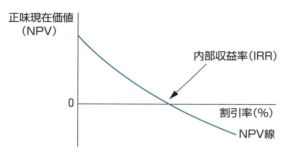

また、内部収益率（以下、IRR）は、NPVをゼロにする割引率であり、横軸との交点における割引率である。したがって、NPVが正のときは、「資本コスト＜IRR」であり、負のときには「資本コスト＞IRR」である。

たとえば、正味現在価値＝28.8億円、内部収益率＝17.4％、資本コスト＝10％の場合のグラフは次のようになる。

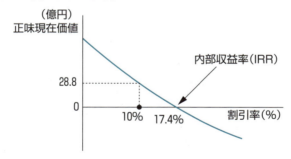

> **補足　設備投資案の相互の関係による分類**
>
> ● 独立投資：各投資案が相互に無関係であり、採否の評価は各投資案別に行われる。
> ● 相互排他的投資：どちらかを採用すれば、他方は棄却されるような投資案である。

4 取替投資の評価

❶▶取替投資の考え方

取替投資は、主に原価の節約を通じて利益を増加させるという効果を期待する設備投資である。取替投資において、旧設備と新設備の生産能力および生産される製品の質が等しいとすれば、投資によって影響を受けるのは原価のみであり、収益は変化しない。したがって、取替投資の経済的効果の測定に際しては、旧設備と新設備による原価の発生額を的確に予測し、そこから予想されるキャッシュフローを計算すればよい。つまり、新設備を採用することによって変動する原価を予測し、新設備採用による差額キャッシュフローを計算することが必要になる。

設 例

当社では、現行の設備に代えて、燃料費（現金支出）を毎年100万円節約できる新設備の導入が提案されている。他方、この設備の取り替えにより、減価償却費が毎年50万円から90万円に増加する。新規設備の年間キャッシュフロー（差額キャッシュフロー）を計算せよ（単位：万円）。ただし、実効税率を40％とする。　〔H16－14改題〕

解 答　76（万円）

新規設備のCFと現行の設備のCFの差額を認識する。
　営業利益の増加＝100（燃料費の節約）－40（減価償却費の増加）＝60
より、
　差額CF＝営業利益の増加分×（1－税率）＋減価償却費の増加分
　　　　＝60×（1－0.4）＋40＝76（万円）
となる。
　なお、新規設備のCFと現行の設備のCFをそれぞれ計算して、差額を求めてもよい。減価償却前の営業利益をXとおけば、次のようになる。
　新規設備のCF＝(X＋100－90)×（1－0.4）＋90＝0.6X＋96
　現行の設備のCF＝(X－50)×（1－0.4）＋50＝0.6X＋20
　よって、差額CF＝(0.6X＋96)－(0.6X＋20)＝76（万円）　となる。

参 考

【応用論点（売却損による法人税節税額）】
　減価償却費のほかに、設備を売却した場合に固定資産売却損が生じるときは、固定資産売却損による法人税節税額（固定資産売却損×税率）を正味CFに加算する必要がある。
（数値例〔税率40％〕）

2 設備投資の経済性計算

(単位：千円)

設備の帳簿価額	500
売却時の収入	300

帳簿価額	売却損200
	売却時の収入
500	300

　以上より、売却損200×税率40％＝80千円を正味CFに加算する。なお、売却収入300千円も別途、正味CFに加算するが、**売却収入自体は損益計算書に計上されないため税率を乗じる必要はない**（課税対象外）。

❷▶特殊原価

1 埋没原価（過去原価、サンクコスト）

　埋没原価は、原価の発生原因がすでに存在しており、代替案の選択によって金額に差異が生じないコストである。よって、将来の意思決定に無関連な原価であり、投資決定の際のキャッシュフローには考慮しない。たとえば、市場調査会社に支払ったテストマーケティング費用、研究開発費用などが該当する。

2 機会費用（機会コスト、遺失利益、逸失利益）

　機会費用とは、選択されなかった選択肢のうちで最善の価値のことである。ある事業投資を選択することによって、別の事業機会を失うような場合、失ったほうの事業から得られる収益が該当する。

　投資プロジェクトで、既存の資産（設備、建物、土地）を使う場合、その資産を別の用途に使用したり、売却する場合に入るCFを機会費用として考慮する必要がある。たとえば、ある投資プロジェクトのために土地を使用することで、その土地を売却するなど、他の収益機会が奪われることになる。したがって、この土地の価値は機会費用であり、投資プロジェクトの費用として勘案されるべきである。

　具体例で考えてみよう。駐車場として利用している土地が毎年100万円のCFをもたらすとする。この土地に建物を建てると、毎年の賃料が200万円を得られるならば、投資によって増加する毎年のCFは、差引きで100万円となる（建築費用も別途発生する）。賃料の200万円だけを考えて投資の経済性計算ができないことがわかるだろう。この場合の機会費用は、建物賃貸事業を選択することによって失われる駐車場事業からのCF100万円が該当する。

設例　✎

　設備投資のキャッシュフローを予測する際の説明として、最も適切なものはどれか。〔H20-22〕

ア　貸し付けている土地の貸借契約を解除し、そこに工場建設をする場合、この受取地代を反映させる必要はない。

イ　新製品投資によって、既存の製品のキャッシュフローが減少する場合、減少するキャッシュフローは新製品投資のキャッシュフローに反映させる。

ウ　投資の資金調達から生じる支払利息はキャッシュフローに反映させる。

エ　未使用の土地に工場建設をする場合、未使用の土地は簿価で評価して投資額に反映させる。

解　答　イ

　選択肢ア、イ、エは機会費用が問われている（ある事業投資を選択することで別の事業機会を失う）。選択肢ウは、キャッシュフローの考え方が問われている。キャッシュフローは、資金提供者に対する収益分配金であり、債権者の取り分である支払利息と株主の取り分である純利益（配当金）から構成されると考えることができる。よって、支払利息はキャッシュフローに反映させない（利益から差し引かない）。

3 不確実性下の意思決定

　確実性のもとでは、各代替案の選択からもたらされる成果を正確に測定することができる。しかし、このような確実性の状況は、国債に投資を行うか否かというような場合にはあてはまるが、設備投資などの場合にはまずあてはまらない。

　設備投資からもたらされるキャッシュフローは将来の予測であり、不確実性（リスク）に委ねられている。なお、リスクと不確実性は異なる概念であるが、広義では同一ととらえられる。

1 リスク調整法（リスク調整割引率法と確実性等価法）

　リスク調整法とは、確実性下での正味現在価値法や内部収益率法をリスクに応じて調整する方法であり、リスク調整割引率法と確実性等価法に分けられる。

❶▶リスク調整割引率法

　リスク調整割引率法は、リスクが高くなるに応じて引き上げられるリスク調整割引率を使用して正味現在価値（NPV）を計算し、正味現在価値法を適用する方法である。ここで、リスク調整割引率は、次の計算式によって求められる。なお、リスクプレミアムはリスクの増加関数であるが、投資決定者がリスクに対してどのような態度をもつかによって決定される。

> リスク調整割引率＝リスクのない収益率＋リスクプレミアム

$$NPV = C_1 \times \frac{1}{1+r+\gamma} + C_2 \times \frac{1}{(1+r+\gamma)^2} + \cdots + C_n \times \frac{1}{(1+r+\gamma)^n}$$

$$+ \cdots - 設備投資額$$

C_n：n年目のキャッシュフロー　　　r：資本コスト（リスクのない収益率）
γ：リスクプレミアム

❷▶確実性等価法

　確実性等価法は、投資からの不確実なキャッシュフローを確実性等価係数を使用して確実なキャッシュフローに調整し、この調整済みのキャッシュフローに対して、リスクのない収益率を使用して正味現在価値法を適用するか、あるいは内部収益率法を適用する方法である。

　また、リスク調整割引率法と確実性等価法は、どちらの方法を用いても計算される各期間の正味現在価値が等しくなければならない。

$$NPV = \alpha_1 \times \frac{C_1}{1+r} + \alpha_2 \times \frac{C_2}{(1+r)^2} + \cdots + \alpha_n \times \frac{C_n}{(1+r)^n}$$

$+\cdots-$ 設備投資額

C_n：n年目のキャッシュフロー　　α_n：n年目の確実性等価係数

r　：資本コスト

第6章

ファイナンス I
（企業財務論）

Registered Management Consultant

第6章 ファイナンス I (企業財務論)

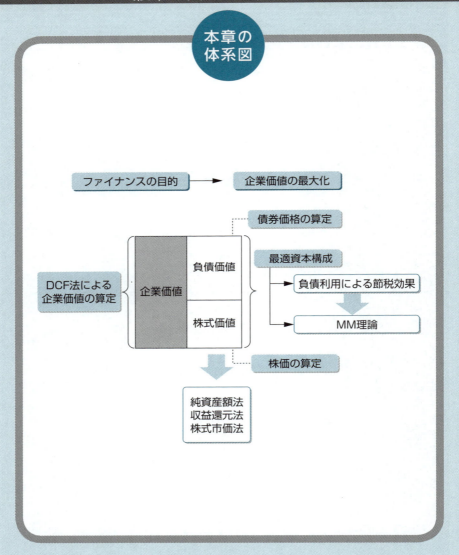

❗ 本章のポイント

◇ 企業価値の目的が理解できる。
◇ DCF法における計算要素（FCF、加重平均資本コスト）が理解できる。
◇ 株式価値の計算方法が理解できる。
◇ 資産価値とは将来CFを現時点に割り引いた金額の合計であることが理解できる。

1 企業財務論（コーポレートファイナンス）の基礎

ファイナンスの目的は企業価値の最大化である。本節ではファイナンスの基本的な考え方を学習する。

1 企業の財務意思決定

企業は、ビジネスを展開するなかでさまざまな意思決定を行っているが、重要な意思決定のひとつとして財務（以下、ファイナンス）に関する意思決定がある。診断士試験が対象とする意思決定は、①投資意思決定、②資金調達意思決定、③利益分配の意思決定である。

❶▶投資意思決定

ファイナンス理論における投資意思決定は、大きく**事業投資**と**証券投資**の2つに分けられる。まず、事業投資にかかわる投資意思決定については、前節で学習した管理会計の領域でもある正味現在価値法（NPV）や内部収益率法（IRR）などの事業投資決定が中心であり、事業規模拡大のためのM&A（企業価値計算）もそのひとつに含まれる。次に、証券投資にかかわる投資意思決定については、株式や債券などの個別証券、複数証券への投資であるポートフォリオ理論、そしてデリバティブ資産を利用した投資意思決定などが含まれる。

❷▶資金調達意思決定

資金調達意思決定とは、企業が投資に対して必要とする資金をどのように調達するかという意思決定である。具体的にはその資金源泉として株主からの出資を中心とした自己資本（または株主資本）を利用するのか、あるいは債権者からの借入れである他人資本（または負債）を利用するのかということである。ファイナンス理論上は、調達源泉の相違、つまり企業の資本構成が企業価値に影響を及ぼすかどうかが論点（MM理論で学習）である。

❸▶利益分配の意思決定

利益分配の意思決定（配当政策ともいう）とは、企業の最終利益である当期純利益のうち配当と留保利益の割合を決定することである。ここでは、配当の増加が株主価値に影響を及ぼすか否かに関する論点が問題となり、MM理論の配当政策がある。

139

図表 [6-1] 資本の流れ

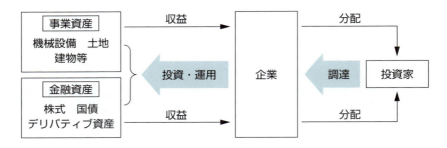

2 ファイナンスの目的

　ファイナンスの目的は、長期的な視点からの**企業価値の最大化**である。ここで企業価値とは、自己資本の時価総額と負債の時価総額の合計のことである。つまり、企業は投資家である株主や債権者から提供された資金を用いてどのように経営活動を行えば、それらの価値を高めることができるのかということを考慮しながらさまざまな意思決定を行っているのである。

　このような考え方については、企業と利害関係をもつ主体には、資金提供者のみではなく、取引業者、従業員、地域社会などのさまざまなステークホルダー（利害関係者）が存在するので、資金提供者の利益拡大は彼らの犠牲のうえに成立しているという見解もある。しかし、企業の利益分配について、投資家以外のステークホルダーは、企業との契約によりその利益が確定しており、彼らに配分した後の残余利益が投資家利益となる。投資家のうち、債権者も企業との契約により利益が確定しているので、最終的には株主に残余利益が分配されることになる。このように考えれば、投資家利益である企業価値の最大化を目指す過程において、投資家以外のステークホルダーにおいては契約により利益分配がなされており、十分な効用を与えているととらえられる。それゆえ企業価値の最大化という目的は、決して他のステークホルダーの利益を損なうものではなく、かえって彼らの利益にも合致するものといえる。

3 企業価値の計算

❶▶企業価値の最大化と株価の最大化

　企業価値とは、投資家（株主と債権者）に対する企業の価値を示し、株主にとっての価値である自己資本の市場価値と債権者にとっての価値である負債の市場価値の合計のことである。

1 企業財務論（コーポレートファイナンス）の基礎

> 企業価値＝自己資本の市場価値（株式価値）＋負債の市場価値（負債価値）
> ※上場企業であれば、有価証券報告書に株価・発行済株式総数が記載さ
> れているためすぐに計算できる。

　自己資本の市場価値は、当該企業の株式時価総額を意味し、株価に発行済株式総数を掛けた金額として示される。この株式時価総額は株主にとっての持分価値であり、発行済株式総数を所与とすれば株価の変動によりその金額は変化すると考えられる。

　一方で、負債の市場価値は利息や社債の満期償還額ないし返済額が契約により確定しているので、企業に債務不履行等が生じなければほぼ定数ととらえることができる。

　ファイナンス理論の目的のひとつに企業価値の最大化がある。これは、あくまでも株主と債権者の価値合計の最大化を目指すものであるが、それぞれの価値の性質の相違を考慮すると、負債価値の変動は無視することができるので、企業価値は自己資本の変動に左右されることとなる。つまり、企業価値の最大化は株価の最大化とほぼ同義となる。

ワンポイント アドバイス

　市場価値は時価のことである。簿価は帳簿上の価額のことで、時価と簿価は乖離する場合がある。たとえば土地で考えてみよう。貸借対照表に固定資産として土地を計上する場合、取得価額で計上される（これが簿価である）。しかし、土地の価額は経済環境の変化に応じて変動するのが一般的である。仮に、過去1,000万円で取得した土地が、現在1,200万円で取引されているとすれば、土地の簿価は1,000万円、時価は1,200万円となる。時価＝ある時点における市場の評価と考えよう。

❷▶企業価値の計算：株式価値と負債価値を別々に求める方法……………

企業価値を株式価値と負債価値に分けて計算するものである。

> 企業価値＝株式価値＋負債価値

１ 株式価値の計算

　株式価値（株主価値または自己資本の価値ともいう）は、株主に帰属するキャッシュフローの期待値を、株主の必要収益率で現在価値に割り引くことで求めることができる。その手法としては、配当割引モデルを使用する。

$$V_E = \frac{D}{r_E} \qquad あるいは \qquad V_E = \frac{D_1}{r_E - g}$$

V_E：株式価値　　　D：配当金
r_E：株主の必要収益率　　　g：成長率

❷ 負債価値の計算

負債価値も株式と同様に、債権者に帰属するキャッシュフローの期待値を債権者の必要収益率で現在価値に割り引くことで求めることができる。

$$V_D = \frac{I}{r_D} \qquad V_D：負債価値 \quad I：負債利子額 \quad r_D：負債利子率$$

また、負債価値と簿価はさほど大きく乖離しないものであるから、負債の簿価を負債価値とみなして企業価値を計算することも多い。

ワンポイント アドバイス

株式価値については、時価と簿価が乖離する可能性が高い。企業の将来の業績に対する期待などによって、投資家が受け取ることができる収益が変動するためである。一方、負債（社債など）の場合、企業の将来の業績によって利息や元本償還時に受け取ることができる金額が変動することはない（倒産など、極端な状況になれば変動することはある）ため、時価と簿価が乖離する可能性は低くなる。株主が保有する株を売却するときには、取得価額と売却価額の相違額が大きい可能性が高いが、債権者が保有する社債を売却するときには、取得価額と売却価額の相違額が大きくなる可能性が低いと考えておこう。

2 株価と債券価格の計算

株価の計算や企業価値の計算において重要な考え方である配当割引モデル、株価の妥当性などを評価する各種指標、債券価格の計算について学習する。

> **POINT**
> ・株式の期待収益率が計算できる。
> ・配当割引モデルにおけるゼロ成長モデルと定率成長モデルの違いが理解できる。
> ・配当利回りや配当性向、PER、PBRなどの株価指標を覚える。
> ・債券価格の計算方法が理解できる。
> ・単利計算と複利計算の違いが理解できる。

1 株価の計算

❶▶株式の期待収益率

株式を保有することによって得られる収益は、1年後に配当を受け取り、その直後に売却する場合を想定したとき、配当金による収入と売却による収入によって構成される。つまり、株式の期待収益率は**配当利回り**と**値上がり率**を合計したものとして表される。

$$\text{期待収益率 } r = \frac{D_1 + (V_1 - V_0)}{V_0} = \frac{D_1}{V_0} + \frac{(V_1 - V_0)}{V_0}$$

D_1：1年後の配当金　V_1：1年後の株価　V_0：現在の株価

配当金D_1は**インカムゲイン**を表し、配当額を株価（投資額）で割ったD_1/V_0は配当利回りとよばれる。また、(V_1-V_0)は値上がり益（**キャピタルゲイン**）を表し、(V_1-V_0)がマイナスであれば値下がり損（キャピタルロス）とよばれる。これを株価で割った$(V_1-V_0)/V_0$は値上がり率（キャピタルロスの場合は値下がり率）を表す。

設例

ある株式を500円で購入した。1年後の予想株価を600円、1株当たりの配当を15円とした場合、1年後に売却したと仮定したときの1年後の期待収益率rはいくらになるか（単位：%）。

| 解　答 | **23（%）** |

$$期待収益率\ r = \frac{15 + (600 - 500)}{500} \times 100 = \underline{23\ （\%）}$$

❷▶配当割引モデル

配当割引モデルとは、株式の理論価格は、現在の１株の保有によって将来得られる配当金を投資家の期待収益率で割り引いた現在価値である、と考えるものであり、配当金が毎年一定の場合（**ゼロ成長モデル**）と、一定の成長率で成長する場合（**定率成長モデル**）とに分けられる。

∎ ゼロ成長モデル

配当金が毎年一定のDとなっている場合、将来得られる配当金の現在価値を求める式は次のようなプロセスで導出できる（V_E：株価　D：配当金　r_E：期待収益率）。

$$V_E = \frac{D}{1+r_E} + \frac{D}{(1+r_E)^2} + \frac{D}{(1+r_E)^3} + \cdots \quad \cdots\cdots①$$

この式の両辺に $\dfrac{1}{1+r_E}$ を乗ずる。

$$\frac{V_E}{1+r_E} = \frac{D}{(1+r_E)^2} + \frac{D}{(1+r_E)^3} + \frac{D}{(1+r_E)^4}\cdots \quad \cdots\cdots②$$

①－②より、

$$V_E - \frac{V_E}{1+r_E} = \frac{D}{1+r_E} \qquad \therefore \quad \boxed{V_E = \frac{D}{r_E}}$$

設　例

A証券の配当が毎年一定の1,000円であり、A証券に対する株主の期待収益率を５％とした場合のA株式の理論的な価格はいくらか。

| 解　答 | **20,000（円）** |

$$A株式の株価 = \frac{1,000}{0.05} = \underline{20,000\ （円）}$$

R3 21
H29 18

∎ 定率成長モデル

配当金の成長率をgとすると、将来得られる配当金の現在価値を求める式は次のようなプロセスで導出できる（V_E：株価　D_1：１年後の配当金　r_E：期待収益率

2 株価と債券価格の計算

$r_E > g$）。

$$V_E = \frac{D_1}{1+r_E} + \frac{D_1(1+g)}{(1+r_E)^2} + \frac{D_1(1+g)^2}{(1+r_E)^3} + \cdots \quad \cdots\cdots ③$$

この式の両辺に $\dfrac{1+g}{1+r_E}$ を乗ずる。

$$\frac{V_E(1+g)}{1+r_E} = \frac{D_1(1+g)}{(1+r_E)^2} + \frac{D_1(1+g)^2}{(1+r_E)^3} + \frac{D_1(1+g)^3}{(1+r_E)^4} + \cdots \quad \cdots\cdots ④$$

③－④より、

$$V_E - \frac{V_E(1+g)}{1+r_E} = \frac{D_1}{1+r_E} \qquad \therefore \quad \boxed{V_E = \frac{D_1}{r_E - g}}$$

設 例 ✏

　Ａ証券の１年後の配当が1,000円であり、Ａ証券に対する株主の期待収益率を５％、配当金の成長率を１％とした場合のＡ株式の現在の理論的な価格はいくらか。

解 答 **25,000（円）**

$$Ａ株式の株価 = \frac{1,000}{0.05-0.01} = \underline{25,000（円）}$$

ワンポイント アドバイス

　「ゼロ成長モデル」「定率成長モデル」とも、その導出は等比数列によるものである。数学の知識が必要であるため、結論（$V_E = \dfrac{D}{r_E}$ および $V_E = \dfrac{D_1}{r_E - g}$）だけ公式として覚えておこう。なお、「配当金」とは、言い換えれば「CF」である。配当割引モデルによる株式の理論価格の導出は、CFが永続するものの価値を求める手法であるともいえる。この考え方は、ゴーイングコンサーン（永続）を前提とする企業の価値計算にも応用できる。

設 例 ✏

　当社の前期末の１株当たり配当金は120円であり、今後毎年２％の定率成長が期待されている。資本コストを６％とすると、この株式の理論価格を計算せ

よ。 〔H29-18改題〕

> **解答** 3,060（円）
>
> 配当割引モデルに関する問題である。本問は、定率成長モデルの計算が問われている。次の計算式に代入して求める。
>
> $$理論株価 = \frac{1年後の配当金}{期待収益率 - 成長率}$$
>
> 定率成長モデルの場合、分子が1年後の配当金であることから、時間軸に気をつけることがポイントである。与えられたデータは、前期末の配当金であることに注意する。したがって、
>
> 当期末の配当金＝前期末の配当金120×1.02＝122.4円となる。
>
> $$理論株価 = \frac{122.4円}{0.06 - 0.02} = \underline{3,060（円）}$$

R元 19 ❸▶株価の妥当性を評価するための各種指標……………………………………

■ 1株当たり配当金（DPS：Dividend Per Share）

株主に支払われた配当金の総額を発行済株式総数で割ることによって計算される。

$$1株当たり配当金（円）= \frac{配当金総額}{発行済株式総数}$$

② 配当利回り

1株当たりの配当金を、現在の株価で割ることによって計算される。なお、投資をする場合には、配当金の見込値で計算し投資の判断材料とする。

$$配当利回り（\%）= \frac{1株当たり配当金}{株価} \times 100$$

③ 配当性向

配当金総額を当期純利益で割ることによって計算される。配当の支払いがどれほどの余力をもってなされているかを表す指標である。

$$配当性向（\%）= \frac{配当金総額}{当期純利益} \times 100$$

④ 1株当たり当期純利益（EPS：Earnings Per Share）

当期純利益を発行済株式総数で割ることによって計算される。

$$1株当たり当期純利益（円）= \frac{当期純利益}{発行済株式総数}$$

2 株価と債券価格の計算

5 株価収益率(PER:Price Earnings Ratio)
株価を1株当たり当期純利益(EPS)で割ることによって計算される。

$$株価収益率(倍) = \frac{株価}{1株当たり当期純利益}$$

6 1株当たり純資産額(BPS:Book-value Per Share)
純資産額(簿価)を発行済株式総数で割ることによって計算される。

$$1株当たり純資産額(円) = \frac{純資産額(簿価)}{発行済株式総数}$$

7 株価純資産倍率(PBR:Price Book-value Ratio)
株価を1株当たり純資産額(BPS)で割ることによって計算される。

$$株価純資産倍率(倍) = \frac{株価}{1株当たり純資産額(簿価)}$$

補足 指標の変形

問題に取り組むにあたっては、「1株当たり」ではなく、「発行済株式総数」で考えたほうが取り組みやすいケースもある。

① 配当利回り

$$= \frac{1株当たり配当金}{株価}$$

$$= \frac{1株当たり配当金 \times 発行済株式総数}{株価 \times 発行済株式総数}$$

$$= \frac{配当金総額}{株式時価総額}$$

② 株価収益率

$$= \frac{株価}{1株当たり当期純利益}$$

$$= \frac{株価 \times 発行済株式総数}{1株当たり当期純利益 \times 発行済株式総数}$$

$$= \frac{株式時価総額}{当期純利益}$$

③ 株価純資産倍率

$$= \frac{株価}{1株当たり純資産額}$$

$$= \frac{株価 \times 発行済株式総数}{1株当たり純資産額 \times 発行済株式総数}$$

$$= \frac{株式時価総額}{純資産額}$$

設 例

次の資料により、①～⑦の指標の数値を計算せよ。

配当金総額： 1,575百万円	発行済株式総数：45百万株
資産（簿価）：85,500百万円	株価（時価） ：8,000円
負債（簿価）：45,000百万円	当期純利益 ：5,400百万円

① 1株当たり配当金　　②配当利回り　　③配当性向
④ 1株当たり当期純利益　⑤PER　　⑥ 1株当たり純資産額
⑦PBR

解　答

① 1,575百万円÷45百万株＝35円
② （35円÷8,000円）×100＝0.4375%
③ （1,575百万円÷5,400百万円）×100＝29.166…≒29.2%
④ 5,400百万円÷45百万株＝120円
⑤ 8,000円÷120円＝66.666…≒66.7倍
⑥ （85,500百万円－45,000百万円）÷45百万株＝900円
⑦ 8,000円÷900円＝8.888…≒8.9倍

設 例

次のデータに基づき、PER（単位：倍）を計算せよ。

PBR	ROE	自己資本比率	配当性向	配当利回り
1.2	10%	60%	36%	3%

〔H25－20（設問2）改題〕

解　答　**12（倍）**

PER（株価収益率）＝株価÷1株当たり当期純利益
　　　　　　　　　＝株時価総額÷当期純利益

を求めるため、与えられたデータの中から、「株式時価総額」「当期純利益」というキーワードに着目してデータを組み合わせる。
よって、
PBR（株式時価総額÷自己資本）÷ROE（当期純利益÷自己資本）
＝株式時価総額÷当期純利益

●第6章　ファイナンスⅠ（企業財務論）

＝PER　となることがわかる。
したがって、PER＝1.2÷0.1＝<u>12</u>（倍）となる。
　あるいは、配当性向（配当金総額÷当期純利益）÷配当利回り（配当金総額÷株式時価総額）＝PERとなる。したがって、PER＝36％÷3％＝12（倍）となる。

ワンポイント アドバイス

　株式に関する指標は頻出であり、しっかり暗記しておく必要がある。また、「配当性向を安定化させる配当政策の場合、1株当たり配当金額は毎期の利益変動によっても変動しない」といった文章の正誤判断が求められることもある。指標の計算式を覚えていれば判断できる程度の内容であるが、問われ方も意識しながら覚えていこう。

2 債券価格の算定

❶▶債券の種類

1 債券価格の算定

　債券とは、満期までに毎期受け取る利息や満期に受け取る元本が契約により確定している証券のことである。すなわち、債務不履行などの不測の事態が生じないかぎり将来受け取るキャッシュフローが確定していることが大きな特徴であり、債券価格の算定については、確定されたキャッシュフローを債権者の期待収益率で割り引くことによって求めることができる。そして、債券はキャッシュフローの発生パターンから割引債と利付債に分類することができる。

2 割引債（ゼロクーポン債）

　割引債とは、満期までに利息の受取りがなく、満期に額面金額（償還価格）を受け取る債券である。満期までの期間をn年とすると、割引債の価格は以下の計算式で表すことができる。

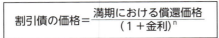

❸ 利付債（クーポン債）

利付債とは、満期までの一定期間ごとにクーポン（券面利子）を受け取り、満期において額面金額を受け取る債券である。満期までの期間をn年、クーポンの受取りを年1回（毎年一定）とすると、利付債の価格は以下の計算式で表すことができる。

$$
利付債の価格 = \frac{クーポン}{(1+金利)} + \frac{クーポン}{(1+金利)^2} + \cdots + \frac{クーポン+償還価格}{(1+金利)^n}
$$

現時点	第1期	第2期	第n期
債券価格	クーポン	クーポン	クーポン 償還価格

設 例

A社は、額面100万円の社債（償還までの期間が3年、クーポン・レート3％（年1回払い））を発行しようと考えている。現在、複利最終利回りは2.0％と予想される。このとき、A社の社債の価格はおよそいくらと考えられるか。最も適切なものを下記の解答群から選べ。なお、複利現価係数と年金現価係数は以下のものを使用すること。　　　　　　　　　　〔H30−13〕

期間(年)	複利現価係数		年金現価係数	
	2％	3％	2％	3％
1	0.980	0.971	0.980	0.971
2	0.961	0.943	1.941	1.914
3	0.942	0.915	2.883	2.829

〔解答群〕
　ア　98万円　　イ　100万円　　ウ　103万円　　エ　105万円

解　答　ウ

A社では額面100万円の社債を償還期間3年、クーポン・レート3％（年1回払い）で発行しようと考えているため、毎年3万円の利息を支払い、さらに償還日に100万円の元本を返済することになる。一方で、この社債の複利最終利回りは2.0％と予想されている。したがって、毎年の3万円と償還日に返済する100万円を2.0％の場合の現価係数で現在価値に割り引くことで社債価格を計算することができる。

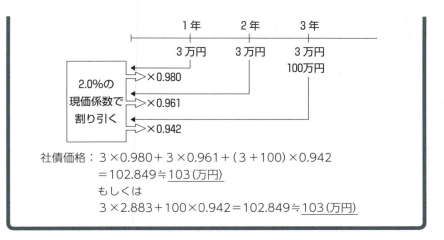

社債価格：3×0.980＋3×0.961＋(3＋100)×0.942
　　　　　＝102.849≒103（万円）
　　　　　もしくは
　　　　　3×2.883＋100×0.942＝102.849≒103（万円）

❷ 債券価格と金利の関係

1 単利計算と複利計算

債券価格を算定する場合に用いる割引率である金利には、単利計算と複利計算がある。まず、**単利計算**とは、投資した金額にのみ利子が発生する計算方法のことであり、将来価格は次の計算式で求めることができる。

> 将来価格＝現在価格＋金利×運用回数×現在価格
> 　　　　＝現在価格×(1＋金利×運用回数)

次に、**複利計算**とは、投資した金額と期中に発生した利子に利子が発生する計算方法のことである。すなわち期中に発生する利子を再投資することで利子が利子を生むということであり、単利計算と複利計算の相違はこの期中に発生する利子を再投資するか否かということである。そして、ファイナンス理論では、何も指示がなければ、通常、複利計算と考え将来価格は次の計算式で求めることができる。

> 将来価格＝現在価格×(1＋金利)^{運用回数}

そして、債券を満期まで保有した場合の金利を特に（複利）**最終利回り**という。

（単利計算と複利計算）
　現在、10,000円の投資を金利8％で3年間運用した場合の3年後の受取金額を①単利計算、②複利計算で求めよ。ただし、小数点第1位を四捨五入すること。

解　答　①12,400（円）　②12,597（円）
① 単利で計算する場合の3年後の受取金額は、
　　3年後の受取金額＝10,000円×（1＋0.08×3）＝12,400（円）
② 複利で計算する場合の3年後の受取金額は、
　　3年後の受取金額＝10,000円×（1＋0.08）³≒12,597（円）

2　1年未満の複利計算

　ファイナンス理論における資産価格の計算では、通常、1年間に1回キャッシュフローが発生するので、金利は1年複利で計算される。ところが、資産によっては1年間に複数回利払いが行われ、そのたびに利子の再投資が行われることもあり、その運用回数に応じた金利計算が必要になる。たとえば、1年間に2回の利払いが行われる債券の2年後の債券価格を求める場合、1年複利（年利ともいう）をr％とすると、2年間で4回利子を受け取り、元本を$\frac{r}{2}$％で4回運用したことになる。

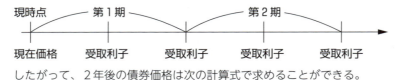

したがって、2年後の債券価格は次の計算式で求めることができる。

$$2年後の債券価格＝現在価格 \times \left(1+\frac{年利}{2}\right)^4$$

　これは半年複利とよばれるパターンであり、これを一般化して、年k回の複利計算が行われる場合、元本をPV、1年複利（年利）をrとし、n年後の将来価値をFVとすれば、FVは次の算出式で求めることができる。

$$FV = PV \times \left(1+\frac{r}{k}\right)^{k \cdot n}$$

設例

（複利計算）

現在、10,000円を3か月複利（年利8％）で3年間運用した場合の3年後の受取金額を求めよ。ただし、小数点第1位を四捨五入すること。

解 答 12,682（円）

3か月複利ということは、1年間に4回運用することになるので、

$$3年後の受取金額 = 10,000 \times \left(1 + \frac{0.08}{4}\right)^{4 \times 3} \fallingdotseq \underline{12,682}（円）$$

ワンポイント アドバイス

元本10,000円に対して年利 r で3年運用すると、$10,000 \times (1+r) \times (1+r) \times (1+r) = 10,000 \times (1+r)^3$ となる。ここで、利息計算のタイミングが3回であることに注目しよう。仮に4か月複利計算を行うとすれば、4か月ごとに利息を計算するので年3回の利息計算が行われ、3年間で3×3＝9回の利息計算が行われることになる。では、4か月ごとに行う金利計算において、利率はどのように考えればよいだろうか。年利は、1年分の利息なので、4か月では $\frac{4}{12}$ しか利息がつかないことになる。年利を r とすれば、$r \times \frac{1}{3}$ が4か月分の金利ということになる。$r \times \frac{1}{3}$ の金利で9回の計算を行う場合、その計算式は $10,000 \times \left(1 + r \times \frac{1}{3}\right)^9$ となる。金利をどう調整するか、何乗で計算すればよいかがポイントである。

3 DCF法などによる企業価値の算定

　企業価値の評価手法は買収・合併時などに買収・合併先の企業を評価する際に用いられる。買収の目的には、時間をかけずに規模を大きくしたり、大規模な設備を手に入れるなどがあげられる。企業を購入するということは、大規模な投資ということになる。また、自社の価値が客観的にどう評価されているのか、企業価値を把握しておくことは重要である。そこで、本節では、DCF法に基づいた企業価値の考え方や計算方法について学習する。

POINT
- DCF法による企業価値が計算できる。
- FCFが計算できる（営業利益ベースである点が理解できる）。
- 加重平均資本コスト（WACC）が計算できる。
- 支払利息にかかる節税効果が計算できる。
- 純資産額法などの株式価値の算定方法が理解できる。

1 企業価値の算定（キャッシュフロー割引モデル）

【DCF法による企業価値】

$$企業価値 = \frac{FCF_1}{(1+r)^1} + \frac{FCF_2}{(1+r)^2} + \cdots （永久に続くと仮定する）$$

（フリーキャッシュフロー／現在価値への割引）

- FCF_n ＝ n年後に発生するフリーキャッシュフロー
- r ＝ 加重平均資本コスト（WACC）

※上記計算式は、その資産（企業）が将来にわたり生み出すFCFを加重平均資本コストで割り引いた現在価値が資産価値（企業価値）になるということを示している。

図表 [6-2] **企業価値**

❶▶ フリーキャッシュフロー（FCF）

　フリーキャッシュフロー（以下、FCF）とは、企業への資金提供者（債権者および株主）に対して利払いや配当などに充てることのできる、債権者と株主に帰属するキャッシュフロー（以下、CF）のことである。また、企業が本来の事業活動によって生み出すCFともいえる。
　事業投資がもたらすFCFを計算する場合、事業投資に起因するFCFの変化を考える必要がある。簡単にいえば、事業投資を行うことで、どれだけFCFが増加するかが、その事業投資の価値ということである。FCFは、一般的に以下の計算式で表される。

【FCF】
　FCF＝税引後営業利益＋減価償却費－運転資金増加額－投資額
　※税引後営業利益＝営業利益×（1－税率）
　※運転資金（運転資本）増加額
　　　運転資金＝売上債権＋棚卸資産－仕入債務
　　　運転資金増加額＝当期運転資金－前期運転資金

---

1 営業利益ベースである理由

　営業利益ベースである理由は、**資金提供者である金融機関等（債権者）と株主の取り分を考慮するため**である。経常利益であれば、営業外費用（支払利息）を控除しているため、株主の取り分しか考慮しない（つまり、企業価値は計算できない）。

[6-3] P/Lの項目とキャッシュフローの関係

P/Lの項目	キャッシュフロー
売上高	← 顧客
売上原価	⇒ 仕入先
販売費一般管理費	⇒ 従業員
営業利益	
営業外費用	⇒ 金融機関等（債権者）
経常利益	
税金	⇒ 国等
当期純利益	⇒ 株主　　全額配当とする

2 FCFの計算式の簡便化

FCFの計算式は、試験対策上、次のような条件が与えられる場合がある。
① 投資額は、減価償却費と同額
安定した環境下において企業が一定の規模を維持するためには減価償却費と同額投資をするという考えである。よって、FCFの計算上、**減価償却費と投資額が相殺**される。
② 運転資金の増減額は考慮しない
現金取引が前提となり売上債権や仕入債務は無視することができる。さらに、生産した製品がすぐに販売されるという前提から、棚卸資産も無視することができる。よって、運転資金の増減額は考慮しないことが多い。

以上より、FCFは次のように表すこともできる。

【FCFの計算式の簡便化】
FCF＝税引後営業利益＋減価償却費－運転資金増加額－投資額
　　＝税引後営業利益
※減価償却費＝投資額、運転資金増加額がゼロの場合に限る。

> **ワンポイント アドバイス**
>
> 　企業価値は、株主および債権者にとっての価値である。株主への配当や債権者への利払い等の原資になるのは、正味キャッシュフロー（営業利益×（1－実効税率）＋減価償却費）から投資等によるキャッシュアウトを控除した後の額である。投資の経済性計算においては、正味キャッシュフローの合計（資産価値）と投資額のバランスを検討するため、基本的に正味キャッシュフローの合計から投資額を控除しない。「キャッシュフロー」

3 DCF法などによる企業価値の算定

という概念は共通であるが、「何を求めるための基礎となるキャッシュフローなのか」によって計算方法が異なるので注意しよう。

設 例 ✏

A社の損益に関するデータは以下のとおりである。A社の減価償却費は1,000千円であり、これは全額更新投資にあてられる。また、実効税率は40％であり、運転資本の増減はない。このとき、A社のフリーキャッシュフローの金額を計算せよ（単位：千円）。　　　　〔H22－12改題〕

（単位：千円）

営業利益	10,000
支払利息	4,000
税引前利益	6,000
法人税等	2,400
当期純利益	3,600

解 答　6,000（千円）

FCFは、債権者および株主への分配の原資であり、企業が創出するキャッシュフローから、債権者および株主以外のステークホルダーに対して分配される額を控除した残余額である。FCFは次の計算式で求められる。

FCF＝営業利益×（1－実効税率）＋減価償却費－運転資本増加額
　　　－投資額

よって、FCF＝営業利益10,000×（1－実効税率0.4）＋減価償却費1,000－投資額1,000＝6,000（千円）　となる。

注意すべき点は、営業利益ベースであるということである。支払利息を控除した経常利益ベースで計算しないよう留意する必要がある。また、問題文の「減価償却費は1,000千円であり、これは全額更新投資にあてられる」という記述に注意する。つまり、減価償却費と同額の投資を行うということであり、FCFの計算にあたって投資額1,000千円を控除する必要がある。

❷▶加重平均資本コスト（WACC：Weighted Average Cost of Capital）····

`R3 15` `R元 21` `H29 24`

加重平均資本コストとは、複数の資金調達源泉がある場合、調達源泉別のコストの総額が資金調達の総額に占める割合のことである。加重平均資本コストは、債権者の負債コストと株主の期待収益率を加重平均することによって計算することができる。なお、自己資本（あるいは株主資本）の価値および他人資本の価値はそれぞれ時価を用いる。

157

加重平均資本コストは、資金調達の側面から見ると「資金調達に必要なコストの資金調達額に対する割合」である。一方、資金運用の側面から見ると、「企業価値や株価を維持するのに必要な収益率」という意味がある。つまり、企業は資金提供者の「株主が期待する配当（必要収益率）」と「債権者が求める金利（利率）」を支払わなければならず、これを満たすための必要収益率（期待収益率ともいう）を上げなければならないということである。そして、加重平均資本コスト以上の収益率を上げることで、企業価値を高めることができ、投資家にとっても魅力的な投資対象となるので、さらに資金調達が容易となり、事業規模を拡大することができるのである。

加重平均資本コストは、次の計算式により求めることができる。

【加重平均資本コスト（WACC）】

$$加重平均資本コスト = \frac{E \times r_E + D \times r_D \times (1-t)}{E+D}$$

$$= \frac{E}{E+D} \times r_E + \frac{D}{E+D} \times r_D \times (1-t)$$

$\left[\begin{array}{l} E：自己資本の価値 \quad r_E：Eの資本コスト \\ D：他人資本の価値 \quad r_D：Dの資本コスト \quad t：税率 \end{array}\right]$

〈加重平均資本コストの計算でのポイント〉

負債と自己資本の額：DとE	自己資本の価値および他人資本の価値はそれぞれ時価を用いる。
税率：t	配当の支払いは損益計算書に含まれないが、利息の支払いは損益計算書に含まれ、当期純利益を減額する。負債による資金調達※は、利息の支払いによる節税効果を伴うため、「×（1−税率）」を乗じることで調整を行う。
株主資本コスト：r_E	通常、問題文に与えられるが、配当割引モデルやCAPMの計算式から求める場合もある。

※負債による資金調達

同一の営業利益において、負債がない場合と負債がある場合について考える（単位は考慮外）。

税率40%	負債なし	負債あり
営業利益	200	200
支払利息	0	40
税引前当期純利益	200	160
法人税等（40%）	<u>80</u>	<u>64</u>
税引後当期純利益	120	96

80−64＝16が節税額となる。
節税額＝t×支払利息
＝40%×40＝16

負債ありの場合は、負債なしの場合に比べ80−64＝16が節税額となる（法人税

3 DCF法などによる企業価値の算定

額16の流出が防げる）。よって、支払利息40のうち、実質支払い（純粋コスト）
は、40－16＝24となる。

　したがって、実質支払い(純粋コスト)＝40－16＝支払利息－（t×支払利息）＝
（1－t）×支払利息と表し、（1－t）を乗じることが把握できる。

設 例

　A社の調達資本および税引前資本コストが次のように与えられているとき、
A社の加重平均資本コスト（WACC）を計算せよ。なお、法人税等の実効税
率は40％とする。

	帳簿価額	時価	税引前資本コスト
他人資本	30,000千円	30,000千円	4％
自己資本	18,000千円	20,000千円	5％

※帳簿価額とは、会計帳簿に記載された金額のことであり、会計上のルールに
　よって計算されたものである。時価とは異なる（科目によっては、帳簿価額
　＝時価の場合もある）。

解 答 **3.44（％）**

　加重平均資本コストを計算する場合は、次のように貸借対照表を基にし
て解くのがよい。帳簿価額と時価が与えられているが、時価を用いる。ま
た、負債にかかる税引前資本コストに（1－税率）を乗じる必要がある。

B/S

	30,000÷50,000 ＝0.6	0.6×4％×（1－0.4）
	20,000÷50,000 ＝0.4	0.4×5％

したがって、0.6×4％×（1－0.4）＋0.4×5％＝<u>3.44％</u>となる。

参 考

　企業の留保利益（内部留保）に対しても資本コストはかかる。内部留保は、
企業の再投資に向けられるものである。株主は再投資したものから配当や株価
上昇を期待するため、内部留保に関しても資本コストがかかる。仮に内部留保
をせずに株主に配当をして、さらにその配当から出資をしてもらったとすれば
内部留保にも資本コストがかかることはイメージしやすい。

❸ ▶ 企業価値の計算

1 企業価値の計算

資本コストに関しては、負債と自己資本の両者から構成される企業全体の価値の計算であるため、負債コスト（利子率）と自己資本コスト（株式の期待収益率）の両者をそれぞれの相対的な大きさでウェイトづけした**加重平均資本コスト**が使用される。そして、FCFを加重平均資本コストで割り引くことで企業価値を計算する。

【DCF法による企業価値（FCFが同額の場合）】

$$企業価値 = \frac{FCF_1}{(1+r)^1} + \frac{FCF_2}{(1+r)^2} + \cdots （永久に続くと仮定）$$

$$= \frac{FCF}{r}$$

・r＝加重平均資本コスト（WACC）

2 継続価値（永続価値）の計算

キャッシュフロー割引モデルによって企業価値を計算する場合、予測期間中の毎期のFCFとともに予測期間の最終年度における継続価値を推計し、割引計算の対象とする場合がある。

たとえば、x1年度からx4年度は予測期間内であり、x5年度以降を算出する場合を考える。x5年以後のFCFは、x4年度のFCFが同額で永続するものとする。

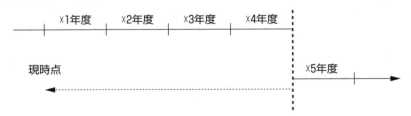

この場合、x1年度からx4年度までの予測期間内であれば、通常どおり、資本コストで割り引けばよい。また、x5年度以後は、x4年度のFCFが永続するため、<u>x4年度末時点の価値（継続価値）</u>は、x4年度のFCFを資本コストで割ることで計算

できる。

$$継続価値 = \frac{予測期間以後のFCF}{WACC}$$

なお、予測期間以降のFCFの成長率（永久成長率）を一定とすれば、

$$継続価値 = \frac{予測期間の翌年のFCF}{WACC - 成長率}$$

である。

　したがって、企業価値は、予測期間のFCFと予測期間最終年度の継続価値を資本コストで割り引くことにより計算される。

> 企業価値＝予測期間のFCFの現在価値＋継続価値の現在価値

ワンポイント アドバイス

　「継続価値の現在価値」という表現に着目しよう。企業は一般的に永続することを前提としているため、将来FCFを見積もる場合の将来が「永遠」となる。そのため、可能な範囲で将来FCFを予測（予測期間）し、それ以降（継続価値）はFCFが一定または定率成長するものと仮定して計算を行う。継続価値の計算においては前述の計算式を使用するが、計算式にFCF等をあてはめた場合に計算される継続価値は、分子となるFCF発生時点から1年前時点の価値である。たとえば、×4年度末までFCFを年度ごとに予測し、×5年度末以降のFCFが一定または定率成長するものとすると、×5年度以降に発生するFCFの価値は×4年度末時点のものとして計算する。求めたいのが×1年度期首時点の企業価値だとすれば、×4年度末時点のものとして計算した企業価値を、さらに4年分割り引く必要がある。×5年度以降の継続価値を計算したあと、4年の複利現価係数（5年ではない）を使う点に注意しよう。

設例

A社に関する以下の資料を利用して、A社の企業価値評価に関する以下の設問に答えよ。

[資料]
1. A社の財務指標予測は、次のとおりである。

(単位:百万円)

年　度	x1年度	x2年度	x3年度	x4年度
営業利益（税引前）	10	15	20	25
減価償却費	5	5	8	8
運転資本増加額	3	5	−8	3
設備投資額	2	2	4	4

2. x4年度末以降のフリーキャッシュフロー（FCF）の成長率は2％と予測されている。
3. A社に適用される法人税率は40％であり、また、税引後加重平均資本コストは10％である。

10%	1年目	2年目	3年目	4年目
複利現価係数	0.91	0.83	0.75	0.68

(設問1)
　x1年度からx4年度までのFCFを計算せよ（単位：百万円）。

(設問2)
　x5年度以降のFCFのx4年度における価値を計算せよ（単位：百万円）。

(設問3)
　x1年度からx4年度までのFCFの現在価値と継続価値の現在価値を合算することにより、A社の企業価値を計算せよ（単位：百万円）。

3 DCF法などによる企業価値の算定

解答

(設問1)

(単位：百万円)

年　　度	X1年度	X2年度	X3年度	X4年度
①営業利益（税引前）	10	15	20	25
②減価償却費	5	5	8	8
③運転資本増加額	3	5	−8	3
④設備投資額	2	2	4	4
FCF（0.6×①+②−③−④）	6	7	24	16

(設問2)

X5年度以降のFCFは、毎期2％で成長することから、

X5年度のFCF：16×（1+0.02）=16.32（百万円）

よって、X5年度以降のFCFのX4年度における価値合計である継続価値は、次のように計算される。

$$X5年度以降の継続価値 = \frac{X5年度のFCF}{WACC-成長率}$$

$$= \frac{16.32}{0.1-0.02}$$

$$= \underline{204（百万円）}$$

(設問3)

(単位：百万円)

年　　度	X1年度	X2年度	X3年度	X4年度	X5年度以降 （継続価値）
FCF	6	7	24	16	204
複利現価係数 （10％）	0.91	0.83	0.75	0.68	0.68
FCFの現在価値	5.46	5.81	18	10.88	138.72

各年度のフリーキャッシュフローの現在価値と継続価値の総和が企業価値である。

① 各年度のフリーキャッシュフローの現在価値
　=5.46+5.81+18+10.88=40.15（百万円）

② 継続価値の現在価値=138.72（百万円）

よって、企業価値=①+②=<u>178.87（百万円）</u>となる。

163

2 株式価値（株主価値）の計算

　これまでキャッシュフロー割引モデルによる企業価値の計算方法を見てきた。本項では、株式価値の計算方法を学習する（株式価値に負債価値を加算すれば企業価値を求めることができる）。

　一般的に株式価値のアプローチ手法として、過去の蓄積を基礎とする**コストアプローチ**、将来の収益性を基礎とする**インカムアプローチ**、実際の売買市場で成立している類似企業の株価を基礎とする**マーケットアプローチ**の3種類がある。

アプローチ	評価方法
コストアプローチ	純資産額法（修正簿価法等）
インカムアプローチ	収益還元法 DCF法
マーケットアプローチ	株式市価法 類似会社比準法 マルチプル法

❶▶コストアプローチ

　コストアプローチとは、過去の蓄積を基礎とするアプローチ方法である。

❶ 純資産額法

　純資産額法は、対象企業の最終の貸借対照表における資産、負債に基づき、対象企業の純資産額を求め、その純資産額を株主価値とする方法である。

$$株式価値＝総資産（簿価）－総負債（簿価）$$

❷ 修正簿価法

　会計上の資産価額は会計ルールに則って計算されており、資産の時価とは大きく異なる場合があるため、資産の時価を基準として評価する場合もある（修正簿価法）。

$$株式価値＝総資産（時価）－総負債（簿価）$$

❷▶インカムアプローチ

　インカムアプローチとは、将来の収益性を基礎とするアプローチ方法である。インカムアプローチでは、企業を「継続的に価値を生み出すプロセス」と定義づけ、当該企業が将来生み出すであろう付加価値を基礎とする。

❶ 収益還元法

　対象企業の収益力を一定の利子率（資本還元率）を用いて資本に還元したものを

3 DCF法などによる企業価値の算定

株式価値とする方法である。

> 株式価値＝当期純利益÷資本還元率
> ※資本還元率＝国債の利子率やROEの業界平均値などが用いられる。

2 DCF法

将来の配当金を株主資本コストで割り引いた現在価値を株式価値とする方法である。なお、将来の業績を予測し、毎年生み出される新たなキャッシュ（フリーキャッシュフロー）を現在価値に引き戻した総額は企業価値となる。

❸▶マーケットアプローチ

すでに証券市場で売買されている企業の株式について、それが企業の価値を体現していると考え、株式の時価総額と負債の金額を合わせて企業価値とするものである。

> 株式価値＝発行済株式総数×時価（一定日の市場価格）

なお、上場されていない企業については、同業種の上場企業を参照し、その指標（PER、PBR等）を参考に企業評価額を類推する方法が採られ、株価倍率法（**マルチプル法**）とよばれている。

ワンポイント アドバイス

企業の価値は、そもそも完璧に計算できるものではない。永続を前提とするにしても、10年後にどうなっているかなど誰にもわからない。企業価値の計算方法にはさまざまなものがあり、どれが正しいという正解はないということは意識しておこう。複数の計算方法の平均値を求める「折衷法」とよばれる方法もある。

設 例

企業価値評価では、一般的にPBRやPERなどの諸比率を用いた◻️◻️に代表されるマーケットアプローチと呼ばれる手法のほか、企業の期待キャッシュフローの割引現在価値によって評価額を推計するDCFアプローチ、企業の保有する資産や負債の時価などから企業価値を評価するコストアプローチといった手法も用いられている。

文中の空欄に入る語句として、最も適切なものはどれか。

〔H26-20（設問1）改題〕

165

ア　収益還元法
イ　純資産価額法
ウ　マルチプル法（乗数法）
エ　リアルオプション法

解　答　　ウ

　　株式価値の計算方法として、過去の蓄積を基礎とするコストアプローチ、将来の収益性を基礎とするインカムアプローチ、実際の売買市場（マーケット）で成立している類似企業の株価を基礎とするマーケットアプローチの3種類がある。

アプローチ	評価方法
コストアプローチ	純資産額法（修正簿価法等）
インカムアプローチ	収益還元法 DCF法
マーケットアプローチ	株式市価法 マルチプル法

　　同業種の上場企業を参照し、その指標（PBR、PERなど）を参考に企業評価額を類推する方法は、マルチプル法とよばれている。

4 最適資本構成

　ファイナンス理論の目的は、長期的な視点からの企業価値の最大化である。そこで、企業価値を最大化するような資金調達手段が存在するか考察する。

　資金調達に関する意思決定について、①資本構成の変更は企業価値に影響を及ぼすか、②仮に資本構成によって企業価値が変化するのであれば、企業価値を最大化するような資本構成（これを最適資本構成という）はどのように決定されるのかという2つが主要な論点になる。

> **POINT**
> ・資金調達の構造（外部金融と内部金融の違い、間接金融と直接金融の違いなど）が理解できる。
> ・財務レバレッジ効果の意義（負債比率の変動によるROEの変動に大きな影響を与えるもの）が理解できる。
> ・財務レバレッジ効果の計算式を用いてROEが計算できる。
> ・完全資本市場の要件が理解できる。
> ・法人税がない場合において、負債のない企業と負債のある企業の企業価値が同額であることが理解できる。
> ・法人税がある場合における、負債のない企業と負債のある企業の企業価値が異なることが理解できる（負債の節税効果の現在価値分異なる）。

1 資金調達構造

R3 14
R元 20
H29 14

　企業の資金調達は、資金調達源泉が企業外部か内部にあるかで分類される。外部金融は、企業外部を資金調達源泉とするため、外部資金調達ともいい、企業間信用（買掛金・支払手形）、間接金融、直接金融がある。間接金融は、金融機関などを通じて間接的に資金調達する形態であり、直接金融は、資本市場を通じて社債発行、株式発行等により資金調達する形態である。

　内部金融は、企業自らの資本運用による成果であり、狭義には利益留保のみであるが、広義には減価償却費も含まれる。

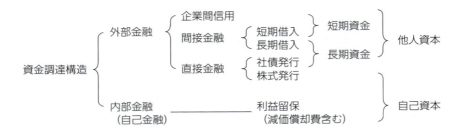

設 例

次の文中の空欄A〜Dに当てはまる語句の組み合わせとして、最も適切なものを下記の解答群から選べ。　〔H29-14〕

企業の資金調達方法には、大きく分けて A と B がある。代表的な A としては C があり、 B としては D があげられる。

〔解答群〕
ア　A：外部金融　B：内部金融　C：株式発行　D：利益留保
イ　A：間接金融　B：直接金融　C：企業間信用　D：社債発行
ウ　A：直接金融　B：間接金融　C：社債発行　D：利益留保
エ　A：内部金融　B：外部金融　C：社債発行　D：減価償却

解　答　ア

企業の資金調達方法には、大きく分けて「A：外部金融」と「B：内部金融」がある。代表的な「A：外部金融」としては「C：株式発行」があり、「B：内部金融」としては、「D：利益留保」があげられる。

2 負債利用による節税効果

❶▶財務レバレッジ効果

財務レバレッジとは、負債比率（レバレッジ係数）が自己資本利益率（ROE）の変動に大きな影響を与えることである。

企業の事業活動から得られる利益率（総資本事業利益率：ROA）と負債による事業資金の調達コスト（負債利子率：ｉ）との大小関係により、負債比率がROEに与える影響が異なってくる。

ROA＞ｉならば負債比率が大きいほどROEが増大し、逆にROA＜ｉならば負債比率が大きいほどROEが低下し、

$$\text{ROA} > i \quad \Rightarrow \quad \text{負債比率} \uparrow \quad \Rightarrow \quad \text{ROE} \uparrow$$
$$\text{ROA} < i \quad \Rightarrow \quad \text{負債比率} \uparrow \quad \Rightarrow \quad \text{ROE} \downarrow$$

という関係が成立する。

また、このことは、次の計算式から明らかとなる。

$$\text{ROE} = \frac{\text{当期純利益}}{\text{自己資本}} = (1-t)\left\{\text{ROA} + (\text{ROA} - i) \times \frac{\text{負債}}{\text{自己資本}}\right\}$$

なお、この式は次のようにして算出する。

- E：自己資本、D：負債、i：負債利子率、t：法人税等の実効税率　とする。
- 営業外収益／費用は支払利息と受取利息配当金のみ
- 特別損益はない。

事業利益と支払利息は次のように表すことができる。

　　事業利益 = (E + D) × ROA

　　支払利息 = D × i

したがって、税引前当期純利益は、

　　税引前当期純利益 = 事業利益 - 支払利息

　　　　　　　　　　 = (E + D) × ROA - D × i

　　　　　　　　　　 = E × ROA + (ROA - i) × D　……①

となる。

ここで①式の両辺に $\dfrac{1-t}{E}$ を乗ずることでROEを計算する。

$$\frac{\text{当期純利益}}{E} = \text{ROE} = (1-t)\left\{\text{ROA} + (\text{ROA} - i) \times \frac{D}{E}\right\}$$

補足　レバレッジ効果

　A社とB社は、同規模（資産総額は1,000万円）で同様の事業活動を展開しており、期待営業利益も同一である。ところが、資本構成だけが異なっており、A社は自己資本比率100％であるのに対して、B社は自己資本比率20％である。

　さて、両社のROAについて、経済状況が良好な場合を15％、普通の場合を8％、悪い場合を0％と仮定し、またB社の負債利子率は8％とすると、両社のROEは以下のようになる。なお、税金は無視するものとする。

| | A社（自己資本比率100%） ||| B社（自己資本比率20%） |||
経済状況	良	普通	悪	良	普通	悪
ROA（%）	15	8	0	15	8	0
営業利益	150	80	0	150	80	0
支払利息	0	0	0	64※1	64	64
純利益	150	80	0	86	16	−64
ROE（%）	15	8	0	43※2	8	−32

※1　負債総額800×8％＝64
※2　86÷自己資本200×100＝43％

　この図表から読み取れることは、好況時においては負債比率の高いB社のほうがROEが大きく上昇し、不況時においてもB社のほうがROEが大きく下落している。つまり、好況時のようにROAが負債利子率よりも大きい場合には、B社のROEが大きくなり、逆に不況時のようにROAが負債利子率より小さい場合にはB社のほうがROEがより小さくなるということである。

　このように、負債のレバレッジ効果を考慮に入れると、経済状況が不況ないし事業が不調で、ROAが負債利子率より小さい場合には、過度の負債利用は慎むべきであることを示している。

　なお、ROE＝ROA＋（ROA−負債利子率）×負債比率より、たとえばB社の経済状況が良好の場合を考えると、43％＝15％＋（15％−8％）×800÷200が成り立つのを確認できる。

設　例

以下の損益計算書について、下記の設問に答えよ。　〔H30−21〕

損益計算書

営業利益	150	百万円
支払利息	50	
税引前利益	100	百万円
税金（40%）	40	
税引後利益	60	百万円

　なお、当期の総資産は1,500百万円（＝有利子負債1,000百万円＋株主資本500百万円）とする。
　また、当社ではROAを営業利益÷総資産と定義している。

（設問1）

　営業利益は経営環境によって変動する。したがって、投下資本を一定とした場合、それに応じてROAも変動する。ROAが15％に上昇した場合、ROEは何％になるか、最も適切なものを選べ。

ア　17％
イ　21％
ウ　35％
エ　39％

（設問2）

　ROAの変動に対してROEの変動を大きくさせる要因として、最も適切なものはどれか。

ア　安全余裕率
イ　売上高営業利益率
ウ　負債比率
エ　流動比率

解答　（設問1）イ　（設問2）ウ

　ROA、ROEおよび負債比率の関係を表すと以下のとおりである。

> ROE＝（1－税率）×｛ROA＋（ROA－負債利子率）×負債比率｝

　上記の式より負債比率がROAの変動に対してROEの変動を大きくさせる要因であることがわかる。

　また、（設問1）を解くと次のとおりである。
- 負債利子率
　支払利息を有利子負債で除することにより計算する。
　負債利子率：50÷1,000＝0.05（5％）
- 負債比率
　有利子負債を株主資本で除することにより計算する。
　1,000÷500＝2（200％）
- ROE
　財務レバレッジの関係式より計算する。
　ROE：（1－0.4）×｛15＋（15－5）×2｝＝21％

❷ ▶節税効果

1 節税効果

企業が借入金や社債発行を行う理由として、負債による**節税効果**という考え方がある。節税効果とは、負債に対する金融費用（支払利息や社債利息等）が法人税法上損金に算入され、その分、課税所得が減少して支払税額として投資家以外の第三者（国など）にキャッシュフローが流出することを防止する効果である。負債利子率を i、法人税率を t とすれば、税引後の実質的な負債利子率は、

$$i \times (1-t) \quad なお、i > i \times (1-t)$$

となる。

2 節税効果の測定

この節税効果によって節約されるキャッシュフローの社外流出額は、1事業年度で考えると、

$$節税効果の額＝負債額×負債コスト×税率＝金融費用×税率$$

となる。

この節約されたキャッシュフローは資金提供者に分配されることになる。そして、全期間にわたって抑止された節税効果によるキャッシュフローの節約金額は、各期に発生する節税効果の金額の割引現在価値の合計額として示され、その分だけ企業価値は増加する（第3項「MM理論」参照）。

設 例

（節税効果）

現在、自己資本比率100％の企業Xが、100億円の普通社債を発行して自己株式取得（総資本の10％相当）を行う計画を遂行している。この計画が実行された場合、今期の節税効果の金額はいくらになるか計算せよ。ただし、この普通社債の発行に伴う負債コストは4％であり、税率は40％とする。

解 答 1.6（億円）

節税効果の額＝100億円×0.04×0.4＝1.6（億円）

---

❸ ▶倒産コスト

企業が負債を利用する理由として、自己資本に比べ調達コストが低いことや社外流出等を抑制する節税効果などがある。しかし、負債利用にはさまざまな問題点があり、倒産可能性の増加があげられる。ここでは、企業倒産に関する問題として倒産コストについて学習する。

倒産コストとは、企業が倒産した場合に発生するさまざまなコストの総称であり、直接的コストと間接的コストに分けられる。直接的コストとは、倒産手続きの過程で生じる諸費用で、たとえば、弁護士、公認会計士、管財人への手数料や報酬などが該当する。他方、間接的コストには、企業が清算する場合には企業資産の経済的価値以下での処分による損失、更生の場合にはイメージダウンによる売上高の減少、企業間信用の低下、社内混乱による生産コストの上昇などが該当する。

3 MM理論

前項では、負債利用がさまざまな影響を与えていることを学習したが、本項では、この負債による資本構成の変化が、企業価値にいかなる影響を与えるかを学習する。このような点について、完全資本市場を仮定して最適資本構成問題を研究したモデルとしてモジリアーニとミラーによる**MM理論**がある。なお、試験対策としては、結論だけ知っておけばよい。

❶ ▶ MM理論の仮定

MM理論は、完全資本市場を仮定した理論モデルであり、一般的に、たとえば、売買手数料等の取引コストはゼロ、法人税等の税金はゼロ、すべての投資家に当該企業に関する情報は的確かつ同時に伝達などの仮定がある。

❷ ▶ MM理論の命題

1 MM理論の命題

企業の資金調達方法が企業価値に対してどのような影響を与えるかを考察したのがMMの命題である。結論は、企業価値は資本構成からは独立であるというものであり、この場合、（企業価値を最大化するという意味で）**最適な資本構成は存在しない**ことになる。

> MMの命題
> 法人税が存在しない市場では、企業価値はその資本構成に依存しない。

[6-4] 完全資本市場における負債と企業価値の関係

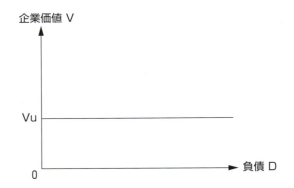

> **補足　加重平均資本コスト（WACC）と資本構成の関係**
>
> 　加重平均資本コスト（WACC）と資本構成の関係について、結論（「法人税が存在しない市場では、資本構成が変わっても加重平均資本コストは一定である」）だけ覚えておこう。なお、負債比率が上昇すれば、株主の要求収益率（株主資本コスト）は上昇する点に注意する。

2 MM理論の修正命題

　現実の世界には法人税が存在する。法人税を考慮した場合、企業価値にはどのような影響があるだろうか。

> **MMの修正命題**
> 　法人税が存在するとき、負債利用による節税効果のため、財務レバレッジ（負債比率）が高まるほど節税効果の現在価値分だけ企業価値は上昇する。
> 　　　$V_L = Vu + t \times D_L$
> 　　　　Vu：借入のない企業価値（U社）　　t：税率
> 　　　　V_L：借入のある企業価値（L社）　　D_L：負債額
> 　なお、U社とL社は資本構成以外の条件がすべて同様であると仮定する。

　法人税を考慮すると、節税効果の現在価値分だけL社の企業価値が大きくなる。節税効果を考慮すると、資本構成は企業価値と独立の関係とはいえなくなる。これは、負債利用企業（L社）のほうが、節税効果分だけ投資家にもたらされるキャッシュフローが大きくなることを反映しており、「$t \times D_L$」は節税効果に伴う企業価値の増分ととらえられるのである。

4 最適資本構成

図表 [6-5] 法人税等を考慮した場合の負債と企業価値の関係

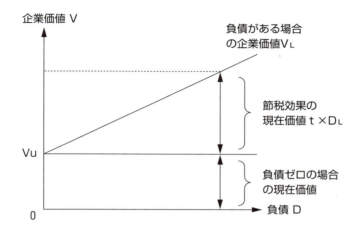

ワンポイント アドバイス

たとえば、事業で必要とする機械設備等を用意するのに、10,000万円が必要であるとする。10,000万円のうち、どの程度を負債で調達するかによって資本構成が変わる。ここでの負債額を増やすということは、総資産を変えずに、負債比率を上げる（自己資本比率を下げる）ということである。単純に借入を行うほど企業価値が高まるということではないので注意しよう。また、「倒産コスト」を意識しない場合には、負債比率を上昇させるほど企業価値が高まるが、負債比率を上昇させすぎると前述の「倒産コスト」が意識されることから、企業価値は減少に転じることになる。簡単にいえば、借金まみれで倒産もあり得るとなってくれば企業価値が下がるということである。MM理論によると、最適資本構成は企業価値が減少に転じる直前の負債額（負債比率）ということになるが、具体的な負債額（負債比率）を求めるには至っていない。

参 考

完全資本市場の下で、毎期の期待営業利益が同一かつ永久的に一定であり、資本構成が異なる企業U社（負債利用がない場合）と企業L社（負債利用がある場合）を考える。U社とL社は資本構成以外の条件がすべて同様であると仮定する。

以下のような簡便的な損益計算書（P/L）を用い、税引後純利益を計算式で示す。

	U社（負債ゼロ）	L社（負債あり）
税引前営業利益	X	X
支払利息	－	$r D_L$
税引前純利益	X	$X - r D_L$
法人税	tX	$t(X - r D_L)$
税引後純利益	$(1-t)X$	$(1-t)(X - r D_L)$
支払利息＋税引後純利益	$(1-t)X$	$(1-t)X + t \times r D_L$

※t：法人税率、r：L社の負債コスト（利子率）、D_L：負債の市場価値

　両者の「支払利息＋税引後純利益」を比較すると、「$t \times r D_L$」だけL社のほうが大きくなっている。これが負債利用に伴う節税効果である。

　この節税効果の現在価値合計分、L社の企業価値の方がU社の企業価値より大きくなるが、それは割引率rとして、次のように表せる。

$$\frac{t \times r D_L}{(1+r)} + \frac{t \times r D_L}{(1+r)^2} + \cdots\cdots = \frac{t \times r D_L}{r} = \underline{t \times D_L}$$

　したがって、L社の企業価値V_Lは、

$$V_L = Vu + \underline{t \times D_L}$$

と表すことができる。

補足　MM理論の整理

　負債比率（D/E）が上昇した場合、企業価値、加重平均資本コスト（WACC）、株主資本コストの変化は次のようになる。

	企業価値	WACC[1]	株主資本コスト[2]
税金がない場合	不変	不変	上昇
税金がある場合	上昇	低下	上昇

※1　税金がない場合、資本構成を変化させても企業価値は変わらない。ここで企業価値は、企業価値＝FCF÷WACCとして計算される。資本構成が変わっても企業価値、FCFは変わらないことから、WACCも変わらないことになる。一方、税金がある場合、負債比率を上昇させた場合、企業価値は増加する。しかし、資本構成が変わってもFCFは変わらないことから、WACCは低下することになる。

$$\uparrow 企業価値 = \frac{FCF（一定）}{WACC \downarrow}$$

※2　債権者の取り分である支払利息は契約によって確定されるが、株主の

取り分である配当金は確定されているものではない。よって、負債比率を上昇させた場合、株主の取り分である配当金のばらつきが大きくなるため、株主のリスクプレミアムが上昇して、株主資本コストが上昇することになる。

設 例

MM理論に基づく最適資本構成について、記述中の空欄A〜Cにあてはまる語句の組み合わせとして最も適切なものを解答群から選べ。〔H27−13改題〕

　MM理論の主張によると、完全な資本市場の下では、企業の資本構成は企業価値に影響を与えない。しかし、現実の資本市場は完全な資本市場ではない。そこで、完全な資本市場の条件のうち、法人税が存在しないという仮定を緩め、法人税の存在を許容すると、負債の増加は（　A　）を通じて企業価値を（　B　）ことになる。この条件下では、負債比率が（　C　）の場合において企業価値が最大となる。

〔解答群〕
ア　A：支払利息の増加による株主価値の低下　　B：高める　　C：0％
イ　A：支払利息の増加による株主価値の低下　　B：低める　　C：100％
ウ　A：節税効果　　B：高める　　C：100％
エ　A：節税効果　　B：低める　　C：0％

解 答　ウ

　法人税を考慮した場合は、負債利用による節税効果のため、負債比率が高まるほど節税効果の現在価値分だけ企業価値は高くなる。なお、節税効果の現在価値は負債額×税率で求められる。
　以上のMMの修正命題を考慮すると、空欄A〜Cは、次のようになる。
　負債の増加は「A：節税効果」を通じて企業価値を「B：高める」ことになる。この条件下では、負債比率が「C：100％」の場合において、企業価値が最大となる。

設例

　B社は全額株主資本で事業活動を行っており、営業利益の確率分布は下表のとおりで今後毎期一定である。なお、営業利益は税・利息支払前利益（EBIT）に等しいものとする。

（単位：万円）

	好況（確率：0.5）	不況（確率：0.5）
営業利益（EBIT）	1,200	800

　B社と資産内容が全く同じで、同一の事業を営むC社が存在するものとする。したがって、C社が生み出す毎期のEBITの確率分布は、B社と全く同一である。ただし、C社とB社では資本構成が異なっており、C社は5,000万円の負債を利用している。この負債の利子率は4%である。この市場において、法人税のみが存在しその実効税率が40%であるとすれば、B社の企業価値とC社の企業価値との差はどのようになるか、最も適切なものを選べ。

〔H22-14（設問2）改題〕

ア　C社の企業価値はB社と変わらない。
イ　C社の企業価値はB社より200万円小さい。
ウ　C社の企業価値はB社より2,000万円大きい。
エ　C社の企業価値はB社より5,000万円大きい。

　解　答　**ウ**

　MM理論→「法人税が存在するとき、負債利用による節税効果のため、財務レバレッジ（負債比率）が高まるほど節税効果の現在価値分だけ企業価値は上昇する」。
　よって、$t \times D_L = 0.4 \times$ 負債5,000 ＝ 2,000（万円）となる。

5 配当政策

5 配当政策

R3 16

配当政策とは、税引後利益（当期純利益）を配当支払いと内部留保にどのように配分するかについての決定である。本節では、完全資本市場における配当政策について学習する。

■1 MM理論の配当無関連説

企業の資本構成や投資政策が一定である限り、どのような配当政策をとろうが、企業が生み出すキャッシュフローに影響はない。つまり、**株主価値は変わらない**と考えられる。

企業の資本構成が一定であり、投資政策が所与の場合（自己資本を原資として投資を行う）、内部留保を抑えて配当を増加させれば、投資資金を賄う分だけ増資をすることになる。その結果、発行済株式数が増え、増資後の1株当たりの価値（増資後の株価）は、配当せずに全額留保した場合に比べ、低くなる。この場合、既存株主の持分価値は低下する。

一方、既存株主は持分価値の低下分に等しい配当を受け取っているので、持分価値（キャピタルゲイン）の低下は配当（インカムゲイン）の増加と相殺される。結局、配当政策は、株主の富に影響を与えず、**最適な配当政策は存在しない**ことになる。

株主価値＝インカムゲイン（配当から得られるキャッシュフロー）
　　　　　＋キャピタルゲイン（株式売却から得られるキャッシュフロー）

具体的に時価ベースの貸借対照表で例示すると次のようになる。

〈配当前〉　　　　　　　　　（単位：円）

| 現　金 | 400 | 負　債 | 0 |
| その他の資産 | 600 | 資　本 | 1,000 |

企業価値	1,000
株式数	100
株　価	10

〈配当後（配当総額200円）〉　（単位：円）

| 現　金 | 200 | 負　債 | 0 |
| その他の資産 | 600 | 資　本 | 800 |

企業価値	800
株式数	100
株　価	8

1株当たり2円（配当総額200円）の配当によって現金が200円流出し、企業価値が200円減少した結果、株価が8円に下落している。配当前には株価が10円であったことを考えると、株主が1株当たり2円の損失を被っているようにも見えるが、株主は1株当たり2円の配当を受け取っているので、トータルで考えれば保有する価値に変化はない。株主の視点からすれば、1株当たり2円を、手元に置いて

179

いるか、企業に預けておくかの違いと考えるとイメージしやすい。

【配当無関連説】
　配当政策は、株主価値に影響を及ぼさずに、インカムゲインとキャピタルゲインの配分比率のみを決定する。

2 自己株式取得

　すでに見た配当無関連説と同様に、完全資本市場における自己株式取得についても同じ結論が導き出せる。
　自己株式取得とは、企業が発行済株式を株主から買い戻すことを意味する（株主に資金が還元されることを意味する）。具体的に時価ベースの貸借対照表で例示すると次のようになる。

〈取得前〉　　　　　　　　（単位：円）

現　　金	400	負　　債	0
その他の資産	600	資　　本	1,000

企業価値	1,000
株式数	100
株　価	10

〈取得後（自己株式200円取得）〉（単位：円）

現　　金	200	負　　債	0
その他の資産	600	資　　本	800

企業価値	800
株式数	80
株　価	10

　自己株式取得の対価は、自己株式取得前の株価10円であり、現金の減少額200円÷株価10円＝20株を取得しているものとする。現金が200円流出し、企業価値が200円減少して800円となるが、株式数が80（100株－20株）に減少するため、株価は変わらない。自己株式取得に応じた株主は、対価として1株当たり10円を受け取っているため、やはり、保有する価値には変化がない。

第7章

ファイナンスⅡ
（証券投資論）

Registered Management Consultant

第7章 ファイナンスⅡ（証券投資論）

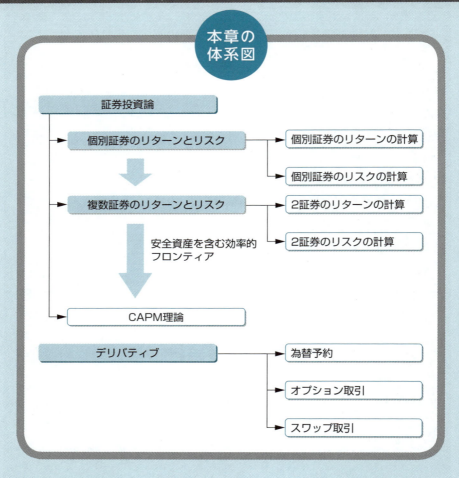

❗ 本章のポイント

◇ 安全資産と危険資産のリスクとリターンの違いが理解できる。
◇ 個別証券のリスクとリターンの計算ができる。
◇ 複数証券のリスクとリターンの計算ができる。
◇ 相関係数が−1、0、1の場合の2つの証券の相関性が理解できる。
◇ 相関係数が−1の場合、リスク分散効果が最も高いことが理解できる。
◇ グラフ上で、効率的ポートフォリオを示すことができる。
◇ グラフ上で、安全資産を含む場合の効率的ポートフォリオを示すことができる。
◇ CAPMにより、個別証券の期待収益率が計算できる。
◇ デリバティブの考え方が理解でき、各種数値が計算できる（第5節の POINT 参照）。

1 個別証券のリターンとリスク

ここでは、個別証券に投資した際、外部環境の変化により、どの程度の収益率を見込めるのか、またその変動の可能性はどの程度か、ということを考察する。投資家の視点で考えていこう。

1 証券投資論の基礎

❶▶ 資本市場の考え方

企業財務論では、「完全市場」を仮定して理論モデルを構築していたが、証券投資論では、より現実に接近したモデルとして「効率的市場」を仮定している。ここで効率的市場とは、最新の情報を瞬時にかつ的確に反映して、適正な証券価格が形成される市場と定義されている。

効率的市場では、現在までに発生している情報がすべて価格に織り込まれている市場を前提としている。新しい情報が発生すれば、それを反映して瞬時に株価は変動する。そのため、株価の変動はランダムウォークに従うと考えられる。また、現在までに発生している情報がすべて価格に織り込まれているということは、将来情報が発生する可能性まで予想されて、そのリスクとリターンが考慮されて現在の株価が決定されていることを意味する。つまり、リスクに見合ったリターンが与えられるように価格が形成されるのであり、逆に、リスクに見合った以上のリターンは期待できないことになる。

参考

　ファーマ（E.Fama）は効率的市場仮説における情報に関して３つのレベルに分類し、効率性の概念を、ウィーク型、セミストロング型、ストロング型の３つのレベルに分類した。

分　類	内　容	否定される情報
①ウィーク型の効率性	過去の株価の動きは相互に独立でランダムなもので、過去の株価を分析しても何の情報ももたらさないものとする。この説では過去の株価系列も価格に反映されているとする。	過去の株価系列（テクニカル分析）
②セミストロング型の効率性	効率的市場では財務情報は即座に株価に反映するから、公表された情報を分析しても平均以上の利益は上げられないとする。この説ではファンダメンタルも価格に反映されているとする。	マクロ経済指標、利益予想などのファンダメンタル
③ストロング型の効率性	株価は公表されている情報のみならず、未公表の情報も含めてすべての情報を反映して形成されるものである。この説ではインサイダー情報も価格に反映されているとする。	インサイダー情報

❷▶投資対象の考え方

　ファイナンス理論では、投資対象を安全（無リスク）資産と危険（リスク）資産に分類して説明することが多い。**安全資産**とは、リスクゼロの投資対象であり、リスクフリーレート（一般的には、10年物の国債の利息など）で運用される資産のことである。これは将来キャッシュフローが確定、つまり収益率の変動性がゼロなのでリスクはゼロとなる。これに対して**危険資産**とは、リスクのある投資対象であり、リスクフリーレートにそのリスクに対するリスクプレミアム（追加的なリターン）を上乗せしたリターンで運用される資産のことである。これは将来キャッシュフローが不確実、つまり収益率が変動するからであり、その変動幅に応じてリスクも異なる。

図表 **[7-1]　安全資産と危険資産の比較**

	安全資産	危険資産
リスク	0	収益率の変動性
リターン	リスクフリーレート	リスクフリーレート＋リスクプレミアム

●第7章　ファイナンスⅡ（証券投資論）

2 個別証券（危険資産）のリターン

危険資産におけるリターンを考える場合、将来キャッシュフローが不確実なのでその収益率も不確実である。そこで、ファイナンス理論では将来キャッシュフローを確率変数ととらえて確率分布における期待値をリターンの尺度として用いる。すなわちリターンとは<u>各経済状況の発生確率に各状況における危険資産の証券の収益率を掛けた合計である期待値</u>として計算され、これを**期待収益率**という。

> 期待収益率(%)＝Σ｛各状況における収益率×経済状況の発生確率｝

ある証券（A証券）への投資を行うとする。この証券は、為替相場の変動により収益率が変動し、為替相場の変動とその確率および変動ごとのA証券の収益率は次のようになっている。

為替相場	確 率	収益率
円高	0.4	20%
不変	0.4	10%
円安	0.2	5%

ここで、このA証券投資に対しての予測される収益率（**期待収益率**）は、確率論における期待値計算の方法で求めることができる。

> 期待値＝(とる可能性のある値×確率)の和

したがって、このA証券投資の期待収益率は、
　　20％×0.4＋10％×0.4＋5％×0.2＝13％
となり、このA証券の**期待収益率**を**リターン**と表現する。

3 個別証券（危険資産）のリスク

危険資産におけるリスクとは、<u>危険資産の収益率の変動のこと</u>であり、当該資産が取り得る収益性のばらつきの程度を示している。換言すれば、収益率が期待収益率からどの程度乖離しているかということであり、この測定尺度として分散あるいは標準偏差が用いられ、これらが大きいほどリスクが高いと判断される。

分散は、各経済状況での収益率から期待収益率を控除した値を2乗して各状況での発生確率を乗じた合計として計算され、この分散の平方根（ルート）が標準偏差となる。

> 分散＝Σ｛(各状況における収益率－期待収益率)²×発生確率｝
> 標準偏差＝√分散

A証券の収益率の期待値は、前述のとおり13％と計算できた。しかし、実際に13％の収益率を得ることはなく、上は20％から下は5％までのばらつきが存在す

る。このばらつきの度合いを示すものが**分散**や**標準偏差**である。
　A証券の標準偏差は次のようなプロセスで計算できる。

為替相場	確率	収益率	期待収益率	偏差※	偏差²	偏差²×確率	分散	標準偏差
円高	0.4	20%		7%	49	19.6		
不変	0.4	10%	13%	−3%	9	3.6	36	6%
円安	0.2	5%		−8%	64	12.8		

※収益率−期待収益率

　このA証券の分散や標準偏差は、A証券投資へのばらつきの度合いであり、これをA証券投資への**リスク**と考えることができる。また、これから先の議論では、標準偏差をリスクを表す概念として取り上げていく。

> **参考**
>
> 　将来キャッシュフローを確率変数としてとらえることにより、危険資産のリターンは期待収益率として、リスクは分散あるいは標準偏差として計算される。当然、リスクが大きくなればリターンも大きくなる関係にある。
> 　このようなリスクを考慮した意思決定を平均・分散アプローチといい、将来キャッシュフローの確率分布から平均（期待値または期待収益率）と分散を求め、分散（または標準偏差）をリスクの尺度とし、平均をリターンの尺度としている。そして、この2つのパラメータから、投資家は合理的な投資意思決定をしているのである。なお、この平均・分散アプローチにおいて、投資家が予測する確率分布は正規分布となる。正規分布とは、<u>期待値（平均）を中心にした左右対称の確率分布のこと</u>である。

4 リスク回避的投資家

　投資家は、投資において直面するリスクを基準にリターンを計算して意思決定をしている。つまり、投資家は負担するリスクに応じてリターンを決定しており、追加的にリスク負担が発生すると、それに対してさらにリスクプレミアムを要求する。このような投資家を**リスク回避的投資家**という。ファイナンスでただ単純に「投資家」と表記されている場合は、リスク回避的投資家を示していると考えてよい。

> 【リスク回避的投資家の行動パターン】
> ・同一リスクの資産がある場合、リターンの大きい方を選択する。
> ・同一リターンの資産がある場合、リスクの小さい方を選択する。

設例

以下の表は、ポートフォリオA～Iのそれぞれのリスクとリターンを示したものである。投資家がリスク回避的であるとき、選択されるべきポートフォリオとして最も適切なものを下記の解答群から選べ。ただし、リスクはリターンの標準偏差で測られたものとする。　〔H23－18〕

(単位：%)

	A	B	C	D	E	F	G	H	I
リスク	3	3	3	4	4	4	5	5	5
リターン	4	5	6	4	5	6	4	5	6

〔解答群〕

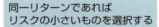

ア　A　　イ　C　　ウ　G　　エ　H

解　答　イ

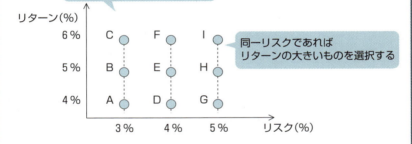

2 ポートフォリオのリターンとリスク

本節では、ポートフォリオ（複数の証券を組み合わせた場合）のリターンとリスクについて学習する。簡便化して、2つの証券の場合について見ていくことにする。

1 ポートフォリオのリターンとリスク

前述のA証券に組み合わせる証券としてB証券を取り上げる。為替相場の変動ごとのB証券の収益率は次のようになっている。

為替相場	確率	収益率
円高	0.4	3%
不変	0.4	7%
円安	0.2	10%

A証券と同様に、B証券について期待収益率、標準偏差を計算すると次のようになる。

為替相場	確率	収益率	期待収益率	偏差	偏差^2	偏差^2×確率	分散	標準偏差
円高	0.4	3%		−3%	9	3.6		
不変	0.4	7%	6%	1%	1	0.4	7.2	≒2.68%
円安	0.2	10%		4%	16	3.2		

ここで、保有資金の60%をA証券、40%をB証券に振り分けたとすると、ポートフォリオの期待収益率は次のようになる。

為替相場	確率	ポートフォリオの収益率	ポートフォリオの期待収益率
円高	0.4	A証券の収益率20%×組み入れ比率0.6＋B証券の収益率3%×組み入れ比率0.4＝13.2%	
不変	0.4	A証券の収益率10%×組み入れ比率0.6＋B証券の収益率7%×組み入れ比率0.4＝8.8%	13.2%×0.4＋8.8%×0.4＋7%×0.2＝10.2%
円安	0.2	A証券の収益率5%×組み入れ比率0.6＋B証券の収益率10%×組み入れ比率0.4＝7%	

2 ポートフォリオのリターンとリスク

　ポートフォリオの期待収益率は、Ａ証券の期待収益率13％とＢ証券の期待収益率６％の加重平均となっており、

　　13％×0.6＋６％×0.4＝10.2％

でも求められる。

　次にポートフォリオの標準偏差を算定すると、次のようになる。

為替相場	確率	収益率	期待収益率	偏差	偏差^2	偏差^2×確率	分散	標準偏差
円高	0.4	13.2%		3%	9	3.6		
不変	0.4	8.8%	10.2%	−1.4%	1.96	0.784	6.432	≒2.54%
円安	0.2	7%		−3.2%	10.24	2.048		

　Ａ証券の標準偏差とＢ証券の標準偏差の加重平均は、

　　６％×0.6＋2.68％×0.4＝4.672％

であるが、ポートフォリオの標準偏差は実際には上表のように約2.54％である。Ａ証券とＢ証券を組み合わせることによって、加重平均よりも標準偏差が低くなる。

　ここまで、保有資金の60％をＡ証券、40％をＢ証券に振り分けるものと仮定して考察してきたが、この組み合わせは変化させることができる。組み合わせ比率を「Ａ証券100％、Ｂ証券０％」から「Ａ証券０％、Ｂ証券100％」まで、10％ずつ変化させた場合のそれぞれの期待収益率と標準偏差、さらに標準偏差が最低になる場合の期待収益率と保有割合を同じ要領で計算し、一覧表にしたものが次の表である。

保有割合（％）	期待収益率（％）	標準偏差（％）
Ａ100，Ｂ　0	13.0	6.00
Ａ　90，Ｂ　10	12.3	5.13
Ａ　80，Ｂ　20	11.6	4.27
Ａ　70，Ｂ　30	10.9	3.40
Ａ　60，Ｂ　40	10.2	2.54
Ａ　50，Ｂ　50	9.5	1.67
Ａ　40，Ｂ　60	8.8	0.82
Ａ　31，Ｂ　69	8.17	0.21（最低）
Ａ　30，Ｂ　70	8.1	0.22
Ａ　20，Ｂ　80	7.4	0.96
Ａ　10，Ｂ　90	6.7	1.82
Ａ　0，Ｂ100	6.0	2.68

2 効率的ポートフォリオ

A証券とB証券の保有割合を変化させたときの、それぞれの**ポートフォリオにおけるリターン（期待収益率）とリスク（標準偏差）**をグラフに表示する。

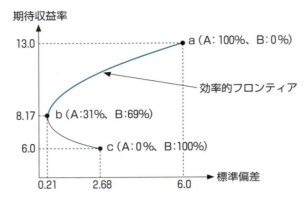

このグラフからわかるように、保有割合を「A：100％、B：0％」からAの割合を減少させる（Bの割合を増加させる）につれて、期待収益率も標準偏差も低下していくが、「A：31％、B：69％」の組み合わせで標準偏差が最低となり、その後は、期待収益率は低下するが、標準偏差は上昇する、ということになっている。

このことから、bからcのポートフォリオについては、同じリスクで期待収益率の高いポートフォリオがあるために選択されないことがわかる。

したがって、A証券とB証券のポートフォリオとして選択が行われるのは、aからbの組み合わせの任意の点である。また、このaからbまでの組み合わせを**効率的ポートフォリオ**といい、効率的ポートフォリオの集合である曲線ａｂを**効率的フロンティア**という。

3　共分散と相関係数

3　共分散と相関係数

すでに見たように、ポートフォリオの期待収益率は、Ａ、Ｂ両証券の期待収益率の加重平均を計算することで求めることができた。

13％×0.6＋6％×0.4＝10.2％（前節参照）

しかしながら、ポートフォリオの標準偏差については、同様に加重平均で計算しても同じ結果を得ることはできない。

6％×0.6＋2.68％×0.4＝4.672％（≠2.54％）（前節参照）

本節では、この理由を明らかにするための概念である共分散と相関係数を学んでいく。

1　共分散

共分散とは、環境変化（為替相場の変動など）により2つの証券がどの方向に動くのか、また、その動きの相関性はどの程度かを判断する概念である。

共分散を求めるには、2つの証券の**偏差**が必要となるため、Ａ、Ｂ両証券の偏差を計算する。

為替相場	確率	A証券				B証券		
		収益率	期待収益率	偏差	収益率	期待収益率	偏差
円高	0.4	20％		7％	3％		−3％
不変	0.4	10％	13％	−3％	7％	6％	1％
円安	0.2	5％		−8％	10％		4％

共分散は、次の式で求めることができる。

> 共分散＝Σ（A証券の偏差×B証券の偏差×確率）

すなわち、共分散とは、**2証券の偏差の積の期待値**と考えることができ、具体的に計算すると次のようになる。

為替相場	偏差A ×　偏差B ×　確率	合計
円高	7％　×（−3％）× 0.4　＝−8.4	
不変	−3％　×　1％　× 0.4　＝−1.2	−16 （共分散）
円安	−8％　×　4％　× 0.2　＝−6.4	

ここで、この表の偏差の符号に着目する。為替相場の変動に対し、2つの証券の偏差の符号が同じであれば、両方の証券は収益率が同じ方向（たとえばA証券の収益率がプラスなら、B証券の収益率はプラス）に動くことを示している。また、符号が異なれば、為替相場の変動に対し、反対の方向（たとえばA証券がプラスなら

B証券はマイナス）に動くことを示している。上記の例では、円高、不変、円安いずれの場合でも符号は反対になっているため、この２つの証券は反対の方向に動くことがわかる。

また、共分散はこの偏差の積の期待値であるから、**共分散の符号がプラスであれば２つの証券は同じ方向に動くと予想**され、また、**マイナスであれば反対の方向に動くと予想**することができる。さらに、**共分散の絶対値は２つの証券の動きの相関性の程度**であり、**絶対値が大きいほど相関性は高い**と考えることができる。

2 相関係数

相関係数とは、２つの証券の動く方向を共分散と同じようにプラスやマイナスの符号で、また、２つの証券の相関性の程度を－１から１までの範囲として表したものであり、次の式で計算できる。

$$相関係数 = \frac{共分散}{A証券の標準偏差 \times B証券の標準偏差}$$

相関係数は－１から＋１の範囲の数値で表され、符号は２つの証券の動く方向を示し、また、数値の絶対値が１に近づくほど相関性は高いと判断される。

ここで、具体的にＡ、Ｂ両証券の相関係数を求めてみると、次のようになる。

$$相関係数（\rho：ロー）=\frac{-16}{6\% \times 2.68\%} \fallingdotseq -0.995$$

この結果、Ａ、Ｂ証券は負の相関関係が非常に強い、ということがわかる。

さらに、相関係数の符号とその数値の大きさにより、２つの証券の相関性を次のように分類することができる。

$\rho = 1$	全く同じ方向に動く
$0 < \rho < 1$	同じ方向に動く
$\rho = 0$	全く関係なく動く
$-1 < \rho < 0$	別の方向に動く
$\rho = -1$	全く反対の方向に動く

3 相関係数とポートフォリオ効果

第２節「ポートフォリオのリターンとリスク」で、Ａ、Ｂ証券の組み合わせを変化させたときのリターンとリスクの関係をグラフで図示した。また、このＡ、Ｂ両証券の相関係数は「－0.995」であった。

一般的に、２つの証券のそれぞれのリターン（期待収益率）とリスク（標準偏差）が同じであっても、相関係数が異なれば、そのポートフォリオのリスクとリタ

ーンは異なるものとなり、この関係を図示すると次のようになる。

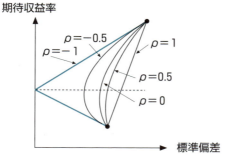

このように、相関係数が１とならないような（いいかえれば２つの証券の動く方向が全く同じものでないような）証券を組み合わせることにより、リスクの低減をはかることが可能となり、これを**ポートフォリオのリスク分散効果**という。

本節冒頭で計算した加重平均期待収益率「10.2％」と加重平均標準偏差「4.672％」は $\rho=1$ のときにのみ成立するものであることがわかる。また、相関係数が－１のときは、２つの証券の組み合わせによりポートフォリオのリスクを０とすることが可能となる。

> **ワンポイント アドバイス**
>
> 単純化した次のケースを考えてみよう。
> ①投資額100万円、円高および円安になる確率がそれぞれ50％のＡ証券（円高：収益率10％、円安：収益率２％）とＢ証券（円高：収益率10％、円安：収益率２％）の組み合わせ。
> ・投資比率　Ａ証券100％、Ｂ証券０％の場合
> 　　円高：Ａ．100万円×10％＋Ｂ．０万円×10％＝10万円
> 　　円安：Ａ．100万円×２％＋Ｂ．０万円×２％＝２万円
> ・投資比率　Ａ証券50％、Ｂ証券50％の場合
> 　　円高：Ａ．50万円×10％＋Ｂ．50万円×10％＝10万円
> 　　円安：Ａ．50万円×２％＋Ｂ．50万円×２％＝２万円
> ・投資比率　Ａ証券０％、Ｂ証券100％の場合
> 　　円高：Ａ．０万円×10％＋Ｂ．100万円×10％＝10万円
> 　　円安：Ａ．０万円×２％＋Ｂ．100万円×２％＝２万円
> 　投資比率を変化させても、円高なら10万円、円安なら２万円の収益になる。この場合の相関係数は１であり、リスク分散効果は得られない（２万円か10万円かでバラつきが発生する）。
>
> ②Ｂ証券に関する条件のみ変えた場合　Ｂ証券（円高：収益率２％、円

安：収益率10％）
・投資比率　Ａ証券100％、Ｂ証券０％の場合
　　円高：Ａ．100万円×10％＋Ｂ．０万円×２％＝10万円
　　円安：Ａ．100万円×２％＋Ｂ．０万円×10％＝２万円
・投資比率　Ａ証券50％、Ｂ証券50％の場合
　　円高：Ａ．50万円×10％＋Ｂ．50万円×２％＝６万円
　　円安：Ａ．50万円×２％＋Ｂ．50万円×10％＝６万円
・投資比率　Ａ証券０％、Ｂ証券100％の場合
　　円高：Ａ．０万円×10％＋Ｂ．100万円×２％＝２万円
　　円安：Ａ．０万円×２％＋Ｂ．100万円×10％＝10万円

　投資比率をＡ証券50％、Ｂ証券50％とした場合、円高、円安にかかわらず６万円の収益になる（６万円で一定となりバラつきがない）。この場合の相関係数は－１であり、投資比率を変化させることでリスクをゼロにすることができる。

　次の文章は、Ｘ、Ｙの２資産から構成されるポートフォリオのリターンとリスクの変化について、説明したものである。空欄Ａ～Ｄに入る語句の組み合わせとして、最も適切なものを下記の解答群から選べ。　　　　〔Ｒ元－17〕

　以下の図は、Ｘ、Ｙの２資産から構成されるポートフォリオについて、投資比率をさまざまに変化させた場合のポートフォリオのリターンとリスクが描く軌跡を、２資産間の　Ａ　が異なる４つの値について求めたものである。
　Ｘ、Ｙの　Ａ　が　Ｂ　のとき、ポートフォリオのリターンとリスクの軌跡は①に示されるように直線となる。　Ａ　が　Ｃ　なるにつれて、②、③のようにポートフォリオのリスクをより小さくすることが可能となる。
　　Ａ　が　Ｄ　のとき、ポートフォリオのリスクをゼロにすることが可能となり、④のような軌跡を描く。

3 共分散と相関係数

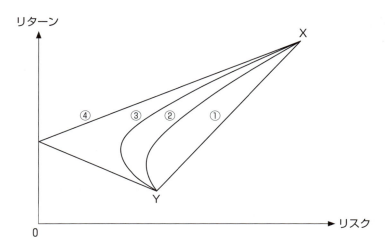

〔解答群〕
ア　A：相関係数　　B：－1　　C：大きく　　D：ゼロ
イ　A：相関係数　　B：＋1　　C：小さく　　D：－1
ウ　A：ベータ値　　B：ゼロ　　C：大きく　　D：＋1
エ　A：ベータ値　　B：＋1　　C：小さく　　D：－1

解　答　イ

相関係数に関する問題である。
　リターンとリスクを描いたグラフより、異なる相関係数の状況を描いたグラフであることが読み取れる。リターンとリスクの関係は、相関係数が＋1の場合に直線を描くことになる。この相関係数が＋1の場合には、2つの資産は全く同じ方向に動くため、リスク分散効果は得られないが、相関係数が小さくなるにつれて、リスクの低減を図ることができる。そして、相関係数－1の場合にリスク分散効果が最大になり、リスクをゼロにすることが可能となる。
　よって、A：相関係数、B：＋1、C：小さく、D：－1の組み合わせが正しい。

設 例

　収益率が完全な正の相関を有する2つの株式へ分散投資した場合、リスク分散効果を得られるかどうか答えよ。　　　　　　　　　　〔H27−19改題〕

解　答　**得られない**

　2つの株式の収益率が完全に正の相関であるなら、2つの株式は株式市場の変化に対して同じ動きをすることになる。したがって、2つの株式へ分散投資しても、2つの株式は同じ動きをするため、リスク分散は図れない。

参 考

2証券の期待値（リターン）および標準偏差（リスク）の計算式

　A証券およびB証券の2証券のリターンおよびリスクの計算式は、次のようになる。数学的な知識が必要になるため、計算過程は学習範囲外とする。なお、A証券の組入比率をa、B証券の組入比率をbとする（組入比率$a + b = 1$）。

　リターン$E_{AB} = aE_A + bE_B$

　　　　　　E_A：A証券の期待値　　E_B：B証券の期待値

　リスク$D_{AB} = \sqrt{a^2\sigma_A{}^2 + b^2\sigma_B{}^2 + 2ab\sigma_{AB}}$

　　　　　　$= \sqrt{a^2\sigma_A{}^2 + b^2\sigma_B{}^2 + 2ab\rho_{AB}\sigma_A\sigma_B}$

　　　　　　σ_A：A証券の標準偏差　　σ_B：B証券の標準偏差
　　　　　　σ_{AB}：共分散　　　　　　ρ_{AB}：相関係数
　　　　　　共分散と相関係数の関係：$\rho_{AB}\sigma_A\sigma_B = \sigma_{AB}$

　なお、$\rho_{AB} = 1$の場合、リスク$D_{AB} = a\sigma_A + b\sigma_B$に展開される。これは、相関係数が1の場合に限り、ポートフォリオのリスクが各証券の加重平均になることを示している。

●第7章　ファイナンスⅡ（証券投資論）

4 CAPM

CAPM（Capital Asset Pricing Model）、すなわち資本資産価格形成（評価）モデルとは、効率的資本市場の理論において、「市場リスクの高い証券ほど期待収益率は高くなる」という関係を説明するモデルである。

1 安全資産を含む効率的フロンティア

❶▶効率的フロンティア

前節では、A証券とB証券というリスク資産の組み合わせについて考察し、相関係数が1未満であれば、ポートフォリオのリスク分散効果が得られることを確認した。ここでは、さらに安全資産への投資を考慮に入れる。安全資産とは、リスクゼロでリターンが得られる資産（短期国債など）のことをいう。

安全資産を考慮しない場合には、投資家は効率的フロンティア上でA証券、B証券の組み合わせ比率を自由に決定することになるが、安全資産を考慮する場合には、投資家は下図の直線FF′上の点で安全資産とリスク資産の組み合わせを決定することになる。つまり、リスク資産であるA証券とB証券の組み合わせ比率が接点であるT点で固定されるのである。P′とP″を比較すれば、同じリスクでリターンが高いP′が選択されるということである。

図表 [7-2] 安全資産を含む効率的フロンティア

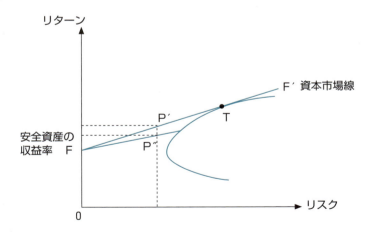

安全資産を考慮すると、すべての投資家は図表の接点Tの組み合わせとなるポートフォリオTと、安全資産に投資することになる。投資家の間で異なるのは、リスク資産のポートフォリオTと安全資産の組み合わせ比率であり、リスク資産の組み合わせ比率は同じになる。このように、すべての投資家がリスク資産Tと、安全資産の2資産のみが市場に存在するかのように投資するとき、Tのことを**市場ポートフォリオ**とよぶ。

ワンポイント アドバイス

　無リスク資産（安全資産）の存在を考慮しない場合、投資家は効率的フロンティア上のリスク資産の組み入れ比率（リスク資産の内訳）を任意に選べばよいが、無リスク資産の存在を考慮する場合には、リスク資産の組み入れ比率に対する投資家の個人的選択はなく、図表7-2上のT点で固定される。

　固定されるのはリスク資産の組み入れ比率であって、リスク資産にどの程度資金を振り分けるか（無リスク資産とリスク資産のバランス）ではないので注意しよう。たとえば、T点における組み入れ比率が「A証券70％、B証券30％」、投資資金100万円とするとき、リスク資産に10万円振り分けるのも、30万円振り分けるのも投資家の任意であるが、10万円振り分けるとしたら「無リスク資産90万円、A証券7万円、B証券3万円」、30万円振り分けるとしたら「無リスク資産70万円、A証券21万円、B証券9万円」となる。

❷▶相関係数

　安全資産の収益率とリスク資産の収益率との相関係数はゼロになる。安全資産の収益率はリスクフリーレートでつねに一定であるため、安全資産の収益率の偏差（ばらつき）はゼロになる。リスク資産の収益率の偏差がいくらになろうが、安全資産の収益率の偏差がゼロであることから、相関係数はつねにゼロになるということである。

設 例

　安全資産の収益率とリスク資産の収益率との相関係数ρの値はいくらか。

〔H26-17改題〕

解 答　$\rho = 0$

　安全資産の収益性とリスク資産の収益性の相関関係に関する問題である。安全資産とリスク資産とに相関性はなく、相関係数はゼロになる。

2 CAPM

❶▶個別リスクと市場リスク

証券のリスク（総リスク）は、次のように個別リスクと市場リスクの和として表すことができる。

> 証券のリスク（総リスク）＝個別リスク＋市場リスク

個別リスク	個別証券に固有の変動（研究開発の成否など）で、分散投資により**軽減できる**。ユニーク・リスク、**アンシステマティック・リスク**ともいう。
市場リスク	市場の変動に関連して起きる収益率の変動（為替変動など）で、分散投資でも**軽減できない**。マーケット・リスク、**システマティック・リスク**ともいう。

第2節「ポートフォリオのリターンとリスク」で学習したように、動き方の異なる証券（相関係数が1より小さい値をとる）をポートフォリオに加えて、銘柄数を増やしていくことで、リスクの軽減が図られることになる。図表7-3は、このポートフォリオ構築によるリスク低減をグラフ化したものである。

図表 [7-3] ポートフォリオ構築によるリスク低減

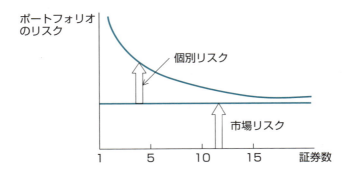

証券の銘柄数を増やすことにより個別リスクは全体の中で埋没していくが、市場リスクは消去できない。したがって、銘柄数を増やし十分に分散化されたポートフォリオは、個別リスクが極小化ないし消去され、もっぱら市場リスクの影響を受けることになる。

❷▶ベータ係数

ベータ（β）は、各証券の市場リスクから影響される度合いを測る尺度である。ベータとは、株式市場が1％変化したときに、任意の株式のリターンが何％変化するかを表すものであり、**この値が大きい株式はリスクが高い**。

βと個別証券との関係
・β＞1の場合、個別証券のリターンが市場以上に動く傾向がある。
・β＝1の場合、個別証券のリターンが市場と同様に動く傾向がある。
・β＜1の場合、個別証券のリターンが市場よりも小さく動く傾向がある。

設 例

資本市場理論におけるベータ値に関する説明として、最も不適切なものはどれか。 〔H25－21〕

ア 個々の証券の収益率の全変動におけるアンシステマティック・リスクを測定する値である。
イ 市場全体の変動に対して個々の証券の収益率がどの程度変動するかの感応度を表す値である。
ウ 市場ポートフォリオのベータ値は1である。
エ ベータ値は理論上マイナスの値もとりうる。

解 答 ア

ベータ値は、システマティック・リスク（市場リスク）を測定する値となる（選択肢ア）。また、ベータ値のリスクの大きさは、その銘柄の収益率の標準偏差の大きさだけではなく、市場ポートフォリオの収益率との相関の大きさにもよる。したがって、相関がマイナスなら、ベータ値もマイナスになる場合がある（選択肢エ）。

❸▶ベータ値の計算

ベータ値を計算式で表すと、次のように表すことができる。

$$\text{ベータ} = \frac{\text{個別証券と市場ポートフォリオの共分散}}{\text{市場ポートフォリオの分散}}$$

この計算式は、市場ポートフォリオの分散（バラツキ）に対する個別証券と市場ポートフォリオの共分散（相関性）の割合を意味する（分子と分母が同一であれば、ベータは1になる）。

さらに、個別証券と市場ポートフォリオの相関係数と共分散の関係は、次のように表すことができる。

$$\text{相関係数} = \frac{\text{個別証券と市場ポートフォリオの共分散}}{\text{個別証券の標準偏差×市場ポートフォリオの標準偏差}}$$

より、

個別証券と市場ポートフォリオの共分散

●第7章 ファイナンスⅡ（証券投資論）

＝相関係数×個別証券の標準偏差×市場ポートフォリオの標準偏差

となる。

よって、前述のベータの計算式に代入すれば、

$$ベータ＝\frac{相関係数×個別証券の標準偏差×市場ポートフォリオの標準偏差}{市場ポートフォリオの分散}$$

$$＝\frac{相関係数×個別証券の標準偏差×市場ポートフォリオの標準偏差}{市場ポートフォリオの標準偏差×市場ポートフォリオの標準偏差}$$

$$＝\frac{相関係数×個別証券の標準偏差}{市場ポートフォリオの標準偏差}$$

となる。

設　例

　A証券および市場ポートフォリオの収益率に関する以下のデータに基づいて、A証券のベータ値を計算せよ。　　　　　　　　　　　〔H26-18改題〕

【データ】

	標準偏差
A証券	10%
市場ポートフォリオ	5%

A証券と市場ポートフォリオとの相関係数：0.4

解　答　**0.8**

$$ベータ＝\frac{相関係数×A証券の標準偏差}{市場ポートフォリオの標準偏差}$$

$$＝\frac{0.4×10\%}{5\%}$$

$$＝\underline{0.8}$$

---

❹▶CAPM

　市場ポートフォリオの期待収益率は、リスクフリーレート＋市場リスクプレミアムで求められる。リスクがある分、高いリターンが要求されると考えるとよい。この市場リスクプレミアムは、市場ポートフォリオの期待収益率と、リスクフリーレートの差で表すことができ、

> **市場リスクプレミアム**
> 　　**＝市場ポートフォリオの期待収益率－リスクフリーレート**

となる。

このとき、個別証券の期待収益率は、以下の計算式で表される。

> 個別証券の期待収益率
> 　　＝リスクフリーレート＋β×市場リスクプレミアム
> 　　＝リスクフリーレート＋β×(市場ポートフォリオの期待収益率－
> 　　　リスクフリーレート)
> リスクフリーレート：安全資産の収益率。無リスク利子率ともいう。
> 市場ポートフォリオ：投資対象となる債券、株式などの組み合わせ。
> β：個別証券の市場リスクの尺度

また、右辺のリスクフリーレートを左辺に移項すれば、

個別証券の期待収益率－リスクフリーレート＝市場リスクプレミアム×β

となり、

> 個別証券のリスクプレミアム＝市場リスクプレミアム×β

という計算式が成り立つ。つまり、個別証券のリスクプレミアムは、**β係数に比例**するという結論を導くことができる。

なお、β＝1であれば個別証券と市場ポートフォリオのリスクプレミアムが等しく、β＞1であれば個別証券のリスクプレミアムは市場ポートフォリオのリスクプレミアムより大きく、β＜1であれば個別証券のリスクプレミアムは市場ポートフォリオのリスクプレミアムよりも低いことになる。

図表 [7-4] 資本資産評価モデル

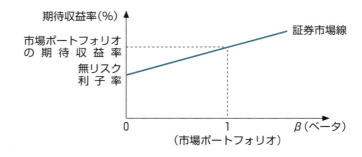

4 CAPM

設 例 ✏

次の資料により、A証券の期待収益率を計算せよ。
　株式市場の期待収益率：6％
　無リスク利子率：2％
　A証券のβ値：1.5

解 答　8（%）
　上記データをCAPMの公式に代入する。
　　A証券の期待収益率 ＝ 2％＋1.5×（6％－2％）＝8％

ワンポイント アドバイス

　期待収益率（リターン）や標準偏差（リスク）の計算方法は確実にマスターしておく必要がある。株式への投資に関してのみならず、事業投資に関しても期待収益率や標準偏差を計算させることがあり、第2次試験での出題実績もある。

　CAPMも頻出である。CAPMモデルで個別証券の期待収益率を求めさせたうえで、ポートフォリオの期待収益率や加重平均資本コストを問うなど、複合問題になるケースも多い。CAPMの式については、なぜ、そのような式になるのかを理解したうえで、確実に覚えておく必要がある。

　難解に感じられるかもしれないが、範囲は狭く、出題頻度は高いので、得点源にしやすい領域であるともいえる。

H30 14

5 デリバティブ

デリバティブ（金融派生商品）について、先物取引・オプション取引・スワップ取引の基礎を学習する。

デリバティブは、債券、株式、通貨等の原資産（元となる資産）から派生して副次的に生まれたものであり、代表的なものとして先物、オプション、スワップがある。たとえば、国債を原資産とするデリバティブとして国債先物がある。

| 原資産（国債） | 派生 | デリバティブ（国債先物） |

デリバティブの歴史は古く、たとえば17世紀のオランダにおけるチューリップの球根をめぐる投機ブームや、日本の江戸時代における大阪堂島での帳合米取引は、農産物を対象としたデリバティブであったといわれている。このように農産物がデリバティブの原資産になることもあるが、試験対策上、農産物ではなく債券、株式、通貨等の金融資産を原資産としたデリバティブを学習する。

デリバティブには、さまざまな役割があるが、主にこれら金融商品の価格変動によるリスクを回避（あるいは低減）するリスクヘッジについて学習する。

> **POINT**
> ・先物取引と先渡取引の相違点が理解できる。
> ・為替先物予約による損益とネットの損益が計算できる。
> ・先物取引とオプション取引の相違点が理解できる。
> ・コールオプションとプットオプションの相違点が理解できる。
> ・オプションを権利行使する場合としない場合が区別できる。
> ・アメリカンタイプとヨーロピアンタイプの相違点が理解できる。
> ・金利スワップ（元本を交換しない）と通貨スワップ（元本を交換する）の相違点が理解できる。

H29 21

1 先渡取引と先物取引

先物取引とは、現時点において、将来のある時点で当該資産を購入または売却する価格決定に関する契約を行い、将来の時点において決済・受渡しを行うデリバティブ取引のことである。この取引は、狭義には**先渡取引**と**先物取引**に分類される。

●第7章　ファイナンスⅡ（証券投資論）

● 先渡取引と先物取引の相違点

先渡取引と先物取引は類似しており、基本的に同じものである。両者の主な違いは、次のとおりである。

	取引方法	決済方法	信用リスク
先渡取引	通常、金融機関同士あるいは金融機関と顧客との間で店頭取引される（相対取引）。	決済日において先渡価格全額を支払うことで現物との交換により決済される。	取引が履行されるかどうかの確実性がなく、相対的に信用リスクが高い。
先物取引	先渡取引と異なり、通常、取引所で大量かつ集中的に取引される。	決済日以外でも、市場において反対売買[※1]による差金決済[※2]での取引が可能であり、通常、現物の受渡しは行われない。	証拠金制度（先物取引を行う際に保証金を預けること）により、取引の履行が確保されるため、相対的に信用リスクは低い。

※1 反対売買…「買い」から取引に参加した場合「売り」を行い、また「売り」から取引に参加した場合「買い」を行うこと。

※2 差金決済…原資産の受渡しを行わずに売値と買値の差額をやりとりして取引を完了すること。

設例

先物取引に関する記述として、最も不適切なものはどれか。　〔H24−22〕

ア　先物取引は、必ずしも現物の受渡しを必要としない。
イ　先物取引は、定型化されており取引所において取引される。
ウ　先物取引は、特定の受渡日に取引が決済される。
エ　先物取引は、日々証拠金の値洗いが行われる。

解答　ウ

ア　○：正しい。先物取引は、現物の受渡しをせず、差金決済をするのが一般的である。
イ　○：正しい。先物取引は、取引条件などがあらかじめ定型化されている。
ウ　×：先物取引は、取引所で取引されているため、先渡取引に比べ、流動性が非常に高い。また、決済日前に差金決済により決済されるのが一般的である。
エ　○：正しい。先物取引は、日々値洗いが行われる。

2 為替先物予約

❶▶為替先物予約

為替先物予約とは、将来における通貨の売買額および売買レートについて、金融機関と取り決めを行っておくことである。為替先物予約は、為替相場の変動に伴うリスクをヘッジする目的で行う。為替予約は、企業と銀行との取引であり、先渡取引の一種である（先渡取引であるが、慣行的に為替先物予約とよばれている）。

> ● 為替換算
>
> 為替換算とは、外国通貨で表示されている数値を自国通貨による数値に変換することである。外貨による金額×為替相場（為替レート）＝円貨による金額で計算される。
>
> 売掛金100ドル ⇒ 為替相場（1ドル80円） ⇒ 売掛金 8,000円
>
> 為替相場（為替レート）とは、2国間の通貨の交換比率をいう。たとえば、1ドル＝100円であれば、100円で1ドルと交換できることを意味する。また、この為替相場が80円になれば、円の価値が高くなった（ドルの価値が低くなった）ことを意味するため「円高」とよばれ、逆に、1ドル＝120円になれば、円の価値が低くなった（ドルの価値が高くなった）ことを意味するため「円安」とよばれる。

1 ドル買い・円売りの為替先物予約

設 例

（輸入の場合）
D社は、アメリカに本社があるA社から製品を輸入している。D社は100万ドルの製品を輸入し、その支払い（決済）を3か月後とする。D社は決済時に支払いのため100万ドルが必要になる（ドルで決済することを「ドル建て」という）。現在（取引時点）の為替レートを100円/ドルとする。このまま3か月後の決済期日における為替レートが105円/ドル、100円/ドル、95円/ドルの3つのケースになったとすれば、為替変動による影響額はどうなるか。

解 答

取引時点の為替レート	3か月後の為替レート	影響額
100円/ドル	105円/ドル	500万円の損失（為替差損）
100円/ドル	100円/ドル	なし
100円/ドル	95円/ドル	500万円の利益（為替差益）

●第7章 ファイナンスⅡ（証券投資論）

5 デリバティブ

　　ここで、D社は、為替変動によるリスクを避けるために、金融機関と3か月先の「ドル・円為替の先物予約」を行う。これが、為替先物予約である。3か月後のドル買い・円売り（支払いのためドルを購入する）の為替レートが101円/ドルだとすれば、3か月後に1ドルを101円で買うことができる（この場合、100万円の損失が生じるが、105円/ドルで決済するよりも損失を低減することができる）。

設例 ✏

　輸入業を営むA社は、3か月後にドル建てで商品の仕入代金を支払う予定である。A社が為替リスクをヘッジするときの取引は何か。　　〔H25−22改題〕

解答 **ドル買いの為替予約を行う。**
　輸入業者の場合、商品を仕入れるため債務が発生する。為替の変動による損失を回避するため、予約レートでドルを買う。

② ドル売り・円買いの為替先物予約

　❶の設例とは逆に、輸出の場合を考える。輸出の場合には、決済時に100万ドルを受け取るため、自国内で通貨として使用するために円貨に変える。

設例 ✏

（**輸出の場合**）
　D社は、アメリカに本社があるA社に製品を輸出している。D社は100万ドルの製品を輸出し、その受取り（決済）を3か月後とする。D社は決済時に100万ドルを受け取る。現在（取引時点）の為替レートを100円/ドルとする。このまま3か月後の決済期日における為替レートが105円/ドル、100円/ドル、95円/ドルの3つのケースになったとすれば、為替変動による影響額はどうなるか。

解答

取引時点の為替レート	3か月後の為替レート	影響額
100円/ドル	105円/ドル	500万円の利益（為替差益）
100円/ドル	100円/ドル	なし
100円/ドル	95円/ドル	500万円の損失（為替差損）

　ここで、D社は、為替変動によるリスクを避けるために、金融機関と3

207

か月先の「ドル・円為替の先物予約」を行う。3か月後のドル売り・円買いの為替レートが99円/ドルだとすれば、3か月後に1ドルを99円で売ることができる（この場合、100万円の損失が生じるが、95円/ドルで売るよりも損失を低減することができる）。

なお、為替予約を行った場合、自社にとって有利不利にかかわらず、予約した為替レートで売買しなければならない。

❷▶為替先物予約による損益と直物による損益を合わせたネットの損益…

ここまでは、為替先物予約による損益を学習してきた。ここでは、為替予約の取引を、「為替先物予約」と「直物」に分けて考えてみる。

設 例

D社は、アメリカに本社があるA社に製品を輸出している。D社は100万ドルの製品を輸出し、その受取り（決済）を3か月後とする。D社は決済時に100万ドルを受け取る。なお、販売時点の直物レート※は1ドル＝95円である。

D社の担当者は、円高への為替リスクをヘッジするために先物市場にて、1ドル＝92円の為替先物予約（ドル売り・円買い）を締結する。為替予約締結時の直物レートは1ドル＝94円である。3か月後の直物レートを1ドル＝90円とする。

為替先物予約を行った場合、為替先物予約による損益と直物による損益を合わせたネットの損益を求めよ。

※直物レート（SR：スポットレート）とは、直物取引の為替レートであり、外国為替市場において、契約日から2営業日目に受渡しをするものである。それに対して、先物レート（FR：フォワードレート）とは、先物取引の為替レートであり、何週間や何か月後というように先の受渡しをするものである。

解 答

取引時　為替予約締結時		決済時	

SR:95円 ------------------------------- SR:90円 ------▶ 5円の損失

　　FR:92円（売予約）------------------------------▶ 2円の利益

① 直物による損益
　取引時は95円/ドルであるが、3か月後の決済時は90円/ドルである。

●第7章　ファイナンスⅡ（証券投資論）

よって、１ドル95円のものを、決済時には90円で売るため、1ドル当たり5円の損失が生じる。

② 為替先物予約による損益
　為替予約を締結することで、（金融機関との間で）１ドルを92円で売る約束をした。直物にかかる部分は、前述したようにすでに決済されているため、為替先物予約による損益だけを認識すればよい。１ドルを92円で売る約束をしたが、D社はドルを保有していない。そこで、別途調達する必要がある。決済時に１ドルを90円で調達することで、１ドルを為替先物予約レートである92円で売ることができるため、差額の1ドル当たり2円の利益が生じる（通常は差金決済となる）。

$$１ドル当たりのネットの損益 = ①直物による損益 + ②通貨先物取引による損益$$
$$= -5円/ドル + 2円/ドル$$
$$= -3円/ドル$$

∴　100万ドル×（－3円/ドル）＝300万円の損失が生じる。

3 オプション取引

❶▶オプション取引の意義

　オプション取引とは、「所定の期日（または期間）に、原資産（株式や通貨など）をあらかじめ定められた価格で買う（または売る）ことができる権利」を売買する取引をいう。通常、オプションを買う場合は、オプションの買い手が、オプションの売り手に**オプションプレミアム（オプション料）**を支払う必要がある。
・所定の期日（または期間）とは、オプションの権利行使ができなくなる権利失効日（満期日または権利行使日）までの期間をいう。
・あらかじめ定められた価格とは、権利行使価格という。

　特定の価格（行使価格）で売買できる点では、先物取引と同様であるが、オプション取引では「権利」を売買しているので、権利を購入した側（買い手）にとって不利益になるような相場の変動があった場合には、買い手は権利を放棄すれば、最初に支払ったオプション料以上の損失を被らなくてすむ。

　オプションの種類には、**コールオプション**（権利行使価格で一定数の原資産を買うことができる権利）と**プットオプション**（権利行使価格で一定数の原資産を売ることができる権利）がある。

1 コールオプション

コールオプションの所有者は、満期日の原資産価格が権利行使価格を**上回ったとき**に権利行使をし、原資産価格と権利行使価格の差の利益を得る。また、満期日の原資産価格が権利行使価格を下回る場合、権利行使をせずオプションを失効させれば、オプションプレミアムの損失だけですむ。

2 プットオプション

プットオプションの所有者は、満期日の原資産価格が権利行使価格を**下回っていれば**権利行使をし、原資産価格と権利行使価格の差の利益を得る。また、満期日の原資産価格が権利行使価格を上回る場合、権利行使をせずオプションを失効させれば、オプションプレミアムの損失だけですむ。

オプションの所有者は、権利行使をするか、しないかについてのオプション（選択権）を有するのであり、権利行使をする義務を負うわけではない。

なお、オプションの損益図は、次のようになる。

① コールオプションの買い手側の損益図

満期日（1年後）にT株1株を権利行使価格120円で買うことのできる権利を買う。オプションプレミアムは20円とする。

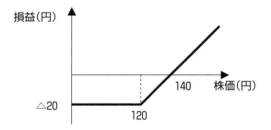

② プットオプションの買い手側の損益図

満期日（1年後）にT株1株を権利行使価格120円で売ることのできる権利を買う。オプションプレミアムは20円とする。

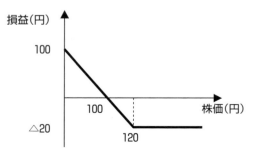

なお、オプションの売り手の損益図は次のようになる（破線で示す）。オプションの買い手側が権利行使をしなければ、オプションの売り手側はオプションプレミアム分だけ利益を得ることができる。しかし、オプションの買い手側が権利行使をした場合は、損失が生じる（コールオプションの場合は、損失が無限になる可能性を有する）。

① コールオプションの売り手側の損益図

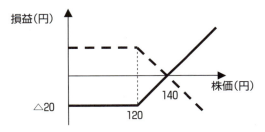

② プットオプションの売り手側の損益図

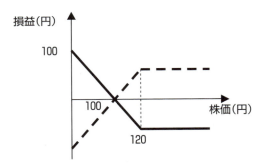

> **補足　オプションの権利行使の方法**
>
> 　オプションの権利行使の方法には、満期日にのみ権利行使可能なオプションである「**ヨーロピアンタイプ**」と、満期日までの間いつでも権利行使可能なオプションである「**アメリカンタイプ**」がある。

設例

次の図は、ヨーロピアンタイプのオプション取引を行ったときの損益図表を示している。この図と以下の文章から、下記の設問に答えよ。　〔H21－19〕

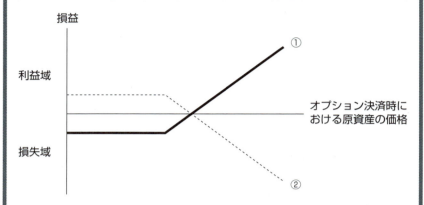

この図で示される実線①は　A　の損益を示しており、破線②は　B　の損益を示している。この図から分かるように、　A　の最大損失は　C　に限定されるが、　B　の損失は、決済時の原資産の価格によって無限になる可能性をもっている。

(設問1)
文中の空欄AとBに入る用語の組み合わせとして、最も適切なものはどれか。

ア　A：コールオプションの売り手　　B：コールオプションの買い手
イ　A：コールオプションの買い手　　B：コールオプションの売り手
ウ　A：プットオプションの売り手　　B：プットオプションの買い手
エ　A：プットオプションの買い手　　B：プットオプションの売り手

(設問2)
文中の空欄Cに入る用語として、最も適切なものはどれか。

ア　オプション契約時における原資産価格
イ　オプション決済時における原資産価格
ウ　オプションプレミアム
エ　権利行使価格

解　答　（設問1）イ　（設問2）ウ

実線①はコールオプションの買い手側の損益図であり、破線②はコール

オプションの売り手側の損益図である。コールオプションの買い手側の損失は、オプションプレミアム分だけであるのに対して、コールオプションの売り手側の損失は、決済時の原資産の価格によって無限になる可能性をもっている。

❷ ▶ 通貨オプション

通貨オプション取引とは、「外貨をある一定期日に売買する権利」を売買する取引である。通貨オプションを購入する場合には、オプションプレミアムが必要になる。たとえば、コールオプション（外貨を買う権利）を有している場合は、外貨レートが高くなれば（円安になれば）、権利行使をして権利行使価格で外貨を購入し、外貨レートが安くなれば（円高になれば）、権利行使をせずに市場の為替相場で外貨を購入する。

【輸入企業の場合の具体例】

買掛金100ドルの為替変動によるリスクを回避するため、決済日に100円/ドルで、100ドルを買うことのできる通貨オプション（コールオプション）を購入し、その対価としてオプション料500円を支払う。

→　オプション料500円は権利行使と無関係に支払う。

→　買掛金の決済に際して100ドルを調達する必要があるが、市場価格が100円/ドルを超えていても、権利行使によって、100円/ドルで100ドルを調達できる。

【輸出企業の場合の具体例】

売掛金100ドルの為替変動によるリスクを回避するため、決済日に100円/ドルで、100ドルを売り渡すことのできる通貨オプション（プットオプション）を購入し、その対価としてオプション料500円を支払う。

→　オプション料500円は権利行使と無関係に支払う。

→　売掛金が決済されると100ドルを得ることができるが、これを円に替える場合、市場価格が100円/ドルを下回っていても、権利行使によって100円/ドルで100ドルを売り渡すことができる。

設例

　ドル建て債権のある輸出業者は、為替変動リスクに備えるため、通貨オプションの利用を検討中である。この場合のリスクヘッジ手段は何か。

〔H14－15改題〕

　解答　（ドルの）プットオプションを買う
　ドル（外貨）を一定の価格で売ることができる権利を買うことで、リスクヘッジが可能となる。なお、通貨名が示されている場合は、通貨名を付すことになる。

❸▶オプションの価値

　オプションを行使する価値がある場合を**イン・ザ・マネー**といい、権利行使する価値がない場合を**アウト・オブ・ザ・マネー**という。また、原資産価格＝行使価格の場合を**アット・ザ・マネー**という。

１　コールオプション

　コールオプションの買いの場合は、満期時の原資産価格が行使価格を**上回ったとき**、権利を行使する。原資産を行使価格で手に入れ、同時に市場で売却することによって、差額利益を得ることができる。一方、満期における原資産価格が行使価格を下回った場合は、市場で手に入れたほうが安く買うことができるため、権利を行使しない（放棄する）。このときのコールオプションの価値は０円となる。これを図で表すと、図表７－５のようになる。

図表［7-5］コールオプションの価値

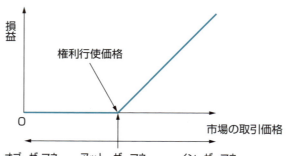

2 プットオプション

　プットオプションの買いの場合は、満期時の原資産価格が行使価格を**下回ったと**き、権利を行使する。行使価格で高く売却することによって、差額利益を得ることができる。一方、満期時の原資産価格が行使価格を上回った場合は、市場価格で売却したほうが高く売れるため、権利を行使しない（放棄する）。このときのプットオプションの価値は0円となる。これを図で表すと、図表7－6のようになる。

[7-6] プットオプションの価値

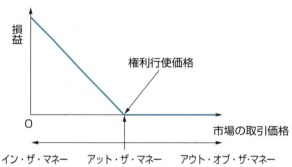

4 スワップ取引

❶▶金利スワップの意義

　金利スワップとは、同一通貨の中で異種の金利（変動金利と固定金利）を交換（スワップ）する契約である。たとえば、円同士の金利を交換する取引は円／円スワップとよばれ、変動金利と固定金利の交換が一般的である。変動金利の指標としては主にLIBOR（London InterBank Offered Rate：ロンドン銀行間取引金利）が使用される。

　金利スワップ取引の特徴は、利息の交換が行われるだけであり元本の移動は生じないことである。取引においては利息計算のための名目上の元本が設定されるだけである（名目元本または想定元本とよばれる）。また、利息の交換日には想定元本より計算された利息に対して、当事者間で差金決済が行われる。

例) A社が固定金利の支払いを行い、Z銀行から変動金利を受け取る金利スワップの契約を締結する。想定元本を1億円とし、固定金利は年利2％であり、LIBORが年利1％とする。

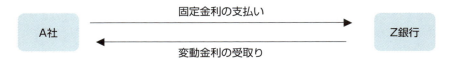

A社は、1億円×2％＝200万円の固定金利を支払い、Z銀行から1億円×1％＝100万円の変動金利を受け取る。この場合、100万円の損失となる。ただし、金利スワップ締結から1年後に、金利が上昇しLIBORが2％になれば、A社は200万円の変動金利を受け取るので、収支はゼロとなる。さらに、金利が上昇しLIBORが3％になれば、A社は300万円の変動金利を受け取るので、100万円の利益となる。

したがって、金利が上昇する場合には、固定金利の支払いをする金利スワップを締結したほうが有利となる。逆に、金利が下降する場合には、固定金利の受取りをする金利スワップを締結したほうが有利となる。

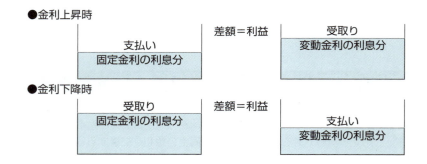

❷▶通貨スワップの意義

通貨スワップとは、異なる通貨間の債権または債務の交換契約である。金利スワップと異なり、通貨スワップでは開始時と終了時に元本交換を行う。また、元本交換を行わない金利部分のみの通貨スワップもあり、これをクーポンスワップとよぶ。

第8章

貸借対照表および
損益計算書の作成プロセス

Registered Management Consultant

第8章 貸借対照表および損益計算書の作成プロセス

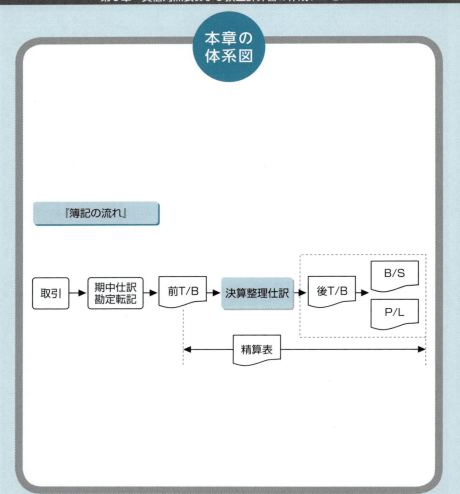

❗ 本章のポイント

◇ 取引から財務諸表の作成までの流れが理解できる。
◇ 一般的な取引と簿記上の取引との違いが理解できる。
◇ 取引に応じて仕訳ができる。
◇ 仕訳に応じて転記ができる(あるいは、転記から取引が推定できる)。
◇ 売買取引の処理ができる。
◇ 値引と割引の違いが理解できる。
◇ 決算整理(減価償却費、貸倒引当金、売上原価、経過勘定)の処理ができる。
◇ 精算表の処理ができる。

1 財務諸表の概観

　貸借対照表、損益計算書の作成方法について学習する。さまざまな企業活動のうち、会計報告に影響するものを簿記上の取引という。一般的な取引の認識とは異なり、たとえば、火災や盗難による資産の減少は簿記上の取引として認識するが、賃貸借契約のみでは簿記上の取引として認識しない。さまざまな取引を集計したものが貸借対照表および損益計算書である。

　簿記上の取引は、たとえば、売上と売掛金のように、現金などの動きとは切り離して認識されるため、貸借対照表および損益計算書のみでは企業のキャッシュ獲得能力が判断し難い。そこで、完成した貸借対照表および損益計算書等をもとにキャッシュフロー計算書を作成することになる（第9章）。これらの一連の流れを概観すると図表8－1のようになる。

図表 [8-1] **基本的な簿記一巡の手続き**

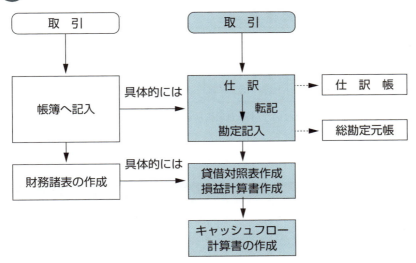

　第8章および第9章では、財務諸表の作成手順について学習する。財務諸表の意義や構造については、しっかりと復習しておくことが求められる（第2章参照）。

2 取引と仕訳

簿記上の取引と、その記録方法を学習する。

1 簿記の5要素

簿記では、財政状態や経営成績を報告するために日々の取引を帳簿へ記入するが、その取引を、財政状態を示す「資産・負債・純資産（資本）」、経営成績を示す「収益・費用」の5つの要素に分類する。この資産・負債・純資産（資本）・収益・費用を「**簿記の5要素**」という。簿記の5要素のうち、「資産・負債・純資産（資本）」は財政状態を示す要素であるから「貸借対照表」に、「収益・費用」は経営成績を示す要素であるから「損益計算書」に反映される。

 [8-2] 簿記の5要素とB/S・P/Lの関係

貸借対照表		損益計算書	
資　産	負　債	費　用	収　益
	純資産 （資本）	利　益	

※利益は「収益－費用」という計算で求められるものであり、日々記録すべき取引とは異なるものである。
※報告式の損益計算書とは形式が異なるが、基本的な内容は同一である。

2 取引の二面性

簿記上の取引は二面性を有している。たとえば、商品を仕入れた場合、「仕入」という費用が発生し、その代価として「現金」という資産が減少する（「当座預金」という資産が減少したり、「買掛金」という負債が増加するケースなども考えられる）。このように二面性を有している簿記上の取引を記録する方法が**仕訳**である。

3 仕　訳

❶▶仕訳とは

簿記では、資産・負債・純資産（資本）・収益・費用に属する科目の増減を把握するために**勘定**（account：a/c）を設定しており、その勘定の名称を**勘定科目**と

いう。仕訳とは、簿記上の取引を2つの要素に分解して、その勘定科目と金額を決定することをいう。

❷▶仕訳の手順

　仕訳は以下の手順で行う。なお、「借方」と「貸方」は簿記独特の表現であり、左側、右側を意味する。簿記の5要素の「資産（現金や建物など）」「費用（給料や支払利息など）」は借方、「負債（借入金や買掛金など）」「純資産（資本）（資本金や資本準備金など）」「収益（売上や受取利息など）」は貸方に分類される（貸借対照表と損益計算書［勘定式］を思い出そう）。また、仕訳を行ううえでも「借方」と「貸方」がある。「借方」の性質をもつ勘定科目が、「貸方」に仕訳されることもあるので、勘定科目の性質を示す場合と混乱しないように区別する必要がある。以下の例では、「借方」の性質をもつ「建物（資産）」と「現金（資産）」の増減を、仕訳上の「借方」と「貸方」に分けて記録している。

　[8-3]　**仕訳の手順**

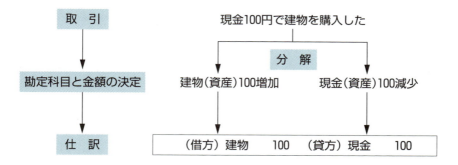

❸▶仕訳のルール

仕訳は以下のルールに沿って行われる。
- 借方（資産・費用）に属する勘定科目が増加した場合、仕訳の借方に記入する。
- 借方（資産・費用）に属する勘定科目が減少した場合、仕訳の貸方に記入する。
- 貸方（負債・純資産（資本）・収益）に属する勘定科目が増加した場合、仕訳の貸方に記入する。
- 貸方（負債・純資産（資本）・収益）に属する勘定科目が減少した場合、仕訳の借方に記入する。

図表 [8-4] 仕訳のルール

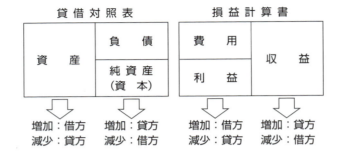

❹ ▶取引と仕訳の例示

企業で発生するいくつかの取引を仕訳してみよう。

取引例① 発起人から現金10,000円の出資を受け、会社を設立した。
仕 訳① (借方) 現　　　　金　10,000　(貸方) 資　本　金　10,000

取引例② 銀行から現金20,000円を借り入れた。
仕 訳② (借方) 現　　　　金　20,000　(貸方) 借　入　金　20,000

取引例③ 備品6,000円を現金で購入した。
仕 訳③ (借方) 備　　　　品　6,000　(貸方) 現　　　　金　6,000

取引例④ 商品18,000円を現金で仕入れた。
仕 訳④ (借方) 仕　　　　入　18,000　(貸方) 現　　　　金　18,000

取引例⑤ 商品を24,000円で売り上げ、代金は現金で受け取った。
仕 訳⑤ (借方) 現　　　　金　24,000　(貸方) 売　　　　上　24,000

取引例⑥ 借入金7,000円を現金で返済した。
仕 訳⑥ (借方) 借　入　金　7,000　(貸方) 現　　　　金　7,000

取引例⑦ 給料3,000円を現金で支払った。
仕 訳⑦ (借方) 給　　　　料　3,000　(貸方) 現　　　　金　3,000

補足

　診断士試験では三分法(第8章第6節で学習)が出題されるため、商品の購入は「仕入(費用)」、商品の販売は「売上(収益)」の勘定で処理する点に注意する。

3 転　記

仕訳された取引を集約するための方法を学習する。

1 転記とは

簿記上の取引が発生すると、記録のために仕訳が行われることになる。簿記上の取引は、企業の規模や業種などによって異なるが、相当な回数が発生することになる。そこで、仕訳を行った内容を転記によって集約する必要が生じる。たとえば、現金が出入りする取引が複数行われた場合、何度も「現金」という勘定科目が仕訳に現れることになるが、それらを現金勘定に転記（集約）する。貸借対照表には、現金の動きをすべて転記した後の最終的な残高が、預金とともに記載される。

2 転記の手順

勘定のひな形として、学習上は以下のようなＴ字型の勘定を用いることが多い。

　　　　　　　　　勘定科目(現金など)
　　　　　(摘要)　　(金額)　｜　(摘要)　　(金額)

前述の仕訳の手順に「転記」を加えると以下のようになる。

図表 [8−5] 転記の手順

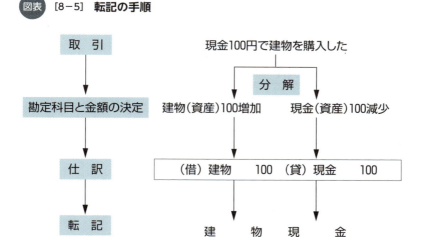

建物という勘定科目が仕訳の借方にあるので、建物勘定の借方に金額が記載されている。同様に、現金という勘定科目が仕訳の貸方にあるので、現金勘定の貸方に金額が記載されている。摘要には仕訳の際の相手勘定名が使われており、どのような仕訳（取引）が行われたのかがわかるようになっている。

簿記上の取引が認識されると簿記の５要素が変動し、仕訳、転記という流れで記録されることになる。取引が勘定に与える影響を一覧すると、図表８−６のようになる。

図表 [8-6] 勘定記入のルール

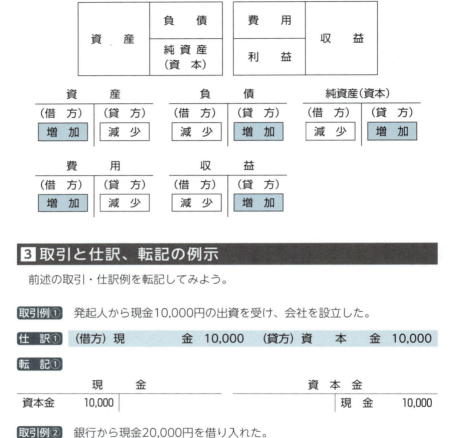

3 取引と仕訳、転記の例示

前述の取引・仕訳例を転記してみよう。

取引例① 発起人から現金10,000円の出資を受け、会社を設立した。

仕訳① （借方）現　　　　金　10,000　（貸方）資　本　金　10,000

転記①

現　　金			資　本　金		
資本金	10,000			現　金	10,000

取引例② 銀行から現金20,000円を借り入れた。

仕訳② （借方）現　　　　金　20,000　（貸方）借　　入　　金　20,000

転記②

現　　金			借　入　金		
借入金	20,000			現　金	20,000

3 転 記

取引例③ 備品6,000円を現金で購入した。

仕 訳③ （借方）備　　　　品　6,000　（貸方）現　　　　金　6,000

転 記③

備　　品		現　　金	
現 金　6,000			備　品　6,000

取引例④ 商品18,000円を現金で仕入れた。

仕 訳④ （借方）仕　　　　入　18,000　（貸方）現　　　　金　18,000

転 記④

仕　　入		現　　金	
現 金　18,000			仕　入　18,000

取引例⑤ 商品を24,000円で売り上げ、代金は現金で受け取った。

仕 訳⑤ （借方）現　　　　金　24,000　（貸方）売　　　　上　24,000

転 記⑤

現　　金		売　　上	
売 上　24,000			現　金　24,000

取引例⑥ 借入金7,000円を現金で返済した。

仕 訳⑥ （借方）借　入　金　7,000　（貸方）現　　　　金　7,000

転 記⑥

借　入　金		現　　金	
現 金　7,000			借入金　7,000

取引例⑦ 給料3,000円を現金で支払った。

仕 訳⑦ （借方）給　　　　料　3,000　（貸方）現　　　　金　3,000

転 記⑦

給　　料		現　　金	
現 金　3,000			給　料　3,000

　個別に確認しやすいように示したが、勘定転記された内容は累積していくので次のようになる。

	現　　金						借　入　金			
① 資本金	10,000	③ 備　品	6,000	⑥ 現　金	7,000	② 現　金	20,000
② 借入金	20,000	④ 仕　入	18,000				
⑤ 売　上	24,000	⑥ 借入金	7,000				
		⑦ 給　料	3,000				

	備　　品				資　本　金	
③ 現　金	6,000			① 現　金	10,000

	仕　　入				売　　上	
④ 現　金	18,000			⑤ 現　金	24,000

	給　　料	
⑦ 現　金	3,000

4 試算表

勘定残高の一覧表である「試算表」について学習する。

1 試算表（T/B）とは

取引が認識され仕訳が行われると、その内容は転記され勘定に集約されていく。たとえば現金に「出」と「入」があるように、各勘定は増加と減少を繰り返すが、累積増加総額から累積減少総額を控除すると純額を計算することができ、この額を勘定残高という。「借方」の性質をもつ勘定の場合、最終的な残高は借方残高となり、「貸方」の性質をもつ勘定の場合、最終的な残高は貸方残高となる。

```
            現        金
   合計    10,000  │ 合計      8,000
                   │ 借方残高 2,000

            借  入  金
   合計     8,000  │ 合計     10,000
   貸方残高 2,000  │
```

各勘定の残高を一覧表示したものを「残高試算表」という。残高試算表には以下に示すように複数の形式がある。

残高試算表		
20,000	現　　　　金	
5,100	備　　　　品	
	借　入　金	13,000
	資　本　金	10,000
	売　　　　上	24,000
18,000	仕　　　　入	
3,000	給　　　　料	
900	備品減価償却費	
47,000	合　　　計	47,000

残高試算表			
現　　　　金	20,000	借　入　金	13,000
備　　　　品	5,100	資　本　金	10,000
仕　　　　入	18,000	売　　　　上	24,000
給　　　　料	3,000		
備品減価償却費	900		
	47,000		47,000

※減価償却費の計算は、第6節「決算整理」で学習する。

そもそも簿記上の取引は二面性を有しており、借方と貸方はつねにバランスしながら変動するため、残高試算表の借方と貸方の合計金額は、処理上のミスがなければ必ず一致する。決算整理（後述）を反映した残高試算表を決算整理後残高試算表といい、決算整理後残高試算表に記載された勘定残高が、表示形式などの微調整を経て財務諸表に記載される。

勘定科目名	B/S、P/Lでの表示
売　上	売上高
仕　入	売上原価
現金、当座預金	現金及び預金

2 財務諸表の作成

上記の残高試算表の各勘定科目のうち、損益計算書に記載する科目は、収益が「売上」、費用が「仕入」「給料」「備品減価償却費」となっている。これらをまとめて損益計算書（勘定式）を作成すると、次のようになる。

損益計算書

売　上　原　価	18,000	売　　上　　高	24,000
給　　　　料	3,000		
備品減価償却費	900		
当　期　純　利　益	2,100		
	24,000		24,000

また、残高試算表の各勘定科目のうち貸借対照表に記載する科目は、資産が「現金」「備品」、負債が「借入金」、純資産（資本）が「資本金」となっている。これらと損益計算書で算定した「当期純利益」を「繰越利益剰余金」として貸借対照表を作成すると、次のようになる。

貸借対照表

現金及び預金	20,000	借　　入　　金	13,000
備　　　　品	5,100	資　　本　　金	10,000
		繰越利益剰余金	2,100
	25,100		25,100

補足

　帳簿上における、当期純利益を繰越利益剰余金に加算する処理は、次のようになる。

(借) 損　　　　益	21,900	(貸) 仕　　　　入	18,000
		(貸) 給　　　　料	3,000
		(貸) 備品減価償却費	900

(借) 売　　　　上	24,000	(貸) 損　　　　益	24,000

```
              損        益
仕    入    18,000 │ 売    上    24,000
給    料     3,000 │
備品減価償却費  900 │
繰越利益剰余金 2,100 │
```

損益勘定とは、帳簿を締め切るために、収益・費用の各勘定の残高をゼロにして、利益を計算し繰越利益剰余金に加算処理するための科目である。損益勘定には、損益計算書に計上される金額が表示される。

(借) 損　　　　益	2,100	(貸) 繰越利益剰余金	2,100

```
           繰越利益剰余金
                  │ 損    益    2,100
```

　なお、損益勘定は、決算整理仕訳で決算整理後の残高試算表を作成した後に、決算振替仕訳で生じる科目である。

5 期中取引

　期中に行われる取引は多種あるが、試験対策上重要となる期中取引に限定して学習する。事業年度は企業が任意に設定することができる（日本の多くの企業は、4月1日〜翌年3月31日の1年間を事業年度としている）。期中取引は、事業年度において日々認識される取引である。減価償却費の計上（後述）などは基本的に期中取引として認識されず、決算整理として一括処理される。

1 商品売買

❶▶掛けによる売買

1 意　義

　取引時に代金の受取りや支払いをしないで、相手を信用して、将来の一定期日に受取りや支払いを行う約束をして、商品の販売や仕入を行う場合がある。このことを「**掛けによる売買**」という。

　実際の取引で取引量が多くなる場合には、信用のある取引先とは現金による取引よりも掛けによる取引を行うことが一般的である。これを「**信用取引**」という。なお、仕入を行う取引先を「**仕入先**」、販売を行う取引先を「**得意先**」という。

2 売掛金・買掛金

　掛けによる商品売買を行うと、取引先との間に「商品の代金を後日受け取る権利」と「商品の代金を後日支払う義務」が生じる。この商品の代金を後日受け取る権利を「**売掛金**」といい、商品の代金を後日支払う義務を「**買掛金**」という。

 [8-7] **売掛金と買掛金**

　売掛金は代金を受け取る権利を示すので「債権」であり、「資産」に属する勘定である。また、買掛金は代金を支払う義務を示すので「債務」であり、「負債」に属する勘定である。

　なお、売掛金は商品を売り上げたことによる債権のため「**売上債権**」、買掛金は商品を仕入れたことによる債務のため「**仕入債務**（または買入債務）」とよばれる。

【勘定記入】

> **ワンポイント アドバイス**
>
> 売掛金は資産、買掛金は負債である。勘定転記に際して、資産の増加は勘定の借方、負債の増加は勘定の貸方に記載される点に注意しよう。

3 具体的処理

❶ 掛仕入時

商品を掛けで仕入れたときは、商品の代金を後日支払う義務が生じるため、負債が増加する。そこで、「**買掛金の増加**」として処理する。

取引例　掛仕入

仕入先から商品500円を掛けで仕入れた。

仕訳　（借方）仕　　　　入　　500　（貸方）買　　掛　　金　　500

❷ 買掛金支払時（決済時）

後日、買掛金を決済したときは、負債が減少するため、「**買掛金の減少**」として処理する。

取引例　買掛金の支払い

仕入先へ買掛金のうち300円を現金で支払った。

仕訳　（借方）買　　掛　　金　　300　（貸方）現　　　　金　　300

❸ 掛売上時

商品を掛けで売り上げたときは、商品の代金を後日受け取る権利が生じるので、資産が増加する。そこで、「**売掛金の増加**」として処理する。

取引例　掛売上

商品を得意先へ700円で掛売上した。

仕訳　（借方）売　　掛　　金　　700　（貸方）売　　　　上　　700

❹ 売掛金回収時（決済時）

後日、売掛金を回収したときは、資産が減少するので、「**売掛金の減少**」として処理する。

取引例　売掛金の回収
　得意先から売掛金のうち400円を現金で受け取った。

仕 訳　（借方）現　　　　金　　400　（貸方）売　掛　金　　400

❺ 勘定記入

❷▶仕入諸掛

1 意　義

商品の仕入時や販売時には商品を移動させるため、さまざまな費用がかかる。これらの費用を「**諸掛り**」という。諸掛りにはたとえば、運賃、荷役費、運送保険料、購入手数料、関税などといったものがある。

なお、商品の仕入時にかかった諸掛りを「**仕入諸掛**（または、**付随費用**）」という。

　[8-8]　仕入諸掛

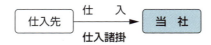

2 付随費用がある場合の取得原価

取得原価とは、その資産の取得に要した金額をいい、購入代価に購入手数料などの付随費用（仕入諸掛）を加えて求める。なお、購入代価（送状価額）とは、仕入先に支払う金額であり、請求書に記載されている金額をいう。

取得原価 ＝ 購入代価 ＋ 付随費用

3 会計処理（当社が負担するケース）

仕入時に生じる仕入諸掛は商品を仕入れるために生じた付随費用なので、商品の仕入原価（取得原価）として処理する。したがって、商品の購入代価と同様に「**仕入**」勘定を用いて処理する。

4 具体的処理

取引例 仕入諸掛

仕入先から商品500円を掛けで仕入れた。なお、引取費用として50円を現金で支払った。

仕 訳

（借方）仕	入※	550	（貸方）買	掛	金	500
			現		金	50

※購入代価500＋仕入諸掛50＝550

❸▶前渡金・前受金 ....

1 意 義

商品売買契約を締結し、代金の一部を内金や手付金として受け取ったり、支払ったりする場合がある。このような代金の前払いを「**前渡金**（または、**前払金**）」といい、代金の前受けを「**前受金**」という。

2 会計処理

商品の引渡しを受ける前に仕入代金の一部を内金や手付金として支払ったときは、後日、商品を受け取る権利が生じるので、「**前渡金**（または、**前払金**）」勘定（資産）で処理する。

商品を引き渡す前に売上代金の一部を内金や手付金として受け取ったときは、後日、商品を引き渡す義務が生じるので、「**前受金**」勘定（負債）で処理する。

3 具体的処理

取引例 前渡金の支払い

Ａ社はＢ社に商品を注文し、内金として200円を支払った（当座預金勘定で処理）。

（借方）前	渡	金	200	（貸方）当	座	預	金	200

取引例 前渡金がある場合の仕入

Ａ社はＢ社から商品500円を仕入れ、代金のうち200円は注文時に支払った内金と相殺し、残額は掛けとした。

（借方）仕	入	500	（貸方）前	渡	金	200
			買	掛	金	300

取引例 前受金の受取り

Ｂ社はＡ社から商品の注文を受け、内金として200円を受け取った（現金勘定で処理）。

（借方）現	金	200	（貸方）前	受	金	200

235

取引例　前受金がある場合の売上
　B社はA社に商品500円を売り上げ、代金のうち200円は注文時に受け取った内金と相殺し、残額は掛けとした。

（借方）	前　受　金	200	（貸方）	売　　　上	500
	売　掛　金	300			

> **ワンポイント アドバイス**
>
> 　収益（売上）、費用（仕入）の認識タイミングに注意しよう。内金を支払った（受け取った）タイミングでは、前渡金（前受金）が計上されるが、仕入（売上）は計上されない。つまり、費用（収益）は計上されない。実際に商品を仕入れ（売上）たタイミングで、費用（収益）として仕入（売上）が計上され、内金を支払った（受け取った）タイミングで計上済みの前渡金（前受金）が仕訳処理上で相殺される。

❹ 返品・値引

1 返品

❶ 意義

　返品とは、商品の品違い、品質不良、傷、汚れ、破損などの理由によって、商品自体を送り返すことをいう。なお、仕入れた商品を送り返すことを「**仕入戻し**」といい、売り上げた商品が送り返されることを「**売上戻り**」という。

図表 [8-9] 仕入戻しと売上戻り

❷ 会計処理

　返品が行われた場合には、仕入や売上がなかったことと同じであるため、仕入取引や売上取引を取り消す処理を行う。したがって、仕入時や売上時の処理の貸借反対の仕訳（逆仕訳）を行い、「仕入」勘定または「売上」勘定を減額する処理を行う。なお、特に指示がない場合には、掛取引が前提となっているので、「買掛金」勘定または「売掛金」勘定を減額する処理を行う。

❸ 具体的処理

取引例　仕入戻し
　仕入先から掛仕入した商品500円を品違いのため返品した。

i 仕入時

（借方）仕　　　　　入	500	（貸方）買　掛　金	500

ii 返品時

（借方）買　掛　金	500	（貸方）仕　　　　　入	500

取引例 売上戻り

得意先へ700円で掛売上した商品が品違いのため返品された。

i 売上時

（借方）売　掛　金	700	（貸方）売　　　　　上	700

ii 返品時

（借方）売　　　　　上	700	（貸方）売　掛　金	700

2 値 引
❶ 意 義

値引とは、商品の量目不足、品質不良、傷、汚れ、破損などの理由によって、商品の代価を控除することをいう。仕入れた商品の代価を安くしてもらうことを「**仕入値引**」といい、販売した商品の代価を安くすることを「**売上値引**」という。なお、値引は返品と違って商品自体は移動しない。

❷ 会計処理

値引が行われた場合、当初の仕入価額や販売価額より安く仕入や売上を行ったことと同じであるため、「仕入」勘定または「売上」勘定を減額する処理を行う。なお、特に指示がない場合には、掛取引が前提となっているので、「買掛金」勘定または「売掛金」勘定を減額する処理を行う。

❸ 具体的処理

取引例 仕入値引

仕入先から掛仕入した商品500円について汚損のため50円の値引を受けた。

i 仕入時

（借方）仕　　　　　入	500	（貸方）買　掛　金	500

ii 値引時

（借方）買　掛　金	50	（貸方）仕　　　　　入	50

取引例 売上値引

得意先へ700円で掛売上した商品について汚損のため70円の値引を行った。

ⅰ 売上時

　　（借方）売　掛　金　　700　　（貸方）売　　　　上　　700

ⅱ 値引時

　　（借方）売　　　　上　　 70　　（貸方）売　掛　金　　 70

❸ 返品・値引の売上勘定と仕入勘定への記入
【勘定記入】

> **ワンポイント アドバイス**
>
> 仕入は費用、売上は収益である。勘定転記に際して、費用の増加は勘定の借方、収益の増加は勘定の貸方に記載される点に注意しよう。

❹ 返品・値引がある場合の取得原価
返品・値引がある場合、取得原価は購入代価に購入手数料などの付随費用を加えた金額から返品・値引額を控除して求める。

　　取得原価 ＝ 購入代価 ＋ 付随費用 － 返品・値引

❺ 損益計算書表示
損益計算書には返品・値引額を控除した後の純売上の金額で「**売上高**」に計上し、純仕入の金額で「**売上原価**」を計算する（決算整理については後述する）。

❺ ▶ 現金割引

❶ 意　義
掛販売の場合、通常、現金販売に比べて決済期日までの金利分だけ販売価格が高くなっている。そこで、代金の決済期日前に掛代金の決済が行われた場合に、実際の支払日から決済期日までの金利相当額を差し引くことがある。このことを「**現金割引**」という。

したがって、現金割引は利息に相当する性質をもつので、営業外損益として処理する。

2 会計処理
❶ 仕入割引

買掛金の決済を支払期日より早く行ったことにより、仕入先から掛代金を一部免除された場合には「**仕入割引**」勘定（収益）で処理し、損益計算書上「**営業外収益**」に計上する。なお、仕入割引は「仕入」という文字がつくが、費用項目（借方）ではなく、収益項目（貸方）である。

❷ 売上割引

売掛金の決済を支払期日より早く行った得意先に対して、掛代金を一部免除した場合には「**売上割引**」勘定（費用）で処理し、損益計算書上「**営業外費用**」に計上する。なお、売上割引は「売上」という文字がつくが、収益項目（貸方）ではなく、費用項目（借方）である。

（整　理）

仕入割引　　──→　　当社の支払額が減額される　　──→　　営業外収益に計上

売上割引　　──→　　当社の受取額を減額する　　　──→　　営業外費用に計上

---

3 具体的処理

取引例　現金割引

A社はB社に対する買掛金10,000円の早期決済につき2%の割引を受け、残額は小切手を振り出して支払った。

i　A　社
決済される買掛金の金額と支払額との差額を「**仕入割引**」として処理する。

（借方）買　掛　金 10,000	（貸方）当 座 預 金 9,800
	仕 入 割 引※ 200

※10,000×2%＝200

ii　B　社
決済される売掛金の金額と受取額との差額を「**売上割引**」として処理する。

（借方）現　　　金 9,800	（貸方）売　掛　金 10,000
売 上 割 引※ 200	

設 例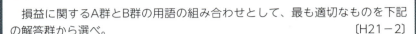

損益に関するA群とB群の用語の組み合わせとして、最も適切なものを下記の解答群から選べ。　〔H21-2〕

【A群】
①　売上値引
②　売上割引
③　売上割戻

【B群】
a　総売上高の控除項目
b　販売費
c　営業外費用

〔解答群〕
ア　①とb　　イ　②とa　　ウ　②とc　　エ　③とb

解 答　ウ

　売上値引は、販売後に商品の不良や量目不足が判明した場合に、掛代金を安くすることをいう。売上戻りは、販売後に商品が返品されることをいう。売上割戻は、一定期間内に一定金額又は一定数量を超えて購入した取引先への報奨金のことをいう。簿記上はいくつかの処理方法があるが、これらは最終的に<u>総売上高の控除項目となる（売上を減額するということ）。以上から、A群①と③は、B群aと組み合わされるのが正しいということになる。しかし、与えられた選択肢の中でA群①または③を含むアとエは、これを満たさない。</u>

　売上割引は、当初の予定より売上債権が早期に決済された場合に、掛代金を減額することをいう。売上割引は利息の性質があることから、総売上高の控除項目とはせず、独立の科目として営業外費用に計上する。つまり、<u>問題文A群の②は、B群のcと組み合わされるのが正しいということになる。</u>

ワンポイント アドバイス

　返品、値引、割引は、売上総利益の計算に関連して問われやすい。総売上高、総仕入高から、返品、値引を控除したものが、純売上高、純仕入高である。「売上総利益＝純売上高－（期首棚卸＋純仕入高－期末棚卸）」で

あり、総売上高1,000、売上値引20などといった形式でデータが与えられても、しっかり整理して計算できるようにしておこう。仕入割引、売上割引がデータで与えられることもあるが、これらの現金割引は営業外の損益であり、売上総利益には影響しないので惑わされないように注意が必要である。

2 貸倒れ

❶▶貸倒れとは

売上債権や貸付金が、相手先の倒産などにより回収不能になることを**貸倒れ**といい、貸倒れが発生した場合には当該債権を減額することになる。貸倒れの発生による損失は費用処理されることになるが、費用処理の方法は債権の発生時期により異なる。

❷▶会計処理

■ 前期以前発生債権の当期貸倒れ（貸倒引当金を設定している場合）

前期以前に発生した売上債権については、前期の決算整理において貸倒引当金が設定されている。そこで、当期に実際に貸倒れが生じた場合には、「売上債権を減額」するとともに「貸倒引当金」勘定を取り崩す処理を行う（貸倒引当金の設定については、第6節「決算整理」で説明する）。

図表 [8-10] 前期以前発生債権の当期貸倒れ

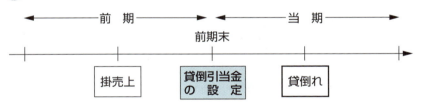

■ 当期発生債権の当期貸倒れ（貸倒引当金を設定していない場合）

当期の売上によって当期に発生した売上債権については貸倒引当金が設定されていない。そこで、当期に貸倒れが生じた場合には、「売上債権を減額」するとともに「**貸倒損失**」勘定（費用）を用いて処理を行う。

図表 [8-11] 当期発生債権の当期貸倒れ

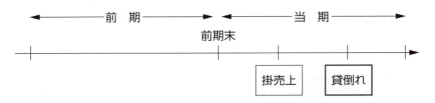

> **ワンポイント アドバイス**
>
> 詳しくは第6節で学習するが、貸倒引当金は決算整理のタイミングで計上されるものである。決算整理（年度末）時点で存在する債権について、以降に発生するであろう回収不能額を見積もり、前もって費用処理する際に計上される。つまり、決算整理時点で存在する債権（前期以前発生債権）については貸倒引当金が設定されるが、決算整理以降に発生した債権（当期発生債権）については貸倒引当金が設定されていないため、処理方法が異なるのである。

❸ 具体的処理

取引例 前期以前発生債権の当期貸倒れ
前期に計上した売掛金100円が貸し倒れた。なお、貸倒引当金勘定残高は150円であった。

　　　　　（借方）貸 倒 引 当 金　　100　　（貸方）売　　掛　　金　　100

取引例 当期発生債権の当期貸倒れ
当期に計上した売掛金100円が貸し倒れた。

　　　　　（借方）貸 倒 損 失　　　100　　（貸方）売　　掛　　金　　100

6 決算整理

事業年度末に行われる「決算整理」について学習する。

1 決算整理とは

期中仕訳の修正や、期中取引としては認識されない取引に関する処理などを年度末に行うのが「決算整理」である。たとえば、現金勘定残高と実際現金残高に差がある場合に、その差額を雑損益として処理することや、未払いとなっている給与の費用計上などが考えられる。なお、詳しくは第5項「経過勘定」で学習するが、ここでいう「未払い」とは、支払うべき時期に支払いを終えていないという意味ではなく、支払うべき時期となっていないので支払っていないが、理論上の費用はすでに発生していることをいう。たとえば、「未払給与」の意味は給料遅配ではなく、支払日は次期だが、当期に従業員が労働を行っているという意味である。

2 減価償却

❶▶減価償却

1 減価償却の意義

固定資産はそれを企業活動で使用することで収益獲得に貢献する。また、土地以外の固定資産は使用することや時の経過によって老朽化し、しだいにその価値が減少する。そこで、決算において、土地以外の固定資産の取得原価をその使用する各期間に「費用」として計上し、固定資産の価値を減少させていく必要がある。この手続きを「**減価償却**」といい、減価償却によって生じる費用を「**減価償却費**」という。

```
固定資産使用の二面性

固定資産の使用 ──┬──→ ①  収益を獲得するための犠牲（費用の増加）
                 └──→ ②  固定資産の価値の減少（資産の減少）
```

2 減価償却費の計算方法
❶ 減価償却の3要素

減価償却費を計算するには、①**取得原価**、②**耐用年数**および③**残存価額**の3つの要素が必要である。

① 取得原価 … 固定資産の取得に要した金額
② 耐用年数 … 固定資産の使用可能年数

③ 残存価額 … 耐用年数到来時における見積処分価額または見積利用価額

❷ 減価償却方法

固定資産の価値の減少は客観的に把握することが困難なため、一定の仮定に基づいて価値の減少を把握し減価償却を行う。減価償却方法にはさまざまな方法があるが、ここでは「**定額法**」および「**定率法**」について学習する。

`H30 2` ## ❷▶償却方法 ··

◤ 定額法
❶ 意 義

定額法とは、固定資産の耐用年数中、毎期均等額の減価償却費を計上する方法である。したがって、定額法では1年当たりの減価償却費は同じになる。固定資産の耐用年数が到来したときには、残存価額だけ固定資産の価値が残っているが、残存価額分は減価償却しない。

❷ 計算式

$$1年当たりの減価償却費 = \frac{取得原価 - 残存価額}{耐用年数}$$

設 例

定額法（期首取得）

当期首に備品10,000円を購入した。そこで、当該備品について耐用年数5年、残存価額ゼロ、定額法によった場合の減価償却費を計算せよ。

解 答　**2,000（円）**

$$備品減価償却費 = \frac{取得原価10,000 - 残存価額0}{耐用年数5年}$$

$$= 2,000（円）$$

◤ 定率法
❶ 意 義

定率法とは、固定資産の帳簿価額（取得原価 − 減価償却累計額）に毎期一定の償却率を乗じて、減価償却費を計算する方法である。したがって、期間が経過するにともない、毎期の償却額は逓減する。なお、定率法の計算は、「定率法（狭義）」と「200%定率法」に区別される。

❷ **計算式**

「定率法（狭義）」も「200％定率法」も基本的な計算は同じである。

> １年当たりの減価償却費 ＝（取得原価－期首減価償却累計額）× 年償却率

補足　200％定率法の償却率

200％定率法では、「定額法の償却率を２倍した率」をその償却率として使用する。たとえば、耐用年数を５年とした場合、200％定率法の償却率は以下のように求める。
　定額法の償却率：１÷５年＝0.2
　200％定率法の償却率：0.2×２＝0.4

設例

定率法（期首取得）
　x1年度期首に備品40,000円を購入した。そこで、当該備品について定率法（耐用年数８年、残存価額ゼロ、年償却率0.25）によった場合の(1)x1年度、(2)x2年度および(3)x3年度の減価償却費を計算せよ。

解答

(1) x1年度
取得原価40,000×年償却率0.25＝<u>10,000（円）</u>[※1]

(2) x2年度
簿価（取得原価40,000－減価償却累計額10,000[※1]）×年償却率0.25
＝<u>7,500（円）</u>[※2]

(3) x3年度
簿価｛取得原価40,000－減価償却累計額（10,000[※1]＋7,500[※2]）｝×年償却率0.25＝<u>5,625（円）</u>[※3]

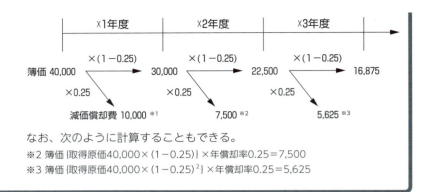

なお、次のように計算することもできる。
※2 簿価{取得原価40,000×(1−0.25)}×年償却率0.25＝7,500
※3 簿価{取得原価40,000×(1−0.25)^2}×年償却率0.25＝5,625

❸▶期中取得

　固定資産を期中で取得した場合、1年間使用しているわけではないので、1年間分の減価償却費を計上することはできない。その場合、使用期間に相当する減価償却費を**月割計算**して計上する。なお、通常は1か月未満の場合でも1か月とみなして月割計算を行う。
　また、減価償却は購入時からではなく、使用（供用）時から月割計算を行う。ただし、問題文に使用開始月が与えられていない場合には、購入時から使用していると考えて、購入時から月割計算する。

$$\text{減価償却費} = 1\text{年当たりの減価償却費} \times \frac{\text{使用開始月から決算月までの月数}}{12\text{か月}}$$

設例

期中取得（定額法）
　第1期の6月16日に備品12,000円（定額法、耐用年数5年、残存価額ゼロ）を購入した。当社の決算日は12月31日である。(1)第1期と(2)第2期の減価償却費を計算せよ。

解答

(1) 第1期
　　(取得原価12,000−残存価額0)÷5年×$\frac{7\text{か月}（6\text{月}〜12\text{月}）}{12\text{か月}}$＝1,400円

(2) 第2期
　　12,000÷5年＝2,400円

設例

期中取得（定率法）

第1期の6月30日に備品10,000円（定率法、耐用年数5年、残存価額ゼロ、年償却率0.40）を購入し、翌日より営業の用に供している。なお、当社の決算日は12月31日である。第1期と第2期の減価償却費を計算せよ。

解答

(1) 第1期

取得原価10,000 × 年償却率0.40 × $\dfrac{6か月（7月〜12月）}{12か月}$ = 2,000円

(2) 第2期

簿価（取得原価10,000 − 減価償却累計額2,000）× 年償却率0.40
= 3,200円

設例

期中売却

平成x4年9月30日、建物を32,000万円で売却した。この建物は、平成x2年4月1日に60,000万円で取得し、耐用年数5年、残存価額ゼロ、定額法により償却してきたものである。当期はx4年度（平成x4年4月1日〜平成x5年3月31日）であり、決算日は3月31日（年1回）で、減価償却は月割計算している。このとき、建物の売却損益の額を計算せよ（単位：万円）。

解答　売却益2,000（万円）

毎年の減価償却費は60,000万円 ÷ 5年 = 12,000万円である。使用期間は2.5年（平成x2年4月1日から平成x4年9月30日）である。

当期首までの減価償却累計額 = 12,000万円 × 2年 = 24,000万円

期首から売却月までの減価償却費 = 12,000万円 × $\dfrac{6}{12}$月 = 6,000万円

したがって、売却時簿価 = 取得価額60,000万円 − 期首減価償却累計額24,000万円 − 減価償却費6,000万円 = 30,000万円である。売却価額が32,000万円であるから、売却益が2,000万円となる。

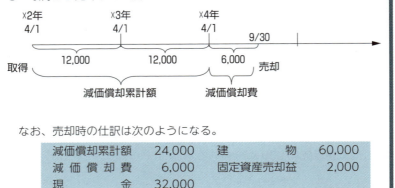

なお、売却時の仕訳は次のようになる。

減価償却累計額	24,000	建　　　　　物	60,000
減　価　償　却　費	6,000	固定資産売却益	2,000
現　　　　金	32,000		

❹▶会計処理および記帳・表示方法

1 記帳方法
減価償却の記帳方法には、**直接法**と**間接法**の2つがある。

❶ 意　義
1）直接法（直接控除法）

直接法とは、毎期の減価償却費を固定資産の価額から直接控除する方法である。

したがって、直接法によると、決算整理において借方に「減価償却費」勘定（費用）を計上し、貸方に当該固定資産の勘定（資産）を計上して、直接減額する。

　　（借方）減　価　償　却　費　×××　　（貸方）固　定　資　産　×××

2）間接法（間接控除法）

間接法とは、減価償却費を固定資産の価額から直接控除しないで、「減価償却累計額」という評価勘定の貸方に記入する方法である。なお、評価勘定とは、資産の実質的な価値を算定するために、当該資産から間接的に控除される勘定をいう。

したがって、間接法によると、決算整理において借方に「減価償却費」勘定（費用）を計上し、貸方に「減価償却累計額」勘定を計上する。

　　（借方）減　価　償　却　費　×××　　（貸方）減価償却累計額　×××

6 決算整理

❷ 具体的処理

取引例 減価償却の記帳方法

期首に建物20,000円を現金で購入した。決算にあたり、減価償却費1,800円を計上する。直接法と間接法により決算整理をするとともに決算整理後残高試算表を作成せよ。

ⅰ　期中取引

（借方）建　　　　物　20,000　　（貸方）現　　　　金　20,000

ⅱ　決算整理前残高試算表（一部）

決算整理前残高試算表

建　　　物　20,000	

1）直接法

ⅲ　決算整理

（借方）建物減価償却費　1,800　　（貸方）建　　　　物　1,800

ⅳ　決算整理後残高試算表（一部）

決算整理後残高試算表

建　　　物　18,200※	
建物減価償却費　1,800	

※帳簿価額（簿価）で示される。

※直接法の場合、帳簿上の固定資産の金額が毎期の減価償却費を控除した後の金額として示されるために、当該固定資産の取得原価（投資規模）が判明しない。

2）間接法

ⅲ　決算整理

（借方）建物減価償却費　1,800　　（貸方）建物減価償却累計額　1,800

ⅳ　決算整理後残高試算表（一部）

決算整理後残高試算表

建　　　物　20,000※1	建物減価償却累計額　1,800※2
建物減価償却費　1,800	

※1 取得原価で示される。
※2 減価償却費の累積である減価償却累計額で示される。

249

※間接法の場合、固定資産勘定には取得原価の金額が示され、減価償却費の累計は「減価償却累計額」勘定で示される。したがって、間接法では、固定資産の取得原価、減価償却累計額およびその差額である帳簿価額も知ることができる。

❷ 減価償却累計額の貸借対照表表示
❶ 表示方法
　減価償却累計額は、固定資産を間接的に控除するための評価勘定であり、固定資産の取得原価から減価償却累計額を差し引いたものが実質的な価値（帳簿価額）を表す。貸借対照表に固定資産の取得原価が判明するように、原則として、各科目別に取得原価から減価償却累計額を間接的に控除する形式（間接控除形式）で表示する。

❷ 表示例
1）科目別控除方式（原則）

貸 借 対 照 表(一部)

建　　　　物	20,000		
減価償却累計額	1,800	18,200	
備　　　　品	10,000		
減価償却累計額	2,000	8,000	

2）一括控除形式

貸 借 対 照 表(一部)

建　　　　物	20,000		
備　　　　品	10,000		
減価償却累計額	3,800	26,200	

3）直接控除注記形式
i　科目別に注記する場合

貸 借 対 照 表(一部)

建　　　　物	18,200	
備　　　　品	8,000	

（注）建物の減価償却累計額 1,800
　　　備品の減価償却累計額 2,000

ii 一括して注記する場合

貸借対照表(一部)

| 建　　物 | 18,200 |
| 備　　品 | 8,000 |

（注）有形固定資産の減価償却累計額 3,800

> **参考**
>
> **平成19年度 税制改正と残存価額**
>
> 　平成19年3月30日に公布された所得税法等の一部を改正する法律（平成19年法律第6号）等により、法人の減価償却制度に関する規定が改正された。これらの規定は、原則として、平成19年4月1日以後に取得された減価償却資産（土地を除く固定資産と考えてよい）から適用されている。
>
> 　改正によって、平成19年4月1日以後に取得された減価償却資産は、耐用年数経過時点に「残存簿価1円」まで償却できるようになった（備忘のため価値を1円として計上するが、実質は残存価額0である）。
>
> 　したがって、試験問題では残存価額ゼロの設定での出題が想定されるが、仮に残存価額がゼロ以外だった場合には、取得価額から残存価額を控除し忘れないように留意する。
>
> 　たとえば、当期首に有形固定資産10,000円（耐用年数5年、残存価額10％）を購入した場合の定額法による減価償却費は1,800円
>
> $\left(\dfrac{\text{取得原価}10,000-\text{残存価額}1,000（\text{取得原価}10,000\times0.1）}{\text{耐用年数}5\text{年}}\right)$ である。なお、「残存価額10％」とは「残存価額は取得原価の10％」という意味である。

3 貸倒引当金

貸倒引当金は、決算整理時点で有している債権について、将来的に貸倒れが生じる可能性が高く、その金額を合理的に計算できる場合に設定される。期中に貸倒れが発生したときの会計処理を確認すると、

　　当期発生債権の当期貸倒れ　（借）貸倒損失　×××　（貸）売掛金　×××
　　前期発生債権の当期貸倒れ　（借）貸倒引当金　×××　（貸）売掛金　×××

である。貸倒損失は「費用」、貸倒引当金は「資産の評価性控除項目」であるから、「当期発生債権の当期貸倒れ」の場合には、その時点で費用認識がなされ、「前期発生債権の当期貸倒れ」の場合には、その時点で費用認識がないことがわかる。「前期発生債権の当期貸倒れ」については、前期末時点に、その期の収益と費用を理論的に対応させるために、貸倒れの発生を見積もり、すでに費用計上しているためである。この費用を「貸倒引当金繰入額」といい、相手勘定になるのが貸倒引当金で

ある。なお、前期発生債権の当期貸倒れの場合であっても、想定以上の貸倒れが発生し、貸倒引当金残高が不足する場合には「貸倒損失」として処理する。

図表 [8-12] 貸倒引当金

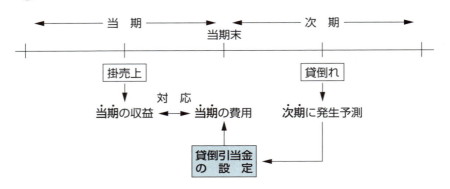

❶▶貸倒引当金の設定

1 会計処理
決算整理において、次期における貸倒れの見積りを行う。

❶ 使用する勘定科目
この見積高は「**貸倒引当金繰入額**」勘定（費用）で処理する。一方、貸倒れによって減少すると予想される売掛金に対しては、いまだ現実に貸倒れが発生したわけではないので、売掛金を直接に減額する代わりに「**貸倒引当金**」勘定（債権の控除額を示す「評価勘定」）という売掛金のマイナスを示す勘定で処理する。なお、評価勘定とは、資産の実質的な価値を算定するために当該資産から間接的に控除される勘定をいう。

（借方）貸倒引当金繰入額　×××　　（貸方）貸 倒 引 当 金　×××

❷ 設定対象
売掛金や受取手形といった売上債権や貸付金の期末残高が設定対象となる。なお、試験対策上は、主に売上債権が設定対象となる。

❸ 見積高の計算
貸倒引当金はいまだ生じていない次期の貸倒れに備えるものであるので、決算において正確な金額の算定は不可能である。そこで、過去の経験値（実績値）に基づいて見積計算を行う。通常は問題文に設定率（2％、3％など）が与えられるので、それを用いて計算する。

6 決算整理

取引例 貸倒引当金の設定

売掛金の期末残高に対して、貸倒引当金を2％に設定する。

決算整理前残高試算表

売　掛　金	10,000	

① 決算整理仕訳

（借方）貸倒引当金繰入額	200	（貸方）貸倒引当金※	200

※売掛金期末残高10,000×2％＝200

② 決算整理後残高試算表

決算整理後残高試算表

売　掛　金	10,000	貸倒引当金	200
貸倒引当金繰入額	200		

2 設定方法

貸倒引当金の設定方法には、**洗替法**と**差額補充法**の2つがある。

❶ 洗替法

洗替法とは、まず、①決算整理前の貸倒引当金（前期設定）残高を全額収益に戻し入れて、次に、②新たに貸倒見積高（要設定額）を全額費用計上する方法である。

① 決算整理前の貸倒引当金残高の戻入れ

（借方）貸倒引当金※1	×××	（貸方）貸倒引当金戻入益	×××

※1 決算整理前の貸倒引当金残高

② 貸倒見積高の計上

（借方）貸倒引当金繰入額	×××	（貸方）貸倒引当金※2	×××

※2 貸倒見積高（要設定額）

❷ 差額補充法

差額補充法とは、貸倒見積高と決算整理前の貸倒引当金（前期設定）残高との差額を計上する方法である。つまり、貸倒引当金の金額が貸倒見積高（要設定額）になるように、差額だけ調整する方法である。なお、差額補充法には以下の3つのケースがある。また、差額補充法では貸倒引当金繰入額と貸倒引当金戻入益が同時に計上されることはない。

1）貸倒見積高 ＞ 決算整理前の貸倒引当金残高

この場合、差額の不足分だけ追加計上する。

（借方）貸倒引当金繰入額　×××　（貸方）貸 倒 引 当 金※1 ×××

※1 貸倒見積高－決算整理前の貸倒引当金残高

2）貸倒見積高 ＜ 決算整理前の貸倒引当金残高

この場合、差額の超過分だけ戻し入れる。

（借方）貸 倒 引 当 金※2 ×××　　（貸方）貸倒引当金戻入益　×××

※2 決算整理前の貸倒引当金残高－貸倒見積高

3）貸倒見積高 ＝ 決算整理前の貸倒引当金残高

仕 訳 な し

❸　具体的処理

取引例　洗替法と差額補充法

売掛金の期末残高に対して、貸倒引当金を2％に設定する。

決算整理前残高試算表

売 掛 金	10,000	貸 倒 引 当 金	150

1）洗替法

i　決算整理仕訳

　　洗替法の場合、まず、決算整理前の貸倒引当金残高を全額収益に戻し入れるので、「**貸倒引当金の減少**」および「**貸倒引当金戻入益（収益）の増加**」として処理する。次に、貸倒引当金の貸倒見積高（要設定額）を全額繰り入れるので、「**貸倒引当金の増加**」および「**貸倒引当金繰入額（費用）の増加**」として処理する。

（借方）貸 倒 引 当 金　　150　（貸方）貸倒引当金戻入益　　150
（借方）貸倒引当金繰入額　200　（貸方）貸 倒 引 当 金※　200

※売掛金期末残高10,000×2％＝200

ii　決算整理後残高試算表

決算整理後残高試算表

売 掛 金	10,000	貸 倒 引 当 金	200
貸倒引当金繰入額	200	貸倒引当金戻入益	150

6　決算整理

2）差額補充法

i　決算整理仕訳

　　差額補充法の場合、貸倒見積高（要設定額）になるように決算整理前の貸倒
引当金残高に加減算して調整する。したがって、決算整理前の貸倒引当金残高
150円を要設定額 200円にするために50円だけ繰り入れるので、「**貸倒引当
金の増加**」および「**貸倒引当金繰入額の増加**」として処理する。

（借方）貸倒引当金繰入額	50	（貸方）貸 倒 引 当 金※	50

※売掛金期末残高10,000×2％－決算整理前の貸倒引当金残高150＝50

ii　決算整理後残高試算表

決算整理後残高試算表

売　　掛　　金	10,000	貸 倒 引 当 金	200
貸倒引当金繰入額	50		

3）まとめ

	洗　　替　　法		差 額 補 充 法	
前T/B	決算整理前残高試算表			
	売　　掛　　金　10,000		貸 倒 引 当 金　150	
決算整理	貸倒引当金　150 貸倒引当金繰入額　200	貸倒引当金戻入益　150 貸倒引当金　200	貸倒引当金繰入額　50	貸倒引当金　50
後T/B	決算整理後残高試算表		決算整理後残高試算表	
	売掛金　10,000 貸倒引当金繰入額　200	貸倒引当金　200 貸倒引当金戻入益　150	売掛金　10,000 貸倒引当金繰入額　50	貸倒引当金　200

3 損益計算書表示

　売上債権に対する「**貸倒引当金繰入額**」は商品売買という営業活動から生じた費
用なので「**販売費及び一般管理費**」に計上する（売上債権以外に対するものは営業
外費用や特別損失に計上される場合もある）。また、「**貸倒引当金戻入益**」は前期末
に設定した貸倒引当金の見積りが誤っていたために計上される収益であり、「**営業
外収益**」に計上する。

4 貸借対照表表示

❶　表示方法

　貸倒引当金は売上債権等の価値のマイナスを意味する勘定である。したがって、
売上債権の名目額（額面）から貸倒引当金を控除した金額が、その売上債権の実質
的な価値となる。そこで、原則として貸倒引当金は当該債権から控除する形式で表

示する。これを「**間接控除形式**」という。

❷ **表示例**

1）科目別控除形式（原則）

貸 借 対 照 表（一部）

受 取 手 形	10,000	
貸 倒 引 当 金	200	9,800
売 掛 金	20,000	
貸 倒 引 当 金	400	19,600

2）一括控除形式

貸 借 対 照 表（一部）

受 取 手 形	10,000	
売 掛 金	20,000	
貸 倒 引 当 金	600	29,400

3）直接控除注記形式

ⅰ 各科目別に注記する場合

貸 借 対 照 表（一部）

受 取 手 形	9,800
売 掛 金	19,600

（注）受取手形に対する貸倒引当金 200
　　　売掛金に対する貸倒引当金　 400

ⅱ 一括して注記する場合

貸 借 対 照 表（一部）

受 取 手 形	9,800
売 掛 金	19,600

（注）売上債権に対する貸倒引当金 600

6 決算整理

補足　引当金の種別

R3 5

引当金は、その性質の違いから評価性引当金と負債性引当金に分けられ、負債性引当金はさらに、債務性の観点から債務たる引当金と債務でない引当金とに細分類される。

```
引当金 ─┬─ 評価性引当金 ─────────── 貸倒引当金
        └─ 負債性引当金 ─┬─ 債務たる引当金 ─── 賞与引当金など
                        └─ 債務でない引当金 ── 修繕引当金など
```

● 企業会計原則（注解18）

　将来の特定の費用又は損失であって、その発生が当期以前の事象に起因し、発生の可能性が高く、かつ、その金額を合理的に見積ることができる場合には、当期の負担に属する金額を当期の費用又は損失として引当金に繰入れ、当該引当金の残高を貸借対照表の負債の部又は資産の部に記載するものとする。

設例

A社の決算整理前残高試算表は以下のとおりであった。貸倒引当金の仕訳として、最も適切なものを下記の解答群から選べ。

なお、当社では売上債権の残高に対し5％の貸倒れを見積もり、差額補充法を採用している。　〔R2－2〕

決算整理前残高試算表（一部）　（単位：千円）

現金預金	11,000	支払手形	3,000
受取手形	3,000	買掛金	16,000
売掛金	21,000	貸倒引当金	300
棚卸資産	16,000	借入金	17,000
建物	53,000	資本金	50,000

〔解答群〕

ア　（借）貸倒引当金　　　　300　　（貸）貸倒引当金戻入　　300
　　　　　貸倒引当金繰入　1,050　　　　　貸倒引当金　　　1,050
イ　（借）貸倒引当金　　　　300　　（貸）貸倒引当金戻入　　300
　　　　　貸倒引当金繰入　1,200　　　　　貸倒引当金　　　1,200
ウ　（借）貸倒引当金繰入　　750　　（貸）貸倒引当金　　　　750
エ　（借）貸倒引当金繰入　　900　　（貸）貸倒引当金　　　　900

解　答　エ

〈貸倒見積高〉

●売上債権の残高

　決算整理前残高試算表より、売上債権（商品売買から生じる債権）に該当するのは、受取手形と売掛金であることを読み取る。そして、それらを合算することで残高を計算する。

　　売上債権：3,000（受取手形）＋21,000（売掛金）＝24,000（千円）

●貸倒見積高

　売上債権の残高に貸倒実績率（5％）を乗じて計算する。

　　24,000×5％＝1,200（千円）

〈差額補充法による貸倒引当金の繰入〉

　「貸倒見積高＞決算整理前貸倒引当金残高」であるため、差額の不足分を追加計上する。

（借）貸倒引当金繰入	900※	（貸）貸倒引当金	900

　※1,200（貸倒見積高）－300（決算整理前貸倒引当金残高）＝900

設　例

　次の文章の空欄Ａに入るＡ群の記述と空欄Ｂに入るＢ群の用語の組み合わせとして、最も適切なものを下記の解答群から選べ。　　　　　　　　〔H20−5〕

　将来の特定の費用又は損失で、　Ａ　場合には、当期の負担に属する金額を当期の費用又は損失として引当金に繰入れ、当該引当金の残高を貸借対照表の　Ｂ　に記載する。

【Ａ群】

① 既に代価の支払が完了しまたは支払義務が確定し、これに対応する役務の提供を受けたにもかかわらず、その効果が将来にわたって発現するものと期待される

② その発生が当期以前の事象に起因し、発生の可能性が高く、かつ、その金額を合理的に見積ることができる

【Ｂ群】

a　資産の部　　　b　負債の部　　　c　負債の部又は資産の部

〔解答群〕
　ア　①とa　　イ　①とb　　ウ　②とa　　エ　②とc

解　答　**エ**
　引当金の計上要件と記載場所が問われている。引当金は、評価性引当金と負債性引当金に分かれている点に注意する。

4 売上原価の算定

❶ ▶ 売上原価

1 意　義
　売上原価とは、売り上げた商品の取得原価をいい、売上原価は費用に属する項目である。
　たとえば、単価10円の商品を100個仕入れた場合を考える。そのうち、当期に80個を売価15円で販売し、20個は期末に在庫として手許に残っている。このとき、商品1,000円（@10円×100個）を仕入れたが、当期の売上1,200円（@15円×80個）を獲得するのに費やされたのは、あくまでも販売した80個分の800円（@10円×80個）であり、この80個分の800円が当期の売上原価となる。
　この売上という収益に直接的に対応する費用（商品の仕入原価）を「**売上原価**」という。なお、一会計期間に販売した商品の売上高から売上原価を差し引いた利益を「**売上総利益**」という。

2 売上原価の算定
❶　売上原価の算定式

$$売上原価 = \begin{matrix}期首商品棚卸高\\（期首商品在庫）\end{matrix} + \begin{matrix}当期商品仕入高\\（当期仕入）\end{matrix} - \begin{matrix}期末商品棚卸高\\（期末商品在庫）\end{matrix}$$

3 三分法
❶　意　義
　三分法とは、商品売買取引を「繰越商品」勘定（資産）、「仕入」勘定（費用）、「売上」勘定（収益）の３つの勘定に分けて記帳する方法である。

❷　使用する勘定
　① 期首商品 … 「繰越商品」勘定で処理する。
　② 期末商品 … 「繰越商品」勘定で処理する。
　③ 当期仕入 … 「仕　入」勘定で処理する。
　④ 売上原価 … 「仕　入」勘定で処理する。

⑤ 売上高…「売　上」勘定で処理する。

4 具体的処理
❶ 期首商品がないケース
取引例 売上原価の算定（期首商品がないケース）
　当期に＠10円の商品100個を仕入れ、代金1,000円は現金で支払った。そのうち、80個の商品を＠15円で販売し、代金1,200円は現金で受け取った。
　期末現在、商品200円（＠10円、20個）が残っている。

１）期中取引

(借方) 仕　　　　入	1,000	(貸方) 現　　　　金	1,000
(借方) 現　　　　金	1,200	(貸方) 売　　　　上	1,200

```
        仕      入                        売      上
現　金  1,000 |                                  | 現　金  1,200
```

２）決算整理前残高試算表（一部）

決算整理前残高試算表

```
仕　入※    1,000 | 売　上    1,200
```

※当期商品仕入高

３）決算整理
　期中取引の結果、決算整理前では当期に仕入れた100個分の1,000円が「仕入」勘定の借方に費用として計上されている。しかし、このうち、20個分の200円は未売却であるから当期の費用にはならない。また、期末に残っている商品20個は資産としての価値がある。そこで、期末商品を費用である「仕入」勘定から差し引くとともに、資産である「繰越商品」勘定に計上する。

(借方) 繰　越　商　品	200	(貸方) 仕　　　　入	200

6 決算整理

4）決算整理後残高試算表（一部）

決算整理後残高試算表

繰越商品[※1]	200	売　　上		1,200
仕　　入[※2]	800			

※1 期末商品棚卸高
※2 売上原価

5）損益計算書および貸借対照表の表示

損益計算書には「**売上原価**」および「**売上高**」の科目名で、期末の商品を意味する「繰越商品」勘定は貸借対照表には「**商品**」の科目名で表示する。

	費　　用	収　　益	資　　産
帳 簿 上 の 勘 定 科 目	仕　　入	売　　上	繰 越 商 品
財務諸表上の表示科目	売 上 原 価	売 上 高	商　　品

損 益 計 算 書			貸 借 対 照 表	
売上原価　　800	売上高　　1,200		商　品　　200	

❷　**期首商品があるケース**

取引例　売上原価の算定（期首商品があるケース）

期首に商品100円を保有している。

当期に商品1,000円を現金で仕入れ、仕入原価900円の商品を1,300円で現金にて販売した。

期末現在、仕入原価200円の商品が残っている。

1）期首繰越試算表（一部）

期首繰越試算表

繰越商品[※]	100

※期首商品棚卸高

2）期中取引

（借方）仕	入	1,000	（貸方）現	金	1,000
（借方）現	金	1,300	（貸方）売	上	1,300

261

3）決算整理前残高試算表（一部）

決算整理前残高試算表

繰越商品[※1]	100	売　　上	1,300
仕　入[※2]	1,000		

※1 期首商品棚卸高
※2 当期商品仕入高

4）決算整理

i　売上原価の算定
　　期首商品100＋当期仕入商品1,000－期末商品200＝売上原価900

ii　期首商品に係る仕訳
　　売上原価を「仕入」勘定で期末に一括して算定するため、まず、期首商品をすべて売却したと仮定して、「繰越商品」勘定から費用である「仕入」勘定へ振り替える仕訳を行う。

　　（借方）仕　　　　　入　　100　　（貸方）繰　越　商　品　　100

iii　期末商品に係る仕訳
　　期首商品に係る仕訳を行うと、仕入勘定は当期仕入商品と期首商品がすべて仕入勘定の借方に費用として計上される。しかし、このうち200円は未売却であるから当期の費用にはならない。
　　そこで、期末商品を「仕入」勘定から差し引くとともに、資産である「繰越商品」勘定に振り替える仕訳を行う。

　　（借方）繰　越　商　品　　200　　（貸方）仕　　　　　入　　200

5）決算整理後残高試算表（一部）

決算整理後残高試算表

繰越商品[※1]	200	売　　上	1,300
仕　入[※2]	900		

※1 期末商品棚卸高
※2 売上原価

6　決算整理

6）損益計算書および貸借対照表（一部）

損 益 計 算 書				貸 借 対 照 表		
売上原価	900	売上高	1,300	商　品	200	

5 まとめ

❶　決算整理前および決算整理後残高試算表における各勘定残高の意味

	決算整理前残高試算表	決算整理後残高試算表
「繰越商品」勘定	期 首 商 品 原 価	期 末 商 品 原 価
「仕　　入」勘定	当 期 商 品 仕 入 高	売　上　原　価
「売　　上」勘定	売　　上　　高	売　　上　　高

❷　商品のボックス図

　たとえば、前T/Bと期末商品の金額が資料として与えられ、売上原価を算定して後T/Bや損益計算書および貸借対照表を作成する問題では、以下のような商品のボックス図を作成して売上原価を計算する。

商　　品			
期首商品	100	売上原価　∴	900
当期仕入	1,000	期末商品	200

❷ ▶ 商品有高帳（ありだか）・・

1 意　義

　商品を仕入れたときは原価で「仕入の増加」として処理する。一方、商品を売り上げたときは売価で「売上の増加」として処理する。したがって、商品の入庫状況に関しては「仕入」勘定で示されるが、商品の出庫状況に関しては「仕入」勘定や「売上」勘定ではわからない。そこで、商品の入庫・出庫状況を記録し、在庫状況を把握するために「商品有高帳」という補助簿を設ける。なお、商品有高帳を作成することで、在庫状況が把握できるだけでなく、期末棚卸高や売上原価の計算に役立てることができる。

263

2 ひな形

商 品 有 高 帳

日 付		摘　要	受　入　高			払　出　高			残　高		
			数量	単価	金額	数量	単価	金額	数量	単価	金額
4	1	前 期 繰 越	個20	円10	円200	個	円	円	個20	円10	円200
6	1	仕　　　　入	50	10	500				70	10	700
	(2)	(仕入戻し)	(5)	(10)	(50)				65	10	650
	(3)	(仕入値引)			(65)				65	9	585
8	1	売　　　　上				55	9	495	10	9	90
	(3)	(売上戻り)				(5)	(9)	(45)	15	9	135
3	31	小　　　　計				50	―	450			
	(〃)	(次期繰越)				(15)	(9)	(135)			
			65	―	585	65	―	585			

（注１）すべて原価で記入する。
（注２）仕入戻しおよび仕入値引は「受入高」欄に朱記する。
（注３）売上戻りは「払出高」欄に朱記する。
（注４）売上値引は原価に影響を与えないので記入しない。
（注５）「摘要」欄には通常、取引内容が記入される。

取引例　商品有高帳

上記の商品有高帳から読み取れる取引について仕訳を示せ。なお、売価は@20円であり、８月４日に売上値引80円を行った。また、商品売買はすべて掛取引である。

１）期首繰越試算表（一部）

期首繰越試算表

繰越商品	200	

２）期中仕訳

① ６月１日（仕　入）

（借方）仕　　　　　入　　500　　（貸方）買　　掛　　金　　500

② ６月２日（仕入戻し）

（借方）買　　掛　　金　　50　　（貸方）仕　　　　　入　　50

③ ６月３日（仕入値引）

（借方）買　　掛　　金　　65　　（貸方）仕　　　　　入　　65

6 決算整理

④ 8月1日（売 上）

| （借方）売 掛 金 | 1,100 | （貸方）売 上※1 | 1,100 |

※1. @20×55個＝1,100

⑤ 8月3日（売上戻り）

| （借方）売 上※2 | 100 | （貸方）売 掛 金 | 100 |

※2 @20×5個＝100

⑥ 8月4日（売上値引）

| （借方）売 上 | 80 | （貸方）売 掛 金 | 80 |

3）決算整理前残高試算表（一部）

決算整理前残高試算表

| 繰越商品 | 200 | 売 上 | 920 |
| 仕 入 | 385 | | |

4）決算整理仕訳

| （借方）仕 入 | 200 | （貸方）繰 越 商 品 | 200 |
| （借方）繰 越 商 品 | 135 | （貸方）仕 入 | 135 |

5）決算整理後残高試算表（一部）

決算整理後残高試算表

| 繰越商品 | 135 | 売 上 | 920 |
| 仕 入 | 450 | | |

❸▶払出単価の計算

① 意 義

同一種類の商品を数回に分けて仕入れた場合、同一種類の商品について異なる仕入単価が複数存在する場合がある。この場合、売上原価や期末商品を算定するためには、どの仕入単価の商品を払い出した（払出単価）のかを明らかにしなければならない。しかし、個々の商品について仕入単価を記録し、その単価を払出単価とする方法である「個別法」は非常に煩雑である。そこで、一定の仮定に基づき払出単価を計算する。

265

❷ 払出単価の算定方法
❶ 先入先出法
先入先出法とは、先に仕入れたものから先に払い出すと仮定して、払出単価を計算する方法である。

商 品 有 高 帳

日 付		摘 要	受 入 高			払 出 高			残 高		
			数量	単価	金額	数量	単価	金額	数量	単価	金額
4	1	前 期 繰 越	個 30	円 10	円 300	個	円	円	個 30	円 10	円 300
5	1	仕　　　入	30	14	420				30 30	10 14	300 420
7	1	売　　　上				30 20	10 14	300 280	10	14	140
11	1	仕　　　入	40	16	640				10 40	14 16	140 640
2	1	売　　　上				10 20	14 16	140 320	20	16	320
3	31	小　　　計				80	—	1,040			
	(〃)	(次期繰越)				(20)	(16)	(320)			
			100	—	1,360	100	—	1,360			

1）7月1日

　　先入先出法の場合、先に仕入れたものから先に払い出すものとみなして、払出単価を計算するので、50個の払出しのうち、先に仕入れた期首商品@10円のものが30個払い出され、後に仕入れた5月1日仕入分@14円のものが20個払い出されたと考える。

2）2月1日

　　30個の払出しのうち、先に仕入れた5月1日仕入分@14円のものが10個払い出され、後に仕入れた11月1日仕入分@16円のものが20個払い出されたと考える。

商　　品

期首商品	300	売上原価	1,040
当期仕入	1,060	期末商品	320

❷ 総平均法
総平均法とは、一定期間の仕入商品に対して一括して総平均単価を求め、これを払出単価とする方法である。

6 決算整理

商 品 有 高 帳

日 付		摘 要	受 入 高			払 出 高			残 高		
			数量	単価	金額	数量	単価	金額	数量	単価	金額
			個	円	円	個	円	円	個	円	円
4	1	前期繰越	30	10	300				30		
5	1	仕　入	30	14	420				60		
7	1	売　上				50			10		
11	1	仕　入	40	16	640				50		
2	1	売　上				30			20		
3	31	小　計				80	13.6	1,088			
	(〃)	(次期繰越)				(20)	(13.6)	(272)			
			100	13.6	1,360	100	13.6	1,360			

1）期　中

　　総平均法の場合、一定期間の仕入商品に対して一括して総平均単価を求めるので、商品を払い出した際の払出単価がわからない。また、その結果、残高の単価もわからない。そこで、「払出高」欄および「残高」欄は、数量のみ記入し、単価および金額は記入しない。

2）期　末

　　総平均単価を求め、その単価をもって期末残高および払出高を計算する。

　　　総平均単価＝1,360円÷100個＝@13.6円

商　　品

期首商品	300	売上原価	1,088
当期仕入	1,060	期末商品	272

❹▶商品の期末評価

R2 1
R元 6
H29 1

1 処理の流れ

　商品の期末評価は、決算整理において以下の順番で行われる。

① 期末商品帳簿棚卸高の計算（売上原価の計算）

② 棚卸減耗費の計算

③ 商品評価損の計算

2 期末商品帳簿棚卸高の計算（売上原価の計算）

　企業では通常、商品有高帳を設けて商品の受入れや払出しを継続的に記録し、各時点の商品の有高を把握している。このような商品の管理方法（数量計算）を「**継続記録法**」という。

　この商品有高帳における期末在庫数量を「**期末帳簿数量**」といい、この数量に払出単価で計算された仕入単価を乗じた金額である期末在庫有高を「**期末商品帳簿棚**

267

卸高」という。売上原価はこの期末商品帳簿棚卸高をもとに計算する。

$$売上原価 = \begin{matrix}期首商品帳簿棚卸高\\(期首商品在庫)\end{matrix} + \begin{matrix}当期商品仕入高\\(当期仕入)\end{matrix} - \begin{matrix}期末商品帳簿棚卸高\\(期末商品在庫)\end{matrix}$$

3 棚卸減耗費の計算

企業では、期末に現物の商品を実際に数える。これを「**実地棚卸**」という。この実地棚卸による期末在庫数量を「**期末実地棚卸数量**」といい、この数量に払出単価の計算で算定された仕入単価を乗じた金額である期末在庫有高を「**期末実地棚卸高**」という。

棚卸を行うことによって、紛失や盗難など販売以外の原因で帳簿数量より実地棚卸数量が減少していることが判明する場合がある。この商品の減少のことを「**棚卸減耗**」といい、棚卸減耗の数量に払出単価で計算された仕入単価を乗じた金額を「**棚卸減耗費**」という。なお、棚卸減耗費は費用に属する科目である。

$$棚卸減耗費 = 期末帳簿棚卸高 - 期末実地棚卸高\\ = @原価 \times (期末帳簿数量 - 期末実地棚卸数量)$$

$$B/S 商品 = 期末帳簿棚卸高 - 棚卸減耗費\\ = @原価 \times 期末実地棚卸数量$$

取引例 棚卸減耗費

期首商品は400円であった。また、期末商品は次のとおりである。
帳簿数量50個、実地棚卸数量45個、原価@10円

(借方) 仕　　　　　入	400	(貸方) 繰　越　商　品	400
(借方) 繰　越　商　品※1	500	(貸方) 仕　　　　　入	500
(借方) 棚 卸 減 耗 費※2	50	(貸方) 繰　越　商　品	50

※1 @10×帳簿数量50個＝500
※2 @10×(帳簿数量50個－実地棚卸数量45個)＝50

268　●第8章　貸借対照表および損益計算書の作成プロセス

4 商品評価損の計算

期末に取得原価と正味売却価額（時価）とを比較して、いずれか低い価額で期末商品を評価する。

1）取得原価 < 時価

この場合、取得原価で評価するので、貸借対照表に計上される「商品」の金額は原価法の場合と同じとなる。なお、「商品評価損」は計上されないが、棚卸減耗があれば「棚卸減耗費」は計上される。

```
B/S 商 品 ＝ 期末帳簿棚卸高 － 棚卸減耗費
         ＝ ＠原価 × 期末実地棚卸数量
```

2）取得原価 > 時価

この場合、時価で評価するので、貸借対照表に計上される「商品」の金額および「商品評価損」の金額は以下のとおりとなる。

```
商品評価損 ＝（＠原価－＠時価）× 期末実地棚卸数量
```

```
B/S 商 品 ＝ 期末帳簿棚卸高 － 棚卸減耗費 － 商品評価損
         ＝ ＠時価 × 期末実地棚卸数量
```

取引例

期首商品は400円であった。また、期末商品は次のとおりであった。
帳簿数量50個、実地棚卸数量45個、原価@10円、時価@8円

まず、商品の減耗分を「**棚卸減耗費**」として処理し、さらに、時価が原価を下回る場合、時価の下落部分を「**商品評価損**」として処理する。

(借方)	仕　　　　入	400	(貸方)	繰　越　商　品	400
(借方)	繰　越　商　品※1	500	(貸方)	仕　　　　入	500
(借方)	棚　卸　減　耗　費※2	50	(貸方)	繰　越　商　品	140
	商　品　評　価　損※3	90			

※1　@10×帳簿数量50個＝500
※2　@10×(帳簿数量50個－実地棚卸数量45個)＝50
※3　(@10－@8)×実地棚卸数量45個＝90

※棚卸減耗費や商品評価損がある場合でも、売上原価の計算はつねに「@原価×帳簿数量」で計算される「**期末帳簿棚卸高**」を用いる。

設例

次の期末商品に関する資料に基づいて、棚卸減耗費と商品評価損の金額の組み合わせとして、最も適切なものを下記の解答群から選べ。〔H29－1〕

【資料】

帳簿棚卸数量	60個
実地棚卸数量	50個
原価	@200円
正味売却価額	@190円

〔解答群〕
ア　棚卸減耗費：1,900円　　商品評価損：500円
イ　棚卸減耗費：1,900円　　商品評価損：600円
ウ　棚卸減耗費：2,000円　　商品評価損：500円

エ　棚卸減耗費：2,000円　　商品評価損：600円

解　答　ウ

　商品の期末評価に関する問題である。棚卸減耗費と商品評価損の金額が問われている。このような問題では、ボックス図を描くと効率的に解ける。棚卸減耗費と商品評価損を正確に切り分けてボックス図が描けるかがポイントである。

棚卸減耗費＝＠原価×（帳簿棚卸数量－実地棚卸数量）
　　　　　＝200×（60個－50個）＝2,000（円）
商品評価損＝（＠原価－＠時価）×実地棚卸数量
　　　　　＝（200－190）×50個＝500（円）

5 損益計算書表示

❶　棚卸減耗費

　原価性がある場合には**「売上原価の内訳科目」**または**「販売費（販売費及び一般管理費）」**として表示し、原価性がない場合には**「営業外費用」**または**「特別損失」**として表示する。ここで、原価性の有無とは、正常な営業活動のもとでの不可避性の有無を意味し、毎期経常的に発生する程度の正常なものを「原価性を有するもの」といい、異常なものを「原価性を有しないもの」という。

❷　商品評価損

　「売上原価の内訳科目」（原則）または**「特別損失」**として表示する。

❸　まとめ

		売上原価の内訳科目	販　売　費	営業外費用	特　別　損　失
商　品　評　価　損		○	―	―	○
棚卸減耗費	原価性あり	○	○	―	―
	原価性なし	―	―	○	○

取引例 棚卸減耗費等のP/L表示

売上高3,000円、期首商品棚卸高400円、当期商品仕入高2,000円、期末商品帳簿棚卸高500円であった。また、期末商品について棚卸減耗費50円、商品評価損90円が生じていた。なお、商品評価損は売上原価の内訳科目、棚卸減耗費は販売費及び一般管理費に計上する。

```
                     損 益 計 算 書

 Ⅰ  売      上      高                        3,000
 Ⅱ  売      上      原      価
      1．期首商品棚卸高          400
      2．当期商品仕入高        2,000
         合      計          2,400
      3．期末商品棚卸高          500※1
         差      引         1,900※2
      4．商 品 評 価 損         90        1,990※3
         売上総利益                    1,010
 Ⅲ  販売費及び一般管理費
      1．棚 卸 減 耗 費          50          50
         営業利益                      960
```

※1 期末商品帳簿棚卸高
※2 「差引1,900」は本来（商品評価損等計上前）の売上原価を表す。
※3 商品評価損を売上原価の内訳科目として計上するので、「商品評価損90」を本来の売上原価である「差引1,900」に加算して「売上原価 1,990」を算定する。

6 決算整理

ワンポイント アドバイス

　売上原価は売上高に対応するものである。「決算整理後の仕入勘定残高が売上原価として計上される」という点から考えていこう。決算整理前には、仕入勘定には当期仕入高のみ集計されている状態であるが、期首時点の在庫（期首繰越商品）も販売され売上高に対応していくので、期首繰越商品残高を仕入勘定に追加する処理を行う必要がある。この仕訳が、

```
（借方）仕　　　　入　＊＊＊　　（貸方）繰 越 商 品　＊＊＊　……①
```

である。上記の仕訳を行った段階では、仕入勘定に期首繰越商品残高と当期仕入高に対応した金額が集計されているが、すべての商品が販売されるわけではないので、未販売の商品に対応する金額を期末繰越商品として次期に繰り越し、仕入勘定から減額する必要がある。この仕訳が、

```
（借方）繰 越 商 品　＊＊＊　　（貸方）仕　　　　入　＊＊＊　……②
```

である。上記①②の仕訳を行った後の仕入勘定残高が売上原価（③）となる。
　上記②の仕訳において、期末繰越商品には帳簿上の金額が対応するが、実際には棚卸減耗や商品価値の低下があるため、その部分を調整する必要がある。この仕訳が、

```
（借方）棚卸減耗費　＊＊＊　　（貸方）繰 越 商 品　＊＊＊
（借方）商品評価損　＊＊＊　　（貸方）繰 越 商 品　＊＊＊
```

である。これらの仕訳は期末繰越商品残高の調整であり、売上原価とは切り離して考えよう。なお、損益計算書に計上するときには、売上原価の内訳科目（上記③に上乗せする）として表示することがある点に注意しよう。

5 経過勘定

❶▶意　義

　一定期間の正しい損益計算を行うためには、当期に属する収益・費用と次期以降に属する収益・費用を正しく区別する必要がある。

　すでに現金の受取りや支払いを行い、収益・費用として計上されているものの中に、次期以降に属する収益・費用が含まれていたり、逆に、当期に属する収益・費用がいまだ現金の受取りや支払いを行っていないために処理されていないことがある。この状態では正しい損益計算を行うことができないため、決算整理にあたり、当期に属する収益・費用だけを当期の収益・費用として計上するための手続きが必要になる。当該手続によって生じる勘定を「**経過勘定**」という。

　すでに収益・費用に計上されていても、次期以降に属する分は当期の損益計算から控除して、次期へ繰り延べる必要がある。これを「**損益の繰延**」という。

　また、現金の収支がなくても当期の負担に属する収益・費用は、当期の損益計算に含める必要がある。これを「**損益の見越**」という。

　なお、これら経過勘定は、たとえば借入金の利息や家賃などのように、一定の契約によって毎期継続して役務（サービス）の授受が行われる取引から生じ、その契約は「時の経過」を対象とするものである。売上や仕入れの際に、内金として「前受金」や「前払金」が計上される場合があるが、これらは「時の経過」を対象とするものではないので注意が必要である。

❷▶前払費用（費用の繰延）

1 意　義

　当期に支払った費用の額の中に次期以降に属する費用が含まれている場合、これを当期の費用から控除して次期以降の費用とするために繰り延べる必要がある。これを「**費用の繰延**」といい、費用の繰延によって生じる経過勘定を「**前払費用**」という。

　前払費用はすでに金銭の支払いは行っているが、いまだその金銭に対するサービスを受けていないため、次期以降にサービスを受ける権利がある。したがって、「**資産**」に属する勘定である。

　なお、前払費用の仕訳を行う際の勘定科目は「前払利息」などの具体的な科目を使用するが、貸借対照表に表示する際は「前払費用」という包括的な科目で表示する。

6 決算整理

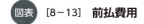 **[8-13] 前払費用**

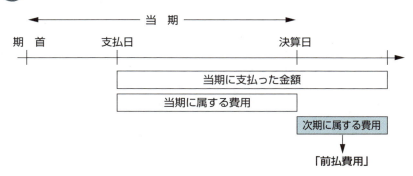

2 仕 訳

貸方の費用には「支払利息」や「支払家賃」などの科目名を使用し、借方の前払費用には「前払利息」や「前払家賃」などの科目名を使用する。

(借方) 前 払 利 息　×××　(貸方) 支 払 利 息　×××

3 具体的処理

取引例 前払費用

第1期（x5年4月1日〜x6年3月31日）の7月1日に、借入金に対する向こう1年分の利息1,200円を現金で支払った。

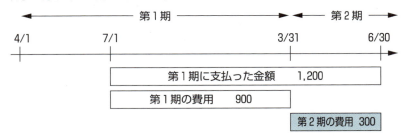

❶ 第1期

1) 利息支払時（x5年7月1日）

(借方) 支 払 利 息　1,200　(貸方) 現　　　金　1,200

2) 決算整理前残高試算表

前T/Bには第1期に支払った費用の全額1,200円が計上される。

決算整理前残高試算表（一部）

| 支払利息 | 1,200 | |

3）決算整理（x6年3月31日）

前T/Bにおける支払利息1,200円には、第2期の費用である300円も含まれている。そこで、決算整理にあたり、第2期の費用である300円を第1期の費用から控除し、「前払利息」として次期に繰り延べる。

(借方) 前 払 利 息　300　(貸方) 支 払 利 息　300

4）決算整理後残高試算表

後T/Bには第1期に属する費用900円が支払利息として計上され、第2期に属する費用300円が前払利息として計上される。

決算整理後残高試算表（一部）

| 前払利息 | 300 | |
| 支払利息 | 900 | |

5）勘定記入

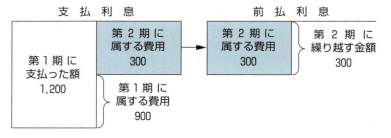

6）損益計算書および貸借対照表（一部）

損益計算書

| 支払利息 | 900 | |

貸借対照表

| 前払費用 | 300 | |

❷ 第2期

1）期首繰越試算表

第1期から前払利息（資産勘定）300円が繰り越される。

期首繰越試算表（一部）

| 前払利息 | 300 | |

2）再振替仕訳（×6年4月1日）

第1期から繰り延べられた前払利息は第2期の費用になるため、「支払利息」として費用に計上する。結果として、第1期の決算整理仕訳の逆仕訳を行う。これを**再振替仕訳**という。なお、再振替仕訳は期首に行う。

（借方）支 払 利 息　　300　　（貸方）前 払 利 息　　300

3）決算整理前残高試算表

前T/Bには第2期に属する費用300円が支払利息として計上される。

決算整理前残高試算表（一部）	
支払利息	300

❸▶前受収益（収益の繰延）

1 意　義

当期に受け取った収益の額の中に次期以降に属する収益が含まれている場合、これを当期の収益から控除して次期以降の収益とするために繰り延べる必要がある。これを「**収益の繰延**」といい、収益の繰延によって生じる経過勘定を「**前受収益**」という。

前受収益はすでに金銭を受け取っているが、いまだその金銭に対するサービスを提供していないため、次期以降にサービスを提供する義務がある。したがって、「**負債**」に属する勘定である。

なお、前受収益の仕訳を行う際の勘定科目は「前受利息」などの具体的な科目を使用するが、貸借対照表に表示する際は「前受収益」という包括的な科目で表示する。

図表　[8-14]　**前受収益**

2 仕　訳

借方の収益には「受取利息」や「受取家賃」などの科目名を使用し、貸方の前受収益には「前受利息」や「前受家賃」などの科目名を使用する。

（借方）受　取　利　息　×××　（貸方）前　受　利　息　×××

3 具体的処理

取引例　前受収益

第１期（x5年４月１日〜x6年３月31日）の７月１日に、貸付金に対する向こう１年分の利息1,200円を現金で受け取った。

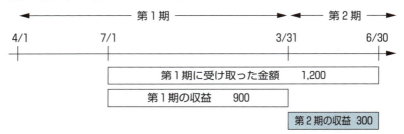

❶　第１期

1）利息受取時（x5年７月１日）

（借方）現　　　　金　1,200　（貸方）受　取　利　息　1,200

2）決算整理前残高試算表

前T/Bには第１期に受け取った収益の全額1,200円が計上される。

決算整理前残高試算表（一部）

受取利息	1,200

3）決算整理（x6年３月31日）

前T/Bにおける受取利息1,200円の中には第２期の収益である300円も含まれている。そこで、決算整理にあたり、第２期の収益である300円を当期の収益から控除し、「前受利息」として次期に繰り延べる。

（借方）受　取　利　息　　300　（貸方）前　受　利　息　　300

4）決算整理後残高試算表

後T/Bには第１期に属する収益900円が受取利息として計上され、第２期に

属する収益300円が前受利息として計上される。

決算整理後残高試算表（一部）	
前受利息	300
受取利息	900

5）勘定記入

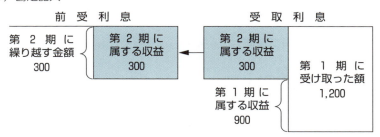

6）損益計算書および貸借対照表（一部）

損 益 計 算 書	
受取利息	900

貸 借 対 照 表	
前受収益	300

❷ 第2期

1）期首繰越試算表

第1期から前受利息300円（負債勘定）が繰り越される。

期首繰越試算表（一部）	
前受利息	300

2）再振替仕訳（X6年4月1日）

第1期から繰り延べられた前受利息は第2期の収益になるため、再振替仕訳を行い、「受取利息」として収益に計上する。

（借方）前 受 利 息　300　（貸方）受 取 利 息　300

3）決算整理前残高試算表

前T/Bには第2期に属する収益300円が受取利息として計上される。

決算整理前残高試算表（一部）	
受取利息	300

> **ワンポイント アドバイス**
>
> 費用の前払いや収益の前受けがある場合、受取りまたは支払いのタイミングで計上される金額に、次期に対応する金額が含まれてしまうため、決算整理で減額処理を行う必要がある。費用か収益かの違いはあるが、当期分としては過剰となってしまう金額を控除している点は共通である。
>
> 再振替仕訳は期首に行われるが、直前の決算整理で次期対応分として控除した金額を、費用または収益に戻す処理である。

❹▶未払費用（費用の見越）

1 意 義

当期においてすでに費用として発生しているものの、契約によりいまだ金銭の支払いが行われていない費用がある場合、支払いが行われていなくても当期に属する費用は当期の費用として計上する必要がある。これを「**費用の見越**」といい、費用の見越によって生じる経過勘定を「**未払費用**」という。

未払費用はすでにサービスの提供を受けているが、支払期日に達していないことからいまだ金銭の支払いが行われていないため、次期以降に当該部分の金銭の支払いを行う義務がある。したがって、「**負債**」に属する勘定である。

なお、未払費用の仕訳を行う際の勘定科目は「未払利息」などの具体的な科目を使用するが、貸借対照表に表示する際は「未払費用」という包括的な科目で表示する。

 [8-15] **未払費用**

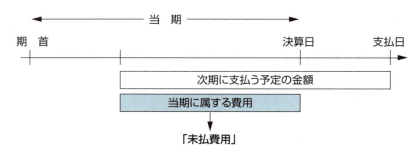

2 仕 訳

借方の費用には「支払利息」や「支払家賃」などの科目名を使用し、貸方の未払費用には「未払利息」や「未払家賃」などの科目名を使用する。

| （借方）支 払 利 息　×××　（貸方）未 払 利 息　××× |

3 具体的処理

取引例 未払費用

　第1期（x5年4月1日～x6年3月31日）の7月1日に借入期間1年の条件で借入れを行い、当該借入金に対する1年分の利息1,200円は第2期のx6年6月30日に現金で後払いする。

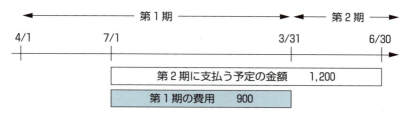

❶　第1期

1）決算整理前残高試算表

　第1期においては費用を支払っていないため、前T/Bには何も計上されない。

決算整理前残高試算表（一部）

2）決算整理（x6年3月31日）

　前T/Bには第1期の費用である900円について何も計上されていない。そこで、決算整理にあたり、第1期の費用である900円を第1期の費用として計上し、この未払分を第2期に繰り越すため「未払利息」を計上する。

　　（借方）支　払　利　息　　900　　（貸方）未　払　利　息　　900

3）決算整理後残高試算表

　後T/Bには第1期に属する費用900円が支払利息として計上され、未払分が未払利息として計上される。

決算整理後残高試算表（一部）

支払利息	900	未払利息	900

4）勘定記入

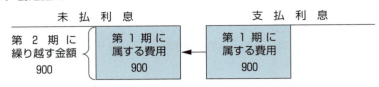

5）損益計算書および貸借対照表（一部）

損 益 計 算 書		貸 借 対 照 表	
支払利息　　900		未払費用　　900	

❷ 第2期

1）期首繰越試算表

第1期から未払利息（負債勘定）900円が繰り越される。

期首繰越試算表（一部）

	未払利息　　　　　900

2）再振替仕訳（×6年4月1日）

第2期になると金銭の支払いが行われるため、第1期から繰り越された未払利息を取り消す。また、支払時に支払額全額を第2期の費用として計上するので、第1期の費用をあらかじめ控除しておくために、再振替仕訳を行い、支払利息のマイナスとして計上する。

（借方）未 払 利 息　　900　（貸方）支 払 利 息　　900

3）利息支払時（×6年6月30日）

（借方）支 払 利 息　1,200　（貸方）現　　　　金　1,200

4）決算整理前残高試算表

前T/Bには第2期に属する費用が支払利息として計上される。

決算整理前残高試算表（一部）

支払利息　　　　300	

5）勘定記入

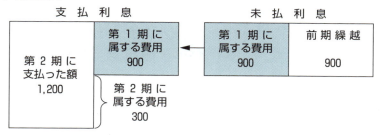

❺ ▶ 未収収益（収益の見越） H29 2

❶ 意 義

当期においてすでに収益として発生しているものの、契約によりいまだ金銭の受取りが行われていない収益がある場合、受取りが行われていなくても当期に属する収益は当期の収益として計上する必要がある。これを「**収益の見越**」といい、収益の見越によって生じる経過勘定を「**未収収益**」という。

未収収益はすでにサービスを提供しているが、いまだ金銭の受取りがなされていないため、次期以降に金銭を受け取る権利がある。したがって、「**資産**」に属する勘定である。

なお、未収収益の仕訳を行う際の勘定科目は「未収利息」などの具体的な科目を使用するが、貸借対照表に表示する際は「未収収益」という包括的な科目で表示する。

図表 [8-16] **未収収益**

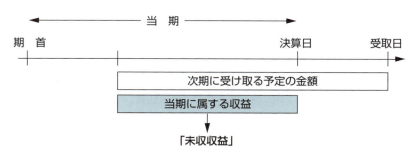

2 仕 訳

貸方の収益には「受取利息」や「受取家賃」などの科目名を使用し、借方の未収収益には「未収利息」や「未収家賃」などの科目名を使用する。

(借方) 未 収 利 息　×××　(貸方) 受 取 利 息　×××

3 具体的処理

取引例 未収収益

第1期（x5年4月1日～x6年3月31日）の7月1日に貸付期間1年の条件で貸付けを行い、当該貸付金に対する1年分の利息1,200円は第2期のx6年6月30日に現金で後受けする。

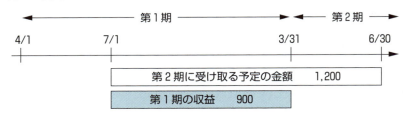

❶ 第1期

1) 決算整理前残高試算表

第1期においては収益を受け取っていないため、前T/Bには何も計上されない。

決算整理前残高試算表（一部）

2) 決算整理（x6年3月31日）

前T/Bには第1期の収益である900円について何も計上されていない。そこで、決算整理にあたり、第1期の収益である900円を第1期の収益として計上し、この未収分を第2期に繰り越すため「未収利息」を計上する。

(借方) 未 収 利 息　900　(貸方) 受 取 利 息　900

3) 決算整理後残高試算表

後T/Bには第1期に属する収益900円が受取利息として計上され、未収分が未収利息として計上される。

決算整理後残高試算表（一部）

| 未収利息 | 900 | 受取利息 | 900 |

4)勘定記入

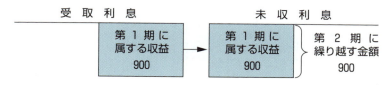

5)損益計算書および貸借対照表(一部)

損 益 計 算 書			貸 借 対 照 表		
	受取利息	900	未収収益	900	

❷ 第2期

1)期首繰越試算表

第1期から未収利息(資産勘定)900円が繰り越される。

2)再振替仕訳(x6年4月1日)

第2期になると金銭の受取りが行われるため、第1期から繰り越された未収利息を取り消す。また、受取時に受取額全額を第2期の収益として計上するので、第1期の収益をあらかじめ控除しておくために、再振替仕訳を行い、受取利息のマイナスとして計上する。

(借方)受 取 利 息　　900　(貸方)未 収 利 息　　900

3)利息受取時(x6年6月30日)

(借方)現　　　　金　1,200　(貸方)受 取 利 息　1,200

4)決算整理前残高試算表

前T/Bには第2期に属する収益が受取利息として計上される。

決算整理前残高試算表(一部)

	受取利息	300

5）勘定記入

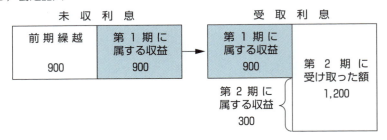

> **ワンポイント アドバイス**
>
> 　費用の未払いや収益の未収がある場合、実際の受払いは次期に行われるため期中取引としては処理されない。そこで、決算整理で見越処理を行う必要がある。費用か収益かの違いはあるが、期中取引として認識されない収益、費用を当期分として見越計上している点は共通である。
> 　実際に受払いが行われたタイミング（次期）で収益、費用として仕訳処理されるが、その金額は受け払いされた全額であり、前期対応分も含まれてしまうので控除する必要がある。この控除に該当するのが再振替仕訳である。期首に前もって収益、費用を減額しておき、実際に受け払いされた際に計上される収益、費用と合計することで期間対応上適切な金額に調整する。

❻▶経過勘定の貸借対照表表示（まとめ）

　経過勘定の仕訳を行う際の勘定科目は「前払利息」「前受利息」「未払利息」「未収利息」などの具体的な科目を使用するが、経過勘定を貸借対照表に表示する際は「前払費用」「前受収益」「未払費用」「未収収益」という包括的な科目で表示する。

［勘定科目］	［貸借対照表表示］
「前払利息」「前払家賃」など	⟶ まとめて「前払費用」
「前受利息」「前受家賃」など	⟶ まとめて「前受収益」
「未払利息」「未払家賃」など	⟶ まとめて「未払費用」
「未収利息」「未収家賃」など	⟶ まとめて「未収収益」

7 繰延資産

❶▶繰延資産

　企業、特に会社を設立する際には、定款作成費や株式募集費、登記費用などが必要である。これらの費用は、役務（サービス）の提供を受けた段階で対価の支払いが済んでいるか、または支払義務が確定しているのが通常である。しかし、これらの費用を支払った効果は、その時点で消滅せずに、たとえば会社設立費用であれば、会社が存続する期間中継続的に及ぶものと考えられる。

　したがって、これらの費用を発生年度のみに負担させることは、**適切な費用配分の観点**からは合理的ではないため、いったん**繰延資産**として貸借対照表上に計上し、適切な期間内に償却することが可能となっている。

　しかし、これらの繰延資産は、実質的には財産価値のない擬制的な資産であるから、繰延資産が企業の主観で無差別に計上されると株式会社の財務状態の健全性が阻害されることになる。

　会社計算規則では、繰延資産として計上することが適当であると認められるものについては繰延資産とすることが可能とされ、具体的には、「繰延資産の会計処理に関する当面の取扱い」において、次の５つが繰延資産とされている。

1）**株式交付費**
　　株式募集のための広告費、目論見書・株券等の印刷費など
2）**社債発行費等**（新株予約権の発行に係る費用を含む）
　　社債募集のための広告費、目論見書・社債券等の印刷費など
3）**創立費**
　　定款および諸規則作成のための費用、創立総会に関する費用など
4）**開業費**
　　会社成立後営業開始時までに発生した建物賃借料や使用人の給料など
5）**開発費**
　　新技術または新経営組織の採用、資源の開発や市場の開拓等のために支出した費用

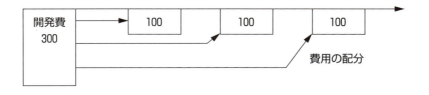

図表 [8-17] **繰延資産の表示**

貸借対照表に繰延資産の部を設け、項目を示して表示する。この場合、各繰延資産に対する償却累計額は、その各繰延資産の金額から直接控除し、その残高を各繰延資産の金額として表示することになる。

8 精算表

❶▶ 精算表の概要

1 意 義

　精算表（Working Sheet：W/S） とは、決算整理前残高試算表から決算整理記入を経て、損益計算書・貸借対照表作成に至る一連の決算手続をまとめた一覧表である。

2 作成目的

　精算表の作成は決算に先立って行うので、決算に伴う誤りを事前に防ぐことができる。また、精算表は決算手続を一覧表示するので、帳簿上の決算手続および財務諸表作成の基礎となり、決算および財務諸表の作成を正確・迅速に行うのに役立つ。

3 精算表の作成方法

(1) 決算整理前残高試算表欄に、決算整理前における総勘定元帳の各勘定残高を記入する。

(2) 決算整理事項に基づいて、整理記入欄に決算整理仕訳を記入する。なお、当該仕訳によって新たに生じる勘定科目は、勘定科目欄に追加する。

(3) 収益・費用に属する勘定について、決算整理前残高試算表欄の金額に整理記入欄の金額を加減して、損益計算書欄に移記する。

(4) 資産・負債・純資産（資本）に属する勘定について、決算整理前残高試算表欄の金額に整理記入欄の金額を加減して、貸借対照表欄に移記する。

(5) 損益計算書欄の貸借差額によって、当期純利益を算定し、これを損益計算書欄の借方に朱記する（通常、問題文ではカッコを付すことでこれを示す）とともに、貸借対照表欄の貸方に記入する。

(6) 各欄の合計金額を記入する。

精　算　表

	決算整理前残高試算表 (1)		整理記入 (2)		損益計算書 (3)		貸借対照表 (4)	
勘定科目	借方	貸方	借方	貸方	借方	貸方	借方	貸方
資　　　　産	①			⑥			①－⑥	
負　　　　債		②	⑦					②－⑦
純資産（資本）		③						③
収　　　　益		④		⑧		④＋⑧		
費　　　　用	⑤		⑨		⑤＋⑨			
（当期純利益）					（△△）			△△ (5)
合　　　計	××	××	××	××	××	××	××	×× (6)

❷▶精算表の作成例

設　例

次の決算整理に基づいて、精算表（一部）を作成せよ（単位：千円）。

［1］売上原価の算定

〈決算整理〉

期末商品棚卸高は30,000千円であった。なお、仕入勘定で売上原価を計算する。

勘定科目	決算整理前残高試算表		整理記入		損益計算書		貸借対照表	
	借方	貸方	借方	貸方	借方	貸方	借方	貸方
（　　略　　）								
繰　越　商　品	20,000							
（　　略　　）								
仕　　　　入	240,000							

●第8章　貸借対照表および損益計算書の作成プロセス

[2] 減価償却

〈決算整理〉

建物は定額法（耐用年数30年、残存価額10％）により減価償却を行う。

勘定科目	決算整理前残高試算表		整理記入		損益計算書		貸借対照表	
	借方	貸方	借方	貸方	借方	貸方	借方	貸方
（　略　）								
建　　物	400,000							
建物減価償却累計額		150,000						
（　略　）								
建物減価償却費								

[3] 経過勘定

〈決算整理〉

1）保険料前払高：3,500千円

2）支払利息未払高：2,800千円

3）受取家賃前受高：3,000千円

4）受取地代未収高：1,800千円

勘定科目	決算整理前残高試算表		整理記入		損益計算書		貸借対照表	
	借方	貸方	借方	貸方	借方	貸方	借方	貸方
受取家賃		18,000						
受取地代		15,000						
保険料	12,000							
支払利息	6,000							
（　略　）								
前払保険料								
未払利息								
前受家賃								
未収地代								

解 答

前記[1]～[3]を考慮し精算表を作成すると次のようになる。あわせて
[1]～[3]の決算整理仕訳についても示す。

精 算 表

(単位：千円)

勘 定 科 目	決算整理前残高試算表 借方	決算整理前残高試算表 貸方	整 理 記 入 借方	整 理 記 入 貸方	損益計算書 借方	損益計算書 貸方	貸借対照表 借方	貸借対照表 貸方
現　　　金	10,000						10,000	
繰 越 商 品	20,000		30,000	20,000			30,000	
建　　　物	400,000						400,000	
土　　　地	250,000						250,000	
借 入 金		205,000						205,000
建物減価償却累計額		150,000		12,000				162,000
資 本 金		250,000						250,000
売　　　上		360,000				360,000		
受 取 家 賃		18,000	3,000			15,000		
受 取 地 代		15,000		1,800		16,800		
仕　　　入	240,000		20,000	30,000	230,000			
給　　　料	60,000				60,000			
保 険 料	12,000			3,500	8,500			
支 払 利 息	6,000		2,800		8,800			
計	998,000	998,000						
建物減価償却費			12,000		12,000			
前払保険料			3,500				3,500	
未 払 利 息				2,800				2,800
前 受 家 賃				3,000				3,000
未 収 地 代			1,800				1,800	
(当期純利益)					(72,500)			72,500
合　　　計			73,100	73,100	391,800	391,800	695,300	695,300

[1] 売上原価の算定

(借方) 仕	入	20,000	(貸方) 繰 越 商 品	20,000
(借方) 繰 越 商 品	30,000	(貸方) 仕	入	30,000

●第8章　貸借対照表および損益計算書の作成プロセス

8 精算表

［2］減価償却

（借方）建物減価償却費※ 12,000　　（貸方）建物減価償却累計額　12,000

※400,000×0.9÷30年＝12,000

［3］経過勘定

1）保険料前払高

（借方）前 払 保 険 料　3,500　　（貸方）保　　険　　料　3,500

2）支払利息未払高

（借方）支 払 利 息　2,800　　（貸方）未 払 利 息　2,800

3）受取家賃前受高

（借方）受 取 家 賃　3,000　　（貸方）前 受 家 賃　3,000

4）受取地代未収高

（借方）未 収 地 代　1,800　　（貸方）受 取 地 代　1,800

9 特殊論点

1 伝　票

❶▶ 伝票の意義

　伝票とは、仕訳帳の代わりに用いられる、取引を記録する紙片である。伝票を作成することを「起票する」という。伝票には、仕訳伝票、入金伝票、出金伝票、振替伝票などがある。手続きの省略などの工夫によりいくつかの起票方法に分類されるが、ここでは「3伝票制」を学習する。

❷▶ 3伝票制

1　3伝票制の意義

　3伝票制とは、すべての取引を入金取引、出金取引、それ以外の取引の3つに分けて、入金取引は入金伝票に、出金取引は出金伝票に、それ以外の取引は振替伝票に記入する方法である。

2　入金伝票の起票

　入金取引は、仕訳を行うと借方の勘定科目がすべて「現金」となる取引なので、入金伝票の科目欄には、貸方の勘定科目を記入する。

設 例 🖊

　次の入金伝票にもとづいて、2月1日の仕訳を示しなさい。

入金伝票	
20×1年2月1日	
科　　　目	金　　　額
売　掛　金	80

解 答　2／1　（現金）　80　（売掛金）　80

　入金伝票では、借方の勘定科目は「現金」が前提となるため、入金伝票自体に現金という勘定科目を示す必要はない。

3　出金伝票の起票

　出金取引は、仕訳を行うと貸方の勘定科目がすべて「現金」となる取引なので、

294　●第8章　貸借対照表および損益計算書の作成プロセス

9 特殊論点

出金伝票の科目欄には、借方の勘定科目を記入する。

設 例 🖊

次の出金伝票にもとづいて、2月2日の仕訳を示しなさい。

出金伝票 20×1年2月2日	
科　　目	金　　額
買　掛　金	70

解 答　2／2　（買掛金）　70　（現金）　70

出金伝票では、貸方の勘定科目は「現金」が前提となるため、出金伝票自体に現金という勘定科目を示す必要はない。

---

4 振替伝票の起票

振替伝票には、入金取引・出金取引以外（振替取引という）を記入する。片方の勘定科目が決まっている入金伝票や出金伝票とは違い、通常の仕訳と同様の記入を行う。

設 例 🖊

次の振替伝票にもとづいて、2月3日の仕訳を示しなさい。

振替伝票 20×1年2月3日			
借 方 科 目	金　　額	貸 方 科 目	金　　額
売　掛　金	50	売　　　上	50

解 答　2／3　（売掛金）　50　（売上）　50

振替伝票に記入される取引は入金と出金以外（現金勘定が出てこない）取引である。したがって、通常の仕訳と同様に借方科目、貸方項目の両方を記入する必要がある。よって、解答となる仕訳は振替伝票に起票された内容そのものになる。

295

❸ ▶ 一部現金取引

1 一部現金取引の意義と起票方法

取引の中には、入金取引または出金取引と振替取引とが同時に含まれているものがある。このような取引を**一部現金取引**という。

一部現金取引の仕訳の例として、次のようなものがある。

① 商品100円を売上げ、代金のうち20円は現金で受け取り、残りは掛けとした。

(売　掛　金)	80	(売　　　上)	100
(現　　　金)	20		

② 商品50円を仕入れ、代金のうち10円は現金で支払い、残りは掛けとした。

(仕　　　入)	50	(買　掛　金)	40
		(現　　　金)	10

このような取引は1枚の伝票で仕訳することができないため、ひとつの取引を2つに分けて、2枚の伝票を用いて起票する。具体的には、現金収支のあった部分だけ入金伝票または出金伝票を起票し、現金収支をともなわない部分については振替伝票を起票する。

なお、一部現金取引の起票方法（取引を2つに分けるやり方）には、**取引を分割する方法**と、**取引を擬制する方法**とがある。

2 取引を分割して記入する方法

取引を分割する方法とは、取引を現金取引とそれ以外の取引（振替取引）に分けて起票する方法をいう。

前記①の場合、売上100円の内訳は、掛けによる売上が80円なので、この部分は振替伝票を起票する。そして、残り20円については現金売上となっているので、入金伝票を起票する。

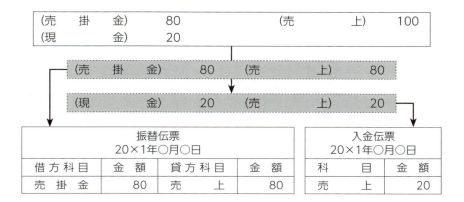

3 取引を擬制して記入する方法

　取引を擬制する方法とは、商品の売上げ（仕入れ）が行われた場合、いったん全額を掛けで売上げ（仕入れ）、ただちに売掛金（買掛金）の一部を現金で受け取った（支払った）ように起票する方法をいう。

　前記①の場合、いったん100円を掛けで売上げたとして振替伝票を起票する。そして、売掛金のうち20円については、ただちに現金で受け取ったとして入金伝票を起票する。

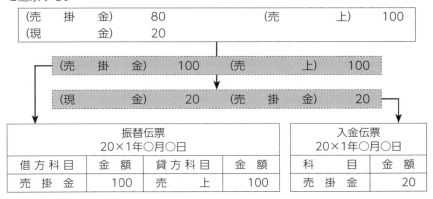

設 例

　商品120,000円を売り上げ、代金のうち30,000円を現金で受け取り、残額を掛けとした。以下のように入金伝票を作成した場合、振替伝票はどのように記入すべきか。　　　　　　　　　　　　　　　　〔H30−1改題〕

入金伝票
売掛金　　30,000

振替伝票
（　　　　　　　　　）

解　答　（借）売掛金120,000　（貸）売　上120,000

　　入金伝票の相手勘定が売掛金であるため、取引を擬制する方法により起票を行っていると判断される。
　　取引を擬制する方法とは、商品の売上げが行われた場合、いったん全額を掛けで売上げ、ただちに売掛金の一部を現金で受け取ったように起票する方法をいう。本問の場合、いったん120,000円を掛けで売上げたとして振替伝票を起票する。そして、売掛金のうち30,000円については、ただちに現金で受け取ったとして入金伝票を起票する。

2 本支店会計

❶▶本支店会計の必要性

　事業規模や取引量が拡大していくと、企業は営業活動上の必要性から各地に支店や営業所を設けるようになる。そうすると、本店と支店、あるいは支店間相互の取引が生じる。そこで、これらの取引を処理する会計制度が必要となる。さらに、支店独自の業績を把握し、会社全体の経営成績や財政状態を明らかにすることも必要となってくる。これらの要請に応える会計制度が本支店会計である。
　支店が複数存在する場合など個別の処理は複雑である。試験対策上は、「本支店間の取引」と「未達処理」に関する基本的な内容を学習する。

❷▶本支店間取引

　本支店間の貸借関係を処理するために、「本店」および「支店」勘定を使う。これらは本支店間取引における債権・債務と考えるとよい。本店の支店に対する債権を「支店」勘定で処理し、支店の本店に対する債務を「本店」勘定で処理する（通常は、本店が債権を有し、支店が債務を有することになる）。なお、本店および支店勘定は内部取引を処理するための勘定であり、公表用財務諸表には反映されない（最終的に相殺消去される）。いくつかの仕訳を確認してみよう。

9 特殊論点

①本店が支店に1,000円送金した（本店に債権、支店に債務が発生）

本 店	支 店
(借)支 店 1,000 (貸)現 金 1,000	(借)現 金 1,000 (貸)本 店 1,000

②支店が本店に500円送金した（本店の債権、支店の債務が減少）

本 店	支 店
(借)現 金 500 (貸)支 店 500	(借)本 店 500 (貸)現 金 500

③本店が支店の買掛金500を支払った（本店に債権、支店に債務が発生）

本 店	支 店
(借)支 店 500 (貸)現 金 500	(借)買掛金 500 (貸)本 店 500

④支店が本店の買掛金500を支払った（本店の債権、支店の債務が減少）

本 店	支 店
(借)買掛金 500 (貸)支 店 500	(借)本 店 500 (貸)現 金 500

⑤本店が支店の売掛金500を受け取った（本店の債権、支店の債務が減少）

本 店	支 店
(借)現 金 500 (貸)支 店 500	(借)本 店 500 (貸)売掛金 500

⑥支店が本店の売掛金500を受け取った（本店の債権、支店の債務が発生）

本 店	支 店
(借)支 店 500 (貸)売掛金 500	(借)現 金 500 (貸)本 店 500

①～⑥の本店および支店における仕訳は、最終的に1つにまとめられる。たとえば⑥の仕訳をまとめると、

(借)支 店 500	(貸)売掛金 500
(借)現 金 500	(貸)本 店 500

となる。本店および支店勘定は相殺消去されるため、公表用財務諸表には、売掛金500を現金で500回収したという取引のみが反映されることになる。

❸▶未達処理

　本支店間取引が決算日直前になされた場合、送金通知などが決算日現在、未だ他店に届いていない場合がある。この場合、本支店いずれか一方では記帳済みであるにもかかわらず、他方では未だ記帳されていないという事態が生じる。このような取引を**未達取引**という。

　未達取引があるということは、内部取引について本来行うべき処理がなされていないということを意味する。また、本店勘定および支店勘定残高が一致せず、両勘

299

定を相殺消去することができなくなる。そこで、決算整理において未達取引を処理する必要が生じる。いくつかの仕訳を確認してみよう。

①本店が支店に1,000円送金したが、支店に未達である。

期中処理

本 店	支 店
(借)支　店 1,000 (貸)現　金 1,000	未　処　理

決算整理

本 店	支 店
処　理　済	(借)現　金 1,000 (貸)本　店 1,000

②支店が本店に500円送金したが、本店に未達である。

期中取引

本 店	支 店
未　処　理	(借)本　店　500 (貸)現　金　500

決算整理

本 店	支 店
(借)現　金　500 (貸)支　店　500	処　理　済

③本店が支店の買掛金500を支払ったが、支店に未達である。

期中取引

本 店	支 店
(借)支　店　500 (貸)現　金　500	未　処　理

決算整理

本 店	支 店
処　理　済	(借)買掛金　500 (貸)本　店　500

④支店が本店の買掛金500を支払ったが、本店に未達である。

期中取引

本 店	支 店
未　処　理	(借)本　店　500 (貸)現　金　500

決算整理

本 店	支 店
(借)買掛金　500 (貸)支　店　500	処　理　済

300　●第8章　貸借対照表および損益計算書の作成プロセス

9 特殊論点

⑤本店が支店の売掛金500を受取ったが、支店に未達である。

期中取引

本　店	支　店
(借)現　金　500 (貸)支　店　500	未　処　理

決算整理

本　店	支　店
処　理　済	(借)本　店　500 (貸)売掛金　500

⑥支店が本店の売掛金500を受取ったが、本店に未達である。

期中取引

本　店	支　店
未　処　理	(借)現　金　500 (貸)本　店　500

決算整理

本　店	支　店
(借)支　店　500 (貸)売掛金　500	処　理　済

設　例 🖊

　当社は支店分散計算制度を採用しており、本支店間の債権債務は支店勘定と本店勘定をそれぞれ利用して会計処理している。未達事項整理前の本店の支店勘定残高は400,000円（借方残高）であり、決算において判明した未達事項は以下のとおりであった。未達事項整理後の支店の本店勘定貸方残高として、最も適切なものを下記の解答群から選べ。　　　　　　　　　　〔H26－4〕

【未達事項】
・本店から支店に現金70,000円を送付した。
・支店は本店負担の運送費30,000円を支払った。
・支店は本店の売掛金80,000円を回収した。

〔解答群〕
　ア　300,000円　イ　350,000円　ウ　380,000円　エ　450,000円

解　答　**エ**

　　未達事項整理後の本店・支店勘定の残高は一致することから、本店の「支店勘定借方残高」は、本設問で求める支店の「本店勘定貸方残高」を示すことになる。「支店の本店勘定貸方残高」は、支店の本店勘定の貸方残高が不明であるため、本店の「支店勘定借方残高」を明らかにすること

301

になる。

設問の未達事項を整理すると、次のようになる。

・本店から支店に現金70,000円を送付した。

	本店の仕訳	支店の仕訳
送金時	（支店）70,000　（現金）70,000	到着していない（仕訳なし）
未達整理	仕訳なし	（現金）70,000　（本店）70,000

・支店は本店負担の運送費30,000円を支払った。

	本店の仕訳	支店の仕訳
支払時	連絡がない	（本店）30,000　（現金）30,000
未達整理	（運送費）30,000　（支店）30,000	仕訳なし

・支店は本店の売掛金80,000円を回収した。

	本店の仕訳	支店の仕訳
回収時	連絡がない	（現金）80,000　（本店）80,000
未達整理	（支店）80,000　（売掛金）80,000	仕訳なし

以上より、本店の未達事項整理前の支店勘定残高に、運送費30,000円と売掛金80,000円に関する未達事項のみを処理する。

したがって、

借方残高400,000－貸方30,000＋借方80,000＝450,000（円）

となる。この450,000円は、本店の未達整理後の支店勘定残高（借方）であり、支店の未達整理後の本店勘定残高（貸方）と一致することになる。

第9章

キャッシュフロー計算書の
作成プロセス

Registered Management Consultant

第9章 キャッシュフロー計算書の作成プロセス

本章の体系図

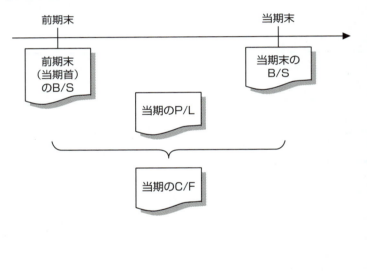

当期のキャッシュフロー計算書（C/F）は、2期の貸借対照表（B/S）と当期の損益計算書（P/L）から作成する。

❗ 本章のポイント

◇ 直接法によるキャッシュフロー計算書の作成ができる。
◇ 間接法によるキャッシュフロー計算書の作成ができる。

1 キャッシュフロー計算書の具体例

　キャッシュフロー計算書の作成プロセスについて学習する。「なぜ、そのような処理を行うのか」について理解するためには簿記の知識が必要となるが、本テキストでは簿記の個別処理については試験で必要となる部分しか触れていない。また、本テキスト記載のキャッシュフロー作成手順自体も、試験にあわせて掲載項目を限定している。試験対策としてはキャッシュフロー計算書の作成ができれば十分であり、必要以上に悩まず、本テキスト記載の作成手順を覚えておこう。

　貸借対照表は一定時点の財政状態を、損益計算書は一定期間の経営成績を表すのに対し、キャッシュフロー計算書は、一定期間のキャッシュ（現金及び現金同等物）の増減を表すものである。キャッシュフロー計算書は、実際に、キャッシュが企業に流入したり、企業から流出しなければ数値の変化が起こらないため、企業のキャッシュの流れを的確に把握するのに適している。

\<預金通帳\>				
日付	摘要	入金	出金	残高
4月1日				300
4月2日	仕入代金支払		100	200
4月10日	売上代金入金	200		400
4月15日	固定資産購入		150	250
4月25日	経費支払		80	170
4月30日	借入	140		310
－	合計	340	330	－

　預金通帳のままでは、報告用として見づらい。そこで、キャッシュフロー計算書では、3つの活動別に区分して表示する。以下は、正式なキャッシュフロー計算書ではないが、キャッシュフロー計算書の書式をイメージしてほしい。

キャッシュフロー計算書		
営業活動CF	営業収入	200
	仕入支出	−100
	経費支出	−80
	計	20
投資活動CF	計	−150
財務活動CF	計	140
合計		10

キャッシュフロー計算書は、次のように区分して表示する。

I	営業活動によるキャッシュフロー	×××	（注1）
II	投資活動によるキャッシュフロー	×××	（注1）
III	財務活動によるキャッシュフロー	×××	（注1）
IV	現金及び現金同等物に係る換算差額	×××	（注2）
V	現金及び現金同等物の増加額（減少額）	×××	←I〜IVまでの合計
VI	現金及び現金同等物の期首残高	×××	
VII	現金及び現金同等物の期末残高	×××	←V＋VI

（注1）キャッシュフロー（資金の収入・支出）を営業活動、投資活動、財務活動
の3つに区分して記載する。

（注2）本来のキャッシュフローではないが、外貨建ての現金及び現金同等物は、
為替相場の変動により価値が変動するため、その増減額を「現金及び現金同
等物に係る換算差額」として記載する。

POINT

●営業活動によるキャッシュフロー（直接法）

・営業収入が計算できる（貸倒れがある場合も含む）。

・仕入による支出が計算できる。

・人件費の支出、その他の営業支出が計算できる（経過勘定の調整がわかる）。

●投資活動によるキャッシュフロー

・有形固定資産の売却による収入額が計算できる。

●財務活動によるキャッシュフロー

・財務活動によるキャッシュフローが計算できる。

●営業活動によるキャッシュフロー（間接法）

・各項目の記載順序が理解できる。

・各項目のプラスマイナスの調整が理解できる（営業外損益と特別損益の項目
は符号が損益計算書と逆になる）。

・利息に関して、小計までの調整と小計以下の調整ができる。

1　キャッシュフロー計算書の具体例

　キャッシュフロー計算書には、次のように「直接法」によるものと、「間接法」によるものがあり、「Ⅰ　営業活動によるキャッシュフロー」の「小計」までの計算方法が異なっている。

直接法の例

キャッシュフロー計算書	
自　×年×月×日　至　×年×月×日	
Ⅰ　**営業活動によるキャッシュフロー**	
営業収入	6,590
原材料又は商品の仕入れによる支出	△4,300
人件費の支出	△　600
その他の営業支出	△　280
小　　計	1,410
利息及び配当金の受取額	50
利息の支払額	△　70
法人税等の支払額	△　500
営業活動によるキャッシュフロー	890
Ⅱ　**投資活動によるキャッシュフロー**	
有形固定資産の取得による支出	△　800
長期貸付金の回収による収入	200
投資活動によるキャッシュフロー	△　600
Ⅲ　**財務活動によるキャッシュフロー**	
長期借入金の返済による支出	△　200
株式の発行による収入	800
配当金の支払額	△　400
財務活動によるキャッシュフロー	200
Ⅳ　**現金及び現金同等物の増加額（又は減少額）**	490
Ⅴ　**現金及び現金同等物の期首残高**	1,370
Ⅵ　**現金及び現金同等物の期末残高**	1,860

間接法の例

キャッシュフロー計算書	
自　×年×月×日　至　×年×月×日	
Ⅰ　**営業活動によるキャッシュフロー**	
税引前当期純利益（又は税引前当期純損失）	1,300
減価償却費	200
貸倒引当金の増加額	10
受取利息及び受取配当金	△　40
支払利息	60
売上債権の増加額	△　200
たな卸資産の減少額	200
仕入債務の減少額	△　100
未払費用の減少額	△　20
小　　計	1,410
⋮	
（以下、直接法と同じ。）	

2 直接法によるキャッシュフロー計算書の作成

キャッシュフロー計算書は、営業活動によるキャッシュフロー、投資活動によるキャッシュフロー、財務活動によるキャッシュフローの3つに区分される。

1 営業活動によるキャッシュフロー

営業活動によるキャッシュフローには、主として営業損益計算の対象となった取引のほか、投資活動および財務活動以外の取引によるキャッシュフローを記載する。直接法による営業活動によるキャッシュフローの区分には、次の主な項目を記載する。

```
Ⅰ 営業活動によるキャッシュフロー
   営業収入                      ×××
   原材料又は商品の仕入支出        △×××
   人件費の支出                  △×××
   その他の営業支出              △×××
   小計                          ×××   ←本来の営業CF
   利息及び配当金の受取額          ×××  ┐
   利息の支払額                  △×××  ├ その他の取引によるCF
   法人税等の支払額              △×××  ┘
   営業活動によるキャッシュフロー   ×××
```

以下、各項目の算出について学習する。「↑」は、貸借対照表の項目に付しており、期末の金額から期首の金額を差し引くという意味合いである（すべての計算式を「↑」に揃えている）。

❶ ▶ 営業収入

営業収入は、損益計算書の売上高に売上債権等の増減額を加減して計算する。

> ＋営業収入＝＋売上高－売上債権↑＋前受金↑－当期貸倒額※
> ※－当期貸倒額＝－貸倒損失－貸倒引当金繰入額＋貸倒引当金↑

2 直接法によるキャッシュフロー計算書の作成

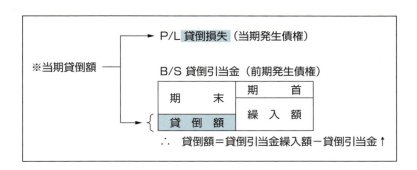

設 例

次の資料に基づき、営業収入の額を計算せよ。

損益計算書の一部
| 売 上 高 | 100 |

貸借対照表の一部
売上債権：前期末 40、当期末 60

解 答 80

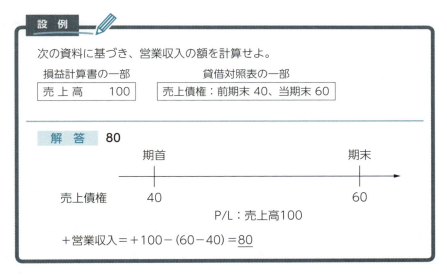

＋営業収入＝＋100－（60－40）＝80

補足　前受金と貸倒れがある場合

設例 次の資料に基づき、営業収入の額を計算せよ。

損益計算書の一部

売　上　高	100
貸倒引当金繰入額	2
貸倒損失	4

貸借対照表の一部

売上債権：前期末 40、当期末 60
前　受　金：前期末 10、当期末 12
貸倒引当金：前期末　2、当期末　3

解　答 77

－当期貸倒額＝－貸倒損失4－貸倒引当金繰入額2＋貸倒引当金↑1
　　　　　　＝－5
＋営業収入＝＋100－(60－40)＋(12－10)－5＝<u>77</u>

❷▶原材料又は商品の仕入れによる支出（あるいは、商品の仕入れによる支出）

商品の仕入れによる支出は、損益計算書の売上原価に棚卸資産の増減、仕入債務の増減、前払金の増減を加減して計算する。

－商品の仕入れによる支出＝－売上原価－棚卸資産↑＋仕入債務↑－前払金↑
※－売上原価－棚卸資産↑＝－当期仕入高

設例

次の資料に基づき、商品の仕入れによる支出の額を計算せよ。

損益計算書の一部

売上原価	600

貸借対照表の一部

棚卸資産：前期末 50、当期末 60
仕入債務：前期末 30、当期末 25

解　答 －615

	期首		期末
棚卸資産	50		60
仕入債務	30		25

P/L：売上原価600

－商品の仕入れによる支出＝－600－(60－50)＋(25－30)＝<u>－615</u>

補足 当期仕入高から計算する場合

設例 次の資料に基づき、商品の仕入れによる支出の額を計算せよ。

損益計算書の一部	貸借対照表の一部
当期仕入高　　　610	棚卸資産：前期末 50、当期末 60 仕入債務：前期末 30、当期末 25 前 払 金：前期末　8、当期末 10

解答 −617

−商品の仕入れによる支出＝−610＋(25−30)−(10−8)＝−617

本設例は、売上原価が与えられていないケースである。その場合は、売上原価を計算せずに、与えられた当期仕入高で計算すればよい（棚卸資産の調整は不要である）。

期首商品	50	売上原価	
当期仕入高			(600)
	610	期末商品	60

❸ 人件費の支出とその他の営業支出

　人件費の支出は、販売管理費のうち、人件費の経過勘定を調整する。人件費は、従業員の労働提供をもとに発生主義で損益計算書に費用計上されるため、実際の給与支払額とは通常同じにならない。同様に、その他の営業支出は、販売管理費のうち、その他の営業費に経過勘定を調整する。いずれも経過勘定の調整がポイントとなる。

```
−人件費の支出＝−人件費＋未払給与↑−前払給与↑
−その他の営業支出＝−その他営業費＋未払営業費↑−前払営業費↑
```

設例

次の資料に基づき、①人件費支出、②その他の営業支出を計算せよ。

損益計算書の一部	貸借対照表の一部
人件費　　　　600 その他営業費　450	未 払 給 与：前期末 15、当期末 18 未払営業費：前期末 25、当期末 22 前払営業費：前期末 18、当期末 16

解 答 ①−597 ②−451
①−人件費の支出＝−600＋(18−15)＝−597
②−その他の営業支出＝−450＋(22−25)−(16−18)＝−451

❹ その他の取引によるCF（小計以下の調整）

　本来の営業活動によるキャッシュフローではないが、投資活動および財務活動にも分類できないその他の取引によるキャッシュフローを記載し、最終的な営業活動によるキャッシュフローを計算する。たとえば、法人税等の支払額のようにすべての活動に関連し、特定の活動に分類できない支払額が記載される。

　なお、人件費の支出やその他の営業支出と同じように、いずれも経過勘定の調整がポイントとなる。

```
＋利息及び配当金の受取額＝＋受取利息＋前受利息↑−未収利息↑
−利息の支払額＝−支払利息＋未払利息↑−前払利息↑
−法人税等の支払額＝−法人税等＋未払法人税等↑
```

補足　損害賠償金の支払額について

　損害賠償金の支払額はいずれの活動にも属さないため、小計以下で調整する。

利息及び配当金の受取額	×××
利息の支払額	△×××
損害賠償金の支払額	△×××
法人税等の支払額	△×××
営業活動によるキャッシュフロー	×××

（利息の支払額～法人税等の支払額：その他の取引によるCF）

設例

　次の資料に基づき、①利息及び配当金の受取額、②利息の支払額、③法人税等の支払額を計算せよ。

損益計算書の一部

受取利息	120
支払利息	80
法人税等	20

貸借対照表の一部

未　収　利　息	：前期末 10、当期末 15
未　払　利　息	：前期末　8、当期末 11
未払法人税等	：前期末　4、当期末　6

2 直接法によるキャッシュフロー計算書の作成

> **解 答** ①115 ②−77 ③−18
> ①＋利息及び配当金の受取額＝＋120−(15−10)＝115
> ②−利息の支払額＝−80＋(11−8)＝−77
> ③−法人税等の支払額＝−20＋(6−4)＝−18

補足 法人税等の支払額について

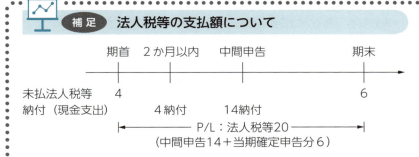

期首の未払法人税等4は、前期の確定申告分である。法人税等は決算日の翌日から2か月以内に税務署に納付するため、実際の現金支出は当期になる。同様に、期末の未払法人税等6は、当期の確定申告分であり、実際の現金支出は翌期になる。P/L上の法人税等は20であるが、実際に納付するのは18となる（法人税等の支払額はマイナス18となる）。

補足 貸借対照表の項目の符号

上記の計算式では、貸借対照表の借方項目（運用状態）が増えれば、キャッシュはマイナスに作用し、貸方項目（調達源泉）が増えれば、キャッシュはプラスに作用することが把握できる。

貸借対照表

資産↑	負債↑
⇒キャッシュ △調整	⇒キャッシュ ＋調整
	純資産↑
	⇒キャッシュ ＋調整

2 投資活動によるキャッシュフロー

投資活動によるキャッシュフローには、固定資産の取得および売却、有価証券の取得および売却によるキャッシュフロー等を記載する。投資活動によるキャッシュフローの区分には、次の主な項目を記載する。

① 有形固定資産の取得による支出
② 有形固定資産の売却による収入
③ 有価証券（あるいは投資有価証券）の取得による支出
④ 有価証券（あるいは投資有価証券）の売却による収入
⑤ 貸付けによる支出
⑥ 貸付けの回収による収入

有形固定資産の取得や売却によってキャッシュが増減する。資産を取得した場合には対価としてキャッシュが流出し、資産を売却した場合には対価としてキャッシュが流入する。試験対策上は、資産を売却した場合の収入額が計算できればよい。

（例）

有形固定資産の動きを図示すると、次のようになる。

期首簿価	売却時簿価
	120
500	減価償却費
当期取得	80
	期末簿価
0	300

売却時簿価が120と計算できる。売却損が30であるため、差額の90が売却による収入額となる。なお、この例で売却益が30だった場合は、売却による収入額はいくらになるであろうか。売却時簿価は120で変わらないため、120＋30＝150になる。

売却損30の場合

（借方）現　金　預　金　　90	（貸方）有形固定資産(簿価)　120
売　　却　　損　　30	

2　直接法によるキャッシュフロー計算書の作成

売却益30の場合

（借方）現　金　預　金	150	（貸方）有形固定資産（簿価）	120
		売　　却　　益	30

設例 🖋

　当期の資産と損益に関する次の資料（単位：千円）に基づいて、有形固定資産の売却による収入を求めよ（単位：千円）。なお、有形固定資産の取得はないものとする。　　　　　　　　　　　　　　　　　　　　〔H22－6改題〕

資　　　産			損　　　益	
	期　首	期　末	減価償却費	204
有形固定資産	4,870	4,700	固定資産売却益	15
減価償却累計額	1,200	1,320		
	3,670	3,380		

解　答　**101（千円）**

　有形固定資産の動きを図示すると、次のようになる。有形固定資産の動きを分析する場合は、帳簿価額（取得原価から減価償却累計額を控除した額）でとらえたほうがよい。

期首簿価		当期売却（簿価）	
			86
	3,670	減価償却費	
当期取得			204
		期末簿価	
	0		3,380

　貸借のバランスから、売却資産の簿価が86であることがわかる。簿価86の資産を売却した結果、固定資産売却益15となっていることから、収入額は86＋15＝101となる。

　なお、期首売却を前提に、有形固定資産および減価償却累計額勘定の動きと、有形固定資産売却時の仕訳を示すと以下のようになる。

有形固定資産			減価償却累計額		
期首残高		売却資産	売却資産		期首残高
4,870		170	84		1,200
		期末残高	期末残高		減価償却費
		4,700	1,320		204

315

※売却資産取得価額170−売却資産減価償却累計額84＝売却資産簿価86

（借方）	減価償却累計額	84	（貸方）	有形固定資産	170
	現　金　預　金	101		固定資産売却益	15

3 財務活動によるキャッシュフロー

　財務活動によるキャッシュフローには、資金の調達および返済によるキャッシュフローや配当金の支払いなどを記載する。財務活動によるキャッシュフローの区分には、次の主な項目を記載する。

① 株式の発行による収入
② 社債の発行による収入
③ 社債の償還による支出
④ 短期借入金あるいは長期借入金の借入れによる収入
⑤ 短期借入金あるいは長期借入金の返済による支出
⑥ 配当金の支払いによる支出

設例

　次の資料に基づき、財務活動によるキャッシュフローを計算せよ。

貸借対照表の一部

短期借入金：前期末 500、当期末 600
長期借入金：前期末 780、当期末 800

※配当金の支払額：70

解答 50

短期借入金の借入れによる収入＝600−500＝100
長期借入金の借入れによる収入＝800−780＝20
配当金の支払額＝−70
∴ 財務活動によるキャッシュフロー＝100＋20−70＝50

3 間接法によるキャッシュフロー計算書の作成

営業活動によるキャッシュフロー（間接法：小計まで）は次のように表示する。なお、投資活動によるキャッシュフローおよび財務活動によるキャッシュフローの区分には、直接法と間接法の区別はない。

（間接法）

I 営業活動によるキャッシュフロー		
税引前当期純利益	＋×××	①P/Lの数値
減価償却費	＋×××	②非資金費用の調整
貸倒引当金の増加額	＋×××	③貸倒れ関連の調整
受取利息及び受取配当金	－×××	④営業利益への修正
支払利息	＋×××	
有形固定資産売却益	－×××	
売上債権の増加額	－×××	⑤売上高、売上原価関連の資産／負債の調整
たな卸資産の増加額	－×××	
仕入債務の増加額	＋×××	
前受金の増加額	＋×××	
前払金の増加額	－×××	
未払費用（営業関連）の増加額	＋×××	⑥その他の調整
前払費用（営業関連）の増加額	－×××	
小　計	×××	←直接法と同額になる

① 損益計算書の末尾の「税引前当期純利益」をそのまま転記する。
② 非資金費用（減価償却費等）については、キャッシュが社内留保されているため加算する。
③ 貸倒れに関する調整を行う。ここでは、P/Lの貸倒引当金繰入額ではなく、貸倒引当金の純増額を記入する。
④ 営業活動以外の損益（営業外損益、特別損益）を除去するため、損益計算書の項目を符号を逆にして調整する。
⑤ 売上高、売上原価に関連する資産／負債の増減を調整する。
⑥ 販管費に関連する資産／負債（経過勘定）の増減を調整する。
※⑤と⑥は増加や減少によって符号が変わるため注意する。

補足　調整項目

調整項目の「加算」「減算」はあくまでも例示である。たとえば、貸倒引当金が増加した場合は、加算調整するが、減少した場合は、減算調整する。また、有形固定資産売却益は減算調整するが、有形固定資産売却損は加算調整する。

ワンポイント アドバイス

間接法によるキャッシュフロー計算書の作成手順には、税引前当期純利益から営業利益への修正（逆算）を行う過程が含まれている。実際には、単純な逆算ではないが、診断士試験においては「税引前当期純利益から営業利益まで、P/Lの数値を逆算する」と考えて問題ない。営業活動によるキャッシュフローの小計より下の部分は、間接法でも直接法でも同じであり、この部分には「利息の支払額」「利息及び配当金の受取額」といった項目が記載される。「小計」の上と下で、利息や配当に関して記載される数値の意味が異なるので混乱しないように区別しておく必要がある。

3 間接法によるキャッシュフロー計算書の作成

設例

以下に掲げる当期のキャッシュフロー計算書（単位：千円）に基づいて、空欄AとBに入る数値の組み合わせとして、最も適切なものはどれか。〔H20-6〕

キャッシュフロー計算書

Ⅰ 営業活動によるキャッシュフロー

税 引 前 当 期 純 利 益	25,000
減 価 償 却 費	8,000
貸 倒 引 当 金 の 増 加 額	A
受取利息及び受取配当金	−4,300
支 払 利 息	7,200
有 形 固 定 資 産 売 却 益	B
売 上 債 権 の 増 加 額	−10,000
た な 卸 資 産 の 減 少 額	6,000
仕 入 債 務 の 減 少 額	−17,000
小 計	（ ）
利息及び配当金の受取額	4,700
利 息 の 支 払 額	−6,200
法 人 税 等 の 支 払 額	−9,000
営業活動によるキャッシュフロー	3,000

（ 以 下 省 略 ）

ア　A：−600　　B：−2,000
イ　A：−600　　B：　2,000
ウ　A：　600　　B：−2,000
エ　A：　600　　B：　2,000

解答　ウ

	科　目	符号	備　考
空欄A	貸倒引当金の増加額	＋	貸倒引当金は簿記上、貸方の項目であり、貸方の増加はキャッシュが＋に作用する。
空欄B	有形固定資産売却益	−	営業利益に戻すため、特別損益や営業外損益の符号は損益計算書の逆になる。

補足 **直接法と間接法の相違点**

　直接法と間接法の相違点は、営業活動によるキャッシュフローの区分の小計の金額の計算の仕方である。計算の仕方は異なるが、計算結果は同じである。

　直接法と間接法のどちらを選択するかは企業の任意であるが、処理が膨大になる場合には間接法のほうが簡便であり、多くの企業で間接法が採用されている。なお、直接法と間接法の特徴を比較すると次のようになる。

	直接法	間接法
表示	営業活動CF 　　営業収入　　××× 　　営業支出　△××× 　　小計　　　　×××	営業活動CF 　　税引前当期純利益　××× 　　調整項目を加減　±××× 　　小計　　　　　　　×××
作成の手間	総額表示のため非常に手間がかかる⇒　計算ミスしやすい	作成が簡単なため手間がかからない⇒　計算ミスしにくい
見やすさ	総額で表示するためわかりやすい	調整項目がわかりにくい
分析利用	経営分析に利用しにくい	経営分析に利用しやすい

営業活動によるキャッシュフローの構造

キャッシュフロー計算書の営業活動によるキャッシュフロー（小計まで）は、直接法でも間接法でも同じ結果となる。これは、両者のスタート段階における損益計算書の起点が異なるだけであって、修正すべき項目は全く同じだからである。

直接法によるキャッシュフロー計算書への修正を一覧できるようにしたものが、次の表である。

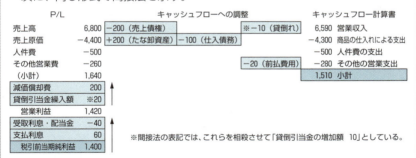

この表からわかるように、直接法による営業活動によるキャッシュフローは、損益計算書の非資金費用を除いた営業利益段階までの各項目を修正することで算定している。

次に、同じ形式で間接法を示す。

間接法におけるスタートは、税引前当期純利益であり、これに営業損益以外の損益と営業損益における非資金費用を逆算することで、非資金費用を除いた営業損益を求める。この営業損益に直接法と同じ修正を加えることで、キャッシュフロー計算書の小計を求めていることがわかる。

ただし、間接法では貸倒れ関連の表記は「貸倒引当金の増加額」となっているため、貸倒引当金繰入額と貸倒れ額を相殺させてこの数値を求めていることに留意したい。

第10章

原価計算

Registered Management Consultant

第10章 原価計算

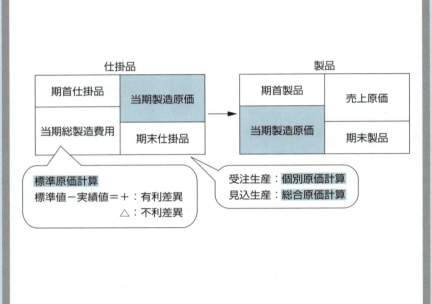

❗ 本章のポイント

◇ 総原価を構成要素別に分類できる(製造原価・販売費・一般管理費)。
◇ 製造原価を形態別に分類できる(材料費・労務費・経費)。
◇ 個別原価計算により当期製品製造原価が計算できる。
◇ 総合原価計算により当期製品製造原価が計算できる。
◇ 標準原価計算により差異分析が計算できる(直接材料費差異と直接労務費差異)。
◇ 全部原価計算と直接原価計算の相違が理解できる。

1 原価計算制度の基礎

　製造業における製造活動は企業内部で行われる活動であり、製品を製造するのにいくらお金がかかったのかを自ら計算する必要がある。たとえば、自動車製造業では、自動車を製造するために、鉄板やタイヤなどの材料の代金、製品を製造する労働者の賃金、製造に利用する電力やガス、水道などの料金がかかる。このような製品を製造するためにかかった金額のことを原価という。製造活動の記録のためには原価の計算が必要になる。この原価を正確に計算するための計算手続きを原価計算という。

１ 原価計算期間

　製造業においても、商品販売業と同様に一会計期間（通常１年）における活動の記録に基づいて、財務諸表を作成する。原価計算は通常１か月単位で行われ、この期間のことを原価計算期間という。１か月ごとに原価を計算するのは、製品の原価を迅速に計算するためであり、翌月において少しでも原価を低減するための資料として役立てていくことができる。

２ 原価の分類と構成

H29 10

　原価とは、経営活動により消費された経済的資源を貨幣支出額に基づいて測定したものである。本節においてはその原価の分類と体系について見ていく。

❶▶原価の基礎的分類

　原価は、次のように分類される。

１ 原価の職能による分類

　原価は、どのような経営活動に使われたのか（原価の職能）によって、以下のように分類できる。
　１）**製造原価**……製品の製造活動に要した原価
　　　例：材料費、労務費、製造にかかる経費など
　２）**販売費**………販売活動に要した原価
　　　例：販売員給料、広告宣伝費など
　３）**一般管理費**…一般管理活動に要した原価
　　　例：本社建物の減価償却費など
　なお、１）〜３）の合計を「総原価」という。
　　→　総原価＝製造原価＋販売費＋一般管理費

補足

非原価項目…原価計算に含めてはならない費用
例：営業外費用、特別損失

設　例

次の文章の空欄に入る最も適切なものを下記の解答群から選べ。〔H22－7〕

原価計算制度において、原価とは、経営における一定の給付にかかわらせて、財貨または用役（以下「財貨」という。）の消費を把握し、貨幣価値的に表したものである。原価は、　　　　に関して消費された経済価値であり、正常な状態における経営活動を前提として把握された価値の消費である。

〔解答群〕
　ア　財貨の生産
　イ　財貨の生産、販売
　ウ　財貨の生産、販売および財務活動
　エ　財貨の調達、生産

解　答　イ

原価計算制度における原価の範囲は広いとイメージしておけばよい。総原価＝製造原価＋販売費＋一般管理費であることがわかれば、「財貨の生産、販売」を選択できる。

❷ 製造原価の分類

■ 製造原価の種類による分類（形態別分類）

製造活動とは、経済的資源を「製造工程」に投入（インプット）し、その資源を変換させ、製品としてアウトプットすることをいう。このような製造工程に投入される資源を「**原価財**」という。

[10−1] **製造活動の流れ**

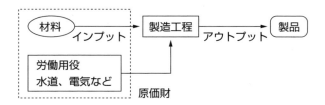

このような製造工程で原価財を消費すると製造原価が発生する。この製造原価は、どのような原価財の対価であるかにより次のように分類できる。これを**製造原価の形態別分類**という。

1）**材料費（material costs）**
製造に使用する材料、部品などを消費したことで発生する原価
例：原材料費、買入部品費など

2）**労務費（labor costs）**
労働用役を消費したことで発生する原価
例：工員の賃金、工員の法定福利費など

3）**経費（expenses）**
1）、2）以外の製品の製造に要した費用
例：工場建物の減価償却費や水道光熱費など

2 製品との関連による分類

製品との関連による分類とは、その製品に対していくらかかったかがわかるかどうかによる分類で、次のように分類できる。

1）**製造直接費（direct costs）**
材料費などに見られる、製品との対応関係（例：車の製造ならばタイヤ４個が必要）が明白（＝個別計算可能）な製造原価
例：直接材料費

2）**製造間接費（indirect costs）**
複数の製品に共通に消費されるなどの理由で、製品との個別対応計算ができない製造原価
例：工場で共同使用のスパナ、工場長の給料、工場建物の減価償却費
以上より、製造原価は図表10−2のように分類できる。

[10−2] **製造原価の分類**

	製造直接費	製造間接費
材料費	直接材料費	間接材料費
労務費	直接労務費	間接労務費
経　費	直 接 経 費	間 接 経 費

さらに、製造原価を含めた総原価の構成は、図表10−3のように整理できる。

 [10−3] **原価の構成**

（出典『原価計算（六訂版）』岡本　清　国元書房　p.15）

たとえば、家具メーカーで考えた場合、各分類の具体例は次のとおりである。

直接材料費	主要材料費（家具の木材など） 買入部品費（家具に取り付ける鏡など）
間接材料費	補助材料費（補修用材料、接着剤など） 工場消耗品費（軍手、紙ヤスリなど）
直接労務費	直接工の直接作業時間賃金
間接労務費	間接作業時間賃金、監督者給料
直接経費	外注加工費
間接経費	工場等の減価償却費、水道光熱費

2 原価計算制度

原価計算制度とは、制度会計と結合して、利害関係者のために製造原価の明細を開示するための制度である。

1 製造原価報告書

製造業では、図表10−4の様式をもつ**製造原価報告書**（製造原価明細書ともいう）が貸借対照表と損益計算書に加えて作成される。

[10-4] 製造原価報告書の具体例と損益計算書との関係

```
              製造原価報告書
    会社名
            自 ×年×月×日  至 ×年×月×日

  Ⅰ 材  料  費
    1. 期首材料棚卸高        ×××
    2. 当期材料仕入高        ×××
         合    計          ×××
    3. 期末材料棚卸高        ×××
         当 期 材 料 費              ×××
  Ⅱ 労  務  費
    1. 賃        金         ×××
    2. 法 定 福 利 費       ×××
           ⋮                ⋮
         当 期 労 務 費              ×××
  Ⅲ 経     費
    1. 外 注 加 工 費       ×××
    2. 減 価 償 却 費       ×××
           ⋮                ⋮
         当 期 経 費                 ×××
         当期総製造費用                ×××
         期首仕掛品棚卸高              ×××
            合    計                 ×××
         期末仕掛品棚卸高              ×××
         当期製品製造原価              (×××)
```

```
              損 益 計 算 書
    会社名
            自 ×年×月×日  至 ×年×月×日

  Ⅰ 売  上  高                       ×××
  Ⅱ 売 上 原 価
    1. 期首製品棚卸高        ×××
    2. 当期製品製造原価     (×××)
         合    計          ×××
    3. 期末製品棚卸高        ×××        ×××
         売 上 総 利 益                 ×××
           ⋮      (省 略)              ⋮
```

以下、製造原価報告書の基礎的構造を簡単に解説しておく。

◤ 当期総製造費用の計算

製造原価報告書に示されているように、当期発生した材料費、労務費、経費をすべて合計したものを**当期総製造費用**という。

> **当期総製造費用＝材料費＋労務費＋経費**

次に、形態別に各原価の内容を見ていく。

1）材料費

材料費は、次の計算式で計上する。

> **材料費＝期首材料棚卸高＋当期材料仕入高－期末材料棚卸高**

当期総製造費用に計上される材料費には、このほか①買入部品費、②材料の仕入諸掛費などがある。

2）労務費

当期に発生した労務費のうち、製造部門にかかる部分を按分計算し、当期総製造費用に計上する。

当期総製造費用に計上される代表的な労務費には、①賃金、②法定福利費、③雑給（アルバイトなどの給料）、④退職給付費用などがある。これらはすべて、製造部門負担額を計算し、当期総製造費用に計上する。

3）経　費

当期に発生した経費のうち、製造部門にかかる部分を按分計算し、当期総製造費用に計上する。

当期総製造費用に計上される代表的な経費には、①外注加工費、②減価償却費、③水道光熱費、④修繕費、⑤福利厚生費（法律制度に基づいていない企業独自の福利厚生にかかる費用）などがある。これらもすべて、製造部門負担額を計算し、当期総製造費用に計上する。

設 例

次にあげる費目のうち、労務費ではないものの組み合わせを下記の解答群から選べ。 〔H25-9〕

- a 外注加工賃
- b 雑給
- c 従業員賞与手当
- d 所得税預り金
- e 割増賃金

〔解答群〕
- ア aとb
- イ aとd
- ウ bとc
- エ cとd
- オ dとe

解 答 イ

労務費は、原価計算基準において、具体的に次のように例示されている。

〈原価計算基準8〉

労務費とは、労働用役の消費によって生ずる原価をいい、おおむね次のように細分する。

1 賃金（基本給のほか割増賃金を含む）
2 給料
3 雑給
4 従業員賞与手当
5 退職給与引当金繰入額
6 福利費（健康保険料負担金等）

したがって、b、c、eは労務費となる。

なお、aの外注加工賃は直接経費であり、dの所得税預り金は会社が従業員に代わり納税するために従業員から預かった税金（源泉所得税）であるから、負債勘定となる。

よって、aとdが労務費ではないため、イが正解である。

なお、原価計算基準における6福利費は、会社負担額であり、従業員本人の負担する社会保険料ではない。

●第10章　原価計算

2 当期製品製造原価の計算

製造原価報告書の末尾に示されているように、当期総製造費用はそのまま当期製品製造原価となるのではなく、当期総製造費用に期首仕掛品棚卸高および期末仕掛品棚卸高を加減してはじめて当期製品製造原価が求められる。

> 当期製品製造原価＝期首仕掛品棚卸高＋当期総製造費用－期末仕掛品棚卸高

ここで、**仕掛品**とは、期末においていまだ完成していない製造途中の製品のことをいう。

1で計算した当期総製造費用は、前期末の未完成品（期首仕掛品）の工程に投入され完成品を製造している一方、当期末の未完成品（期末仕掛品）にも投入されたはずである。

原価計算とは、製品（完成品）の原価を計算するものであるから、期末において未完成品であるものに消費された原価は差し引いて考えなければならない。

図表 [10-5] 製造原価報告書と損益計算書の関係

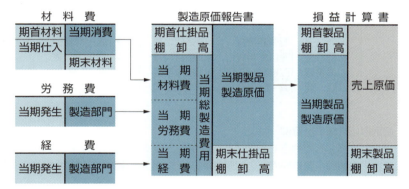

2 原価計算の種類

原価計算には、個別原価計算と総合原価計算、実際原価計算と標準原価計算といった分類がある。

❶▶個別原価計算と総合原価計算

1 個別原価計算
❶　個別原価計算とは
受注生産形態において採用される製品原価計算の方法であり、顧客からの注文1口に応じて発行される**製造指図書**ごとに区別して製品原価を算定し、**原価計算表**にその原価が集計される。

[10-6] **製造指図書と原価計算表**

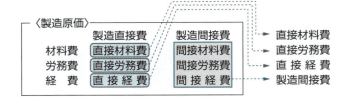

❷ **個別原価計算の計算法**
　個別原価計算では、製造直接費については各製造指図書ごとに実際に発生した原価を**賦課**し、製造間接費については、一定の配賦基準にしたがって各製造指図書に**配賦**する。

 [10-7] **個別原価計算の計算法**

❸ **個別原価計算の計算例**
　工場全体で発生した原価を次のように設定し、製造指図書No.101での材料使用量と直接労働時間、製造間接費の配賦基準として直接材料費を採用した場合の計算例は次のようになる。

 [10-8] **個別原価計算の計算例**

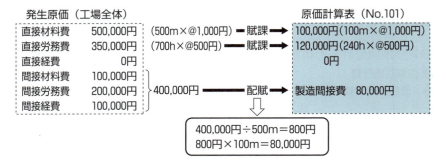

補足

ここで、製造指示書No.101～No.103は次のとおりである。

	No.101	No.102	No.103	合計
直接材料費 (@1,000)	100m	150m	250m	500m
直接労務費 (@500)	240h	160h	300h	700h
製造間接費 (400,000円)	800円×100m	800円×150m	800円×250m	400,000円

❹ 製造原価報告書との関係

工場全体で製造指図書No.101～No.103の製造が行われ、各製造指図書の原価計算表が次のとおりであったとすると（No.103のみ未完成）、製造原価報告書と損益計算書の関係は図表10－9のように表すことができる。

図表[10－9] 原価計算表（総括表）

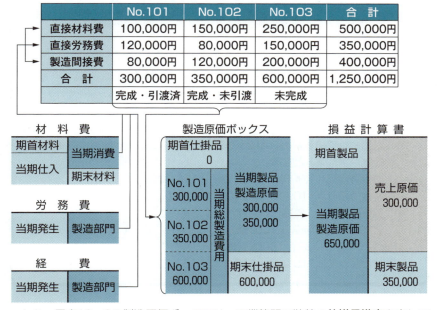

なお、図表10－9の製造原価ボックスは、工業簿記に独特の**仕掛品勘定**を表している。

仕 掛 品			
期 首 仕 掛 品	0	当期製品製造原価	650,000
直 接 材 料 費	500,000	期 末 仕 掛 品	600,000
直 接 労 務 費	350,000		
製 造 間 接 費	400,000		
	1,250,000		1,250,000

設 例

次の資料は、工場の20X1年8月分のデータである。このとき、製造指図書#123の製造原価を計算せよ（単位：円）。なお、すべて当月に製造を開始した。　　　　　　　　　　　　　　　　　　　　　　　　　〔H27−7改題〕

【資　料】
(1)　製造直接費

製造指図書	材料消費量	材料単価	直接作業時間	賃　率
#121	650kg	@110円/kg	90時間	1,000円/時
#122	750kg	@110円/kg	100時間	1,000円/時
#123	1,000kg	@110円/kg	110時間	1,000円/時

(2)　製造間接費
　　　実際発生額：90,000円
(3)　製造間接費は直接作業時間を配賦基準として各製品に配賦する。

解　答　　253,000（円）

個別原価計算制度に関する問題である。製造指図書#123の製造原価のみが問われているため、#123のみ計算すればよい。本問では製造間接費の配賦がポイントとなる。
　　直接材料費＝1,000kg×110円/kg＝110,000円
　　直接労務費＝110時間×1,000円/時＝110,000円
　　製造間接費は、直接作業時間が配賦基準のため、
　　90,000÷（90時間＋100時間＋110時間）＝300円/時
　　　　　　　　300円/時×110時間＝33,000
　　したがって、110,000＋110,000＋33,000＝253,000（円）となる。

●第10章　原価計算

2 総合原価計算

❶ 総合原価計算とは

大量生産形態において採用される製品原価計算の方法であり、1か月を原価計算期間として、その間に発生した原価を集計し、それを1か月間の生産量で除することにより製品単位当たりの製造原価を計算する。

❷ 総合原価計算の計算法

総合原価計算では、発生原価を**直接材料費**とそれ以外の原価（**加工費**）とに分類して集計することになる。

図表 [10-10] **総合原価計算の計算法**

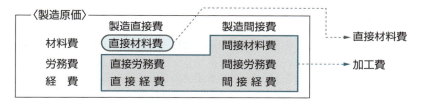

❸ 総合原価計算の計算例

ケース1

当月に生産を開始した製品が、すべて当月中に完成品になった場合

● 当月のデータ
1．生産データ
  製品　1,000個（すべて完成）
2．原価データ
  直接材料費　　600,000円
  加工費　　　　475,000円
  計　　　　　1,075,000円

このケースの場合、期首仕掛品および期末仕掛品が存在しないため、当期総製造費用がすべて**完成品総合原価**（当期製品製造原価）となり、完成品総合原価を完成品量で除することにより、**完成品単位原価**を求めることができる。

完成品総合原価＝直接材料費＋加工費＝1,075,000円
完成品単位原価＝1,075,000円÷1,000個＝1,075円/個

ケース2

当月に生産を開始した製品が、すべて完成せず、期末仕掛品が発生した場合

● 当月のデータ
　1．生産データ
　　当期投入　1,000個（完成品　900個、期末仕掛品　100個）
　　（注）材料は工程の始点で投入し、期末仕掛品の加工は50％まで終了している。
　2．原価データ
　　直接材料費　　　600,000円
　　加工費　　　　　475,000円
　　計　　　　　 1,075,000円

　期末仕掛品が存在する場合、原価データで示された当期総製造費用を完成品900個と期末仕掛品100個に按分する必要があるが、単純に完成品と期末仕掛品の個数による振分けを行うことはできない。

　なぜなら、完成品1単位と期末仕掛品1単位の原価を比較すると、期末仕掛品は未完成のため、完成品1単位の原価より期末仕掛品1単位の原価のほうが小さくなっているからである。

　そのため、このような場合には、期末仕掛品の原価が完成品の原価の何％に相当するかを判定する必要があり、その指標として「**進捗度**」という概念を使用する。

　進捗度とは、作業の進み具合のことであり、完成品を100％とした場合に仕掛品の作業は何％まで終了しているかを示すものである。

　上記のデータでは、材料は工程の始点で投入しているので完成品も期末仕掛品も同じと考えることができるため、直接材料費については進捗度を考慮しない数量で按分する。

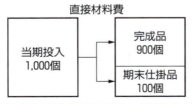

　しかしながら、期末仕掛品の加工の程度（進捗度）が示されているため、加工費については期末仕掛品の数量に進捗度を乗じて**完成品換算量**を求め、この完成品換算量をもとに按分する必要がある。

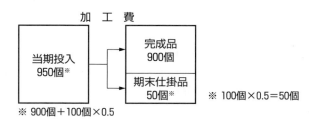

　次に、原価データで示された直接材料費および加工費を完成品と期末仕掛品に按分する。

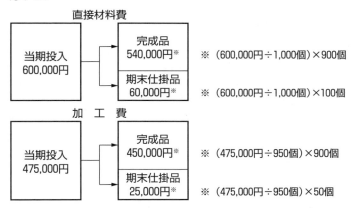

　以上より、**完成品総合原価**、**期末仕掛品原価**、**完成品単位原価**は次のように計算できる。

　　完成品総合原価＝直接材料費540,000円＋加工費450,000円＝990,000円
　　期末仕掛品原価＝直接材料費60,000円＋加工費25,000円＝85,000円
　　完成品単位原価＝990,000円÷900個＝1,100円/個

ケース3
　前月に生産を開始した製品が、前月中にすべて完成せずに仕掛品として当月に繰り越され、かつ当月も仕掛品が発生した場合

- 当月のデータ
  1. 生産データ
     - 期首仕掛品　　100個（進捗度50％）
     - 当期投入　　1,000個
     - 計　　　　　1,100個
     - 期末仕掛品　　200個（進捗度50％）
     - 完成品　　　　900個
     - （注）材料はすべて工程の始点で投入している。
  2. 原価データ

	直接材料費	加工費	計
期首仕掛品原価	71,000円	40,000円	111,000円
当期総製造費用	600,000円	475,000円	1,075,000円
計	671,000円	515,000円	1,186,000円

期首仕掛品が存在する場合には、期首仕掛品原価と当期総製造費用を完成品と期末仕掛品に配分することが必要となる。その配分方法には、**①先入先出法**、**②平均法**、の2つがあり、順を追って計算方法を確認する。

① **先入先出法を採用した場合**
- 先入先出法のイメージ

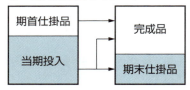

第10章　原価計算

● 計算法（生産データと原価データをまとめて図示する）

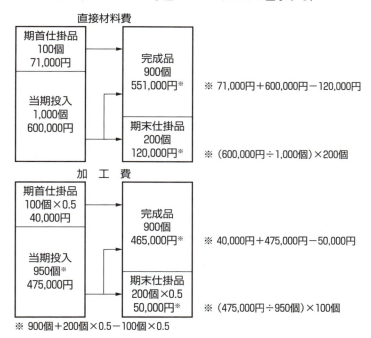

※ 900個＋200個×0.5－100個×0.5

完成品総合原価＝551,000円＋465,000円＝1,016,000円
期末仕掛品原価＝120,000円＋50,000円＝170,000円
完成品単位原価＝1,016,000円÷900個≒1,129円/個

② **平均法**を採用した場合

● 平均法のイメージ

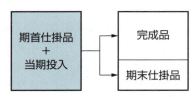

● 計算法

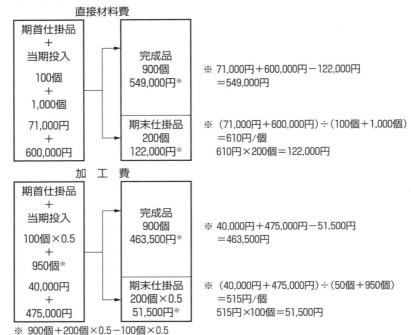

完成品総合原価＝549,000円＋463,500円＝1,012,500円
期末仕掛品原価＝122,000円＋51,500円＝173,500円
完成品単位原価＝1,012,500円÷900個＝1,125円/個

❹ 製造原価報告書および損益計算書との関係（ケース3 ①先入先出法の場合）

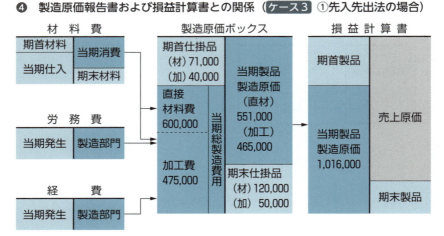

2 · 原価計算制度

設例 ✎

　以下のデータに基づき、期末仕掛品原価を計算せよ。なお、材料は工程の始点で投入される。　　　　　　　　　　　　　　　　　　　〔H25－11改題〕

・数量データ
　当月投入　　　　800単位
　当月完成品　　　600単位
　月末仕掛品　　　200単位　　　（加工進捗度0.5）

・原価データ
　直接材料費　　　1,440千円
　加工費　　　　　1,400千円

解答　560

　直接材料費と加工費について、数量および原価データを図示すると次のようになる。

直接材料費

期首仕掛品 数量：0単位 原価：0円	完成品 数量：600単位 原価：
当期投入 数量：800単位 原価：1,440千円	期末仕掛品 数量：200単位 原価：

（1,440千円÷800単位）×600単位
＝1,080千円

（1,440千円÷800単位）×200単位
＝360千円

加工費

期首仕掛品 数量：0単位 原価：0円	完成品 数量：600単位 原価：
当期投入 数量：700単位 原価：1,400千円	期末仕掛品 数量：100単位※ 原価：

（1,400千円÷700単位）×600単位
＝1,200千円

（1,400千円÷700単位）×100単位
＝200千円

※200単位×加工進捗度0.5

以上より、
　期末仕掛品原価＝360＋200＝560（千円）　となる。

343

❷ ▶ 実際原価計算と標準原価計算

1 実際原価計算

実際原価計算とは、製品を製造するのに必要とした原価を、製品の製造後に把握する原価計算の方法である。

2 標準原価計算

標準原価計算とは、製品の製造前に、その製品を製造するための標準的な原価を設定し、実際に必要とした原価と比較対照することにより、原価差異を把握し、原価能率を高める方法である。

標準原価計算にも実際原価計算と同様に、個別原価計算と総合原価計算があるが、試験対策上、標準総合原価計算を学習する。

図表 [10-11] 標準原価計算

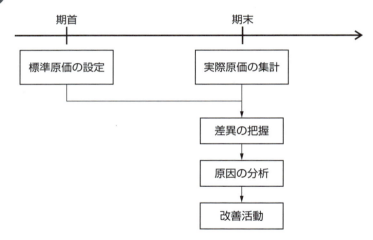

❶ 原価標準の設定

製品1個当たりの標準原価を、**原価標準**（cost standard）という。
原価標準の設定例を以下に示す。

- **標準直接材料費** ＝標準価格(SP)×標準消費量(SQ)
  　　　　　　　　＝＠300円×8kg＝2,400円/個
  標 準 価 格：材料価格の標準
  標準消費量：製品1個当たりの材料消費量の標準
- **標準直接労務費** ＝標準賃率(SLR)×標準作業時間(SH)
  　　　　　　　　＝＠400円×4時間＝1,600円/個
  標 準 賃 率：賃率の標準

標準作業時間：製品1個当たりの作業時間の標準
- **標準製造間接費**＝標準配賦率(SR)×標準作業時間(SH)
      ＝@500円×4時間＝2,000円/個
  標 準 配 賦 率：製造間接費の配賦率の標準
  標準作業時間：製品1個当たりの作業時間の標準
- **生産データ**
  期首仕掛品数量：20個（20%）
  期末仕掛品数量：30個（80%）
  完成品数量：230個

以上より、原価標準は次のように計算できる。
  原価標準＝標準直接材料費＋標準直接労務費＋標準製造間接費
      ＝2,400円＋1,600円＋2,000円
      ＝6,000円/個

❷ **期間標準原価の計算**

当期の生産データから、当期の材料標準消費量が1,920kg、標準作業時間が1,000時間と把握されたとする。

この場合、**期間標準原価**は次のように計算できる。
  標準直接材料費＝標準価格(SP)×標準消費量(SQ)
      ＝@300円×1,920kg＝576,000円
  標準直接労務費＝標準賃率(SLR)×標準作業時間(SH)
      ＝@400円×1,000時間＝400,000円
  標準製造間接費＝標準配賦率(SR)×標準作業時間(SH)
      ＝@500円×1,000時間＝500,000円
  期間標準原価　＝576,000円＋400,000円＋500,000円
      ＝1,476,000円

❸ **実際原価の集計**

実際原価は次のように集計されたとする。
  実際直接材料費＝実際価格(AP)×実際消費量(AQ)
      ＝@320円×1,950kg＝624,000円
  実際直接労務費＝実際賃率(ALR)×実際作業時間(AH)
      ＝@380円×1,050時間＝399,000円
  実際製造間接費＝実際発生額
      ＝594,300円
  実際原価　　　＝624,000円＋399,000円＋594,300円
      ＝1,617,300円

❹ 標準原価差異の把握
標準原価と実際原価の差額が**標準原価差異**となる。

	標準原価		実際原価		標準原価差異
直接材料費	576,000円	−	624,000円	=	− 48,000円
直接労務費	400,000円	−	399,000円	=	＋ 1,000円
製造間接費	500,000円	−	594,300円	=	− 94,300円
計	1,476,000円	−	1,617,300円	=	−141,300円

❺ 標準原価差異の分析

H29 9

1）直接材料費の差異分析
直接材料費の分析は、**価格差異**と**数量差異**に分けて行う。

● 価格差異
材料価格水準の高低を示す差異であり、発生原因としては市場価格の変動や購入量、購入先の選択の適否などが考えられる。

● 数量差異
材料消費能率の良否を示す差異であり、発生原因としては工員の技量や作業方法の変更、材料品質の良否などが考えられる。

また、差異の計算は次のように行う。

> 価格差異＝（標準価格（SP）−実際価格（AP））×実際消費量（AQ）
> 数量差異＝標準価格（SP）×（標準消費量（SQ）−実際消費量（AQ））

図表 [10−12] **直接材料費の差異分析**

標準直接材料費＝@300円×8kg＝2,400円/個
実際直接材料費＝@320円×1,950kg＝624,000円

直接材料費差異＝標準直接材料費−実際直接材料費
　　　　　　　＝@300×**(240個)**×8kg−624,000円
　　　　　　　＝576,000−624,000＝▲48,000円（不利差異）

2) 直接労務費の差異分析

直接労務費の差異分析は、**賃率差異**と**時間差異**に分けて行う。

- **賃率差異**

  賃金水準の高低を示す差異であり、発生原因としては賃金体系や賃金水準の変更などが考えられる。

- **時間差異**

  作業能率の良否を示す差異であり、発生原因としては工員の技量や作業方法の変更、監督の適否などが考えられる。

  また、差異の計算は次のように行う。

  賃率差異＝（標準賃率（SLR）－実際賃率（ALR））×実際作業時間（AH）
  時間差異＝標準賃率（SLR）×（標準作業時間（SH）－実際作業時間（AH））

図表 [10-13] 直接労務費の差異分析

標準直接労務費＝@400円×4時間＝1,600円/個
実際直接労務費＝@380円×1,050時間＝399,000円

直接労務差異＝標準値－実際値
　　　　　　＝@400×(250個)×4時間－399,000円
　　　　　　＝400,000－399,000＝1,000円（有利差異）

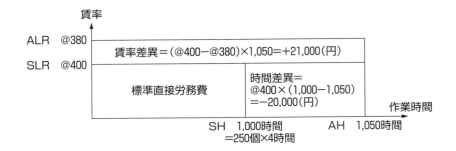

> **参考**
>
> 価格差異の計算の際に、実際消費量を用いるのはなぜか（標準消費量を用いないのはなぜか）。
> 理論的には、差異分析は次のように三分される。
>
> | | 価格差異 | 混合差異 |
> |---|---|---|
> | | 標準直接材料費 | 数量差異 |
>
> （AP, SP, SQ, AQ）
>
> 価格差異＝（SP－AP）×SQ
> 数量差異＝（SQ－AQ）×SP
> 価格と数量の混合差異＝（SP－AP）×（SQ－AQ）
>
> 混合差異は、価格差異と数量差異の両方が影響している差異である。しかし、価格差異は管理不能な企業外部の要因によって発生することが多く、数量差異は管理可能な企業の内部要因によって発生することが多い。よって、数量差異のほうを厳密に把握する必要があり、この混合差異の部分を価格差異の中に含めて計算するのが一般的である。

3 全部原価計算と直接原価計算

❶▶ 全部原価計算と直接原価計算の特徴

1 全部原価計算の特徴

全部原価計算では、製造活動によって生じるすべての原価が製造原価に算入され、その製品が販売された期間において売上原価として費用化される。

ところが、期末在庫が発生した場合、売上高とは関係なく一定額発生する固定費が期末在庫に配分されてしまい、発生年度に費用化されなくなる。

この結果、売上高の増加も原価の減少もないのに、営業利益が増加することにな

り、売上高の増減に対して原価や利益がどのように変化するのかを予測することができず、利益管理を行うのが困難になる。

❷ 直接原価計算の特徴

直接原価計算では売上高に比例する変動費を製造原価とし、売上高と無関係に一定額発生する固定費を期間原価（発生した期間の費用）とすることにより、利益との関係性を明確にできるため、利益管理に役立てることができる。

たとえば売上高が2倍になったとき、売上高に比例して2倍になる原価（変動費）と変化しない原価（固定費）があるので、その結果、売上高の増加に対する利益の変化が予想できる。

❷ ▶ 全部原価計算と直接原価計算の損益計算書

❶ 全部原価計算の損益計算書

全部原価計算における損益計算書は、生産活動上発生するすべての原価を集計し、そのうち販売された原価を売上原価として売上高から差し引いて売上総利益を計算する。さらに、その売上総利益と販管費の期間原価を対応させ、営業利益を計算する。

❷ 直接原価計算の損益計算書

直接原価計算における損益計算書は、原価を変動費と固定費に区分けし、売上高から変動費を引いて限界利益を計算し、営業利益はその限界利益から固定費を差し引いて計算する。

設　例

　以下の資料に基づいて、全部原価計算による損益計算書と、直接原価計算による損益計算書を作成せよ。

[資料]
(1)　販売単価：@100円
(2)　変動製造原価：@50円
(3)　固定製造原価：1,500円
(4)　販売費及び一般管理費（すべて固定費）：1,000円
(5)　生産・販売データ

	第1期	第2期
期首在庫量	0個	0個
当期生産量	100個	150個
当期販売量	100個	100個
期末在庫量	0個	50個

(6)　各期において仕掛品は存在しない

解　答

損益計算書（全部原価計算）

（単位：円）

		第1期	第2期
Ⅰ	売上高	10,000	10,000
Ⅱ	売上原価	6,500	6,000
	売上総利益	3,500	4,000
Ⅲ	販売費及び一般管理費	1,000	1,000
	営業利益	2,500	3,000

損益計算書（直接原価計算）

（単位：円）

		第1期	第2期
Ⅰ	売上高	10,000	10,000
Ⅱ	変動費	5,000	5,000
	限界利益	5,000	5,000
Ⅲ	固定費	2,500	2,500
	営業利益	2,500	2,500

2　原価計算制度

　1．全部原価計算による場合
① 売上高
　　第1期：@100円×100個＝10,000円
　　第2期：@100円×100個＝10,000円
② 売上原価
　　第1期：$(@50円×100個＋1,500円)×\dfrac{100個}{100個}＝6,500円$

　　第2期：$(@50円×150個＋1,500円)×\dfrac{100個}{150個}＝6,000円$
③ 販売費及び一般管理費
　　第1期：1,000円
　　第2期：1,000円
　全部原価計算では、固定製造原価が期末在庫に配分されるので、販売量（売上高）が同じであっても営業利益が異なる。つまり、販売量だけでなく生産量も利益に影響を与えてしまうため、利益管理に適さないという欠点がある。

　2．直接原価計算による場合
① 売上高
　　第1期：@100円×100個＝10,000円
　　第2期：@100円×100個＝10,000円
② 変動費
　　第1期：@50円×100個＝5,000円
　　第2期：@50円×100個＝5,000円
③ 固定費
　　第1期：1,500円＋1,000円＝2,500円
　　第2期：1,500円＋1,000円＝2,500円
　直接原価計算では、固定製造原価は期間原価とし、製品原価に算入しないため、生産・販売量の影響を受けることはない。そのため、販売量（売上高）が同一であれば営業利益も同一となる。
　このように、直接原価計算によるとCVP関係を明示することができるため、利益管理に役立つ情報が得られる。

　前述の設例では、第2期の全部原価計算の営業利益と直接原価計算の営業利益に500円の差異が生じている。
　これは、直接原価計算では、固定製造原価を期間原価として発生した期間に全額計上するのに対して、全部原価計算では、いったん製品原価に算入し、その製品を販売したときに、販売した分だけをその期の売上原価として計上しているからである。

また、直接原価計算では期末在庫は変動費だけで構成されるが、全部原価計算では変動費だけでなく固定費も含まれている。この差が営業利益の差異と考えることもできる。

第11章

会計規則

Registered Management Consultant

第11章 会計規則

本章の体系図

企　業　会　計　原　則
一般原則
損益計算書原則
貸借対照表原則
注解

会　　　　計	基　　　　準
資産会計	負債会計
固定資産 （減損会計） （リース会計）	資産除去債務
	純資産会計

※連結キャッシュフロー
※連結会計
※税効果会計

❗ 本章のポイント

◇ 各節の **POINT** 参照。

1 会計原則

1 会計原則

　企業会計原則は、「企業会計の実務の中に慣習として発達したもののなかから、一般に公正妥当と認められたところを要約したもの」であって、必ずしも法令によって強制されないが、すべての企業がその会計を処理するにあたって従わなければならない基準である。

　企業会計原則は、「一般原則」「損益計算書原則」「貸借対照表原則」の３部で構成され、補足的な説明を行うため「注解」がある。企業会計原則は、あくまでも一般的な取引を行った場合に、財務諸表を作成するための基本的なルールを定めたものである。そのため、特殊な取引を行った場合の作成ルールとして、さまざまな会計基準（税効果会計やリース取引など）が定められている。

> **POINT**
> ・一般原則が理解できる
> ・収益・費用の認識基準が理解できる。
> ・実現主義に該当する具体的販売形態をあげることができる。

1 一般原則　　　　　　　　　　　　　　　　　　　　　　H29 5

❶ ▶ 真実性の原則‥‥‥‥‥‥‥‥‥‥‥‥‥‥‥‥‥‥‥‥‥‥‥‥‥‥

　真実性の原則は、他の一般原則の上位に位置する最高規範であり、真実な報告を提供するために、この原則を除く、他の全ての条項を遵守することを要請している。

❷ ▶ 資本・利益区別の原則‥‥‥‥‥‥‥‥‥‥‥‥‥‥‥‥‥‥‥‥‥‥

　資本・利益区別の原則は、資本取引と損益取引とを明瞭に区別し、特に資本剰余金と利益剰余金とを混同してはならないことを要請している。

貸借対照表

資　産	負　債	
	資本金	
	剰余金	資本剰余金
		利益剰余金

❸ ▶ 継続性の原則‥‥‥‥‥‥‥‥‥‥‥‥‥‥‥‥‥‥‥‥‥‥‥‥‥‥

　継続性の原則は、１つの会計事実について、２つ以上の会計処理の原則または手続の選択適用が認められている場合に、企業がいったん採用した会計処理の原則および手続を毎期継続して適用することを要請している。

ただし、企業の大規模な経営方針の変更や経済環境の急激な変化など正当な理由があれば変更することが認められる。

❹▶保守主義の原則

保守主義の原則は、ある会計処理を行うにあたって、幾通りもの判断ができる場合には、予測される将来の危険に備えて慎重な判断に基づく会計処理を行うことを要請している。つまり、「予想の損失は計上してよいが、予想される利益は計上してはならない」ということである。

❺▶正規の簿記の原則

正規の簿記の原則は、適正な会計処理および正確な会計帳簿の作成と誘導法（会計帳簿に基づいて財務諸表を作成する方法）による財務諸表の作成を要請している。

❻▶明瞭性の原則

明瞭性の原則は、財務諸表による会計情報の適性開示と明瞭表示を要請している。

❼▶単一性の原則

単一性の原則は、実質一元・形式多元を要請している。実質一元・形式多元とは、目的別に財務諸表の表示形式が異なることはかまわないが、財務諸表の作成の基礎となる会計記録は単一であることをいう。

補足　重要性の原則

重要性の原則とは、ある項目について、その科目または金額が重要性に乏しい場合に、簡便な会計処理または表示を行うことを容認するものである。なお、重要性の原則は一般原則に含まれていない。

設例

企業会計原則に関する記述として、最も適切なものはどれか。　〔H29-5〕

ア　会計処理の原則および手続きを毎期継続して適用し、みだりに変更してはならない。
イ　株主総会提出のため、信用目的のため、租税目的のためなど種々の目的のために異なる形式の財務諸表を作成してはならない。
ウ　すべての費用および収益は、その支出および収入の時点において認識

し、損益計算書に計上しなければならない。
　エ　予測される将来の危険に備えて、合理的な見積額を上回る費用を計上することは、保守的な会計処理として認められる。

> **解　答**　ア
>
> ア　○：正しい。継続性の原則である（一般原則　五）。企業が選択した会計処理の原則および手続きを毎期継続して適用しないときは、同一の会計事実に異なる利益額が計算されることになり、財務諸表の期間比較を困難ならしめ、この結果、企業の財務内容に関する利害関係者の判断を誤らしめることになるからである。
> イ　×：単一性の原則である（一般原則　七）。株主総会提出のため、信用目的のため、租税目的のため等種々の目的のために異なる形式の財務諸表を作成する場合もある。ただし、それらの内容は、信頼しうる会計記録に基づいて作成されたものである必要がある（実質一元形式多元）。
> ウ　×：すべての費用および収益は、その支出および収入に基づいて計上し、その発生した期間に正しく割り当てられるように処理しなければならない。費用および収益は、発生主義会計のもと認識される。支出および収入（収支額基準）は、費用および収益の認識時点を決定する基準ではなく、費用と収益の金額を決定する基準である。
> エ　×：保守主義の原則である（一般原則　六）。企業の財務に不利な影響を及ぼす可能性がある場合には、これに備えて適当に健全な会計処理をしなければならない。予測される将来の危険に備えて慎重な判断に基づく会計処理を行わなければならないが、過度に保守的な会計処理を行うことにより、企業の財政状態および経営成績の真実な報告をゆがめてはならない。よって、合理的な見積額を上回る費用を計上することは認められない。

2 収益・費用の認識基準（計上基準）

R3 ⑥
H29 ⑤

❶▶費用収益対応の原則

費用収益対応の原則とは、損益計算を行う場合、ある会計期間に計上された収益に対し、それと関連する費用を同じ会計期間に計上することを要求する原則である。

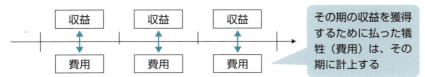

その期の収益を獲得するために払った犠牲（費用）は、その期に計上する

❷▶収益・費用の認識基準（計上基準）

1 現金主義

現金主義とは、収益は現金収入があったときに、費用は現金支出があったときに計上する考え方である。たとえば、収益の認識としては、商品100円を現金で売り上げたときに、売上高を計上する考え方である。

なお、現金主義では、信用経済制度の発展などによる経済社会の発展により、業績評価を適正に表示することが困難となった。そのため、今日の認識基準は、発生主義で行われるのが一般的である。

2 発生主義

発生主義とは、現金の収支とは関係なく、収益または費用をその発生を意味する経済的事実に基づいて計上する考え方である。ここでいう「発生」とは、企業活動の進行によって、経済価値が増減することをいい、価値が増加すれば収益が発生したと考え、価値が減少すれば費用（たとえば、減価償却費）が発生したと考える。

しかし、発生主義に基づいて認識される収益は、客観性や確実性のない主観的な見積もりにより計上された収益となってしまう。そのため、発生主義は、費用の認識には適切であるが、**収益の認識には不適切**であるといえる。

3 実現主義

実現主義とは、収益を実現の事実に基づいて計上する考え方である。実現の事実とは、財貨（製品・商品など）または役務（サービスなど）の提供が行われ、その対価としての貨幣性資産（現金や売掛金などの金銭債権）を取得することをいい、当該事実により収益が実現したと考えている。

収益に関しては、発生主義を認識基準とする費用とは異なり、より保守的な実現主義を採用することとされている。

また、実現の条件を満たす前の収益を「未実現収益」といい、原則として未実現収益を計上することは認められていない。

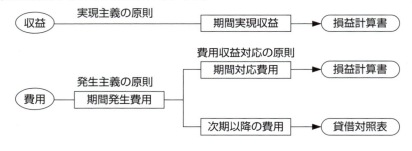

補足 サービス業（役務収益と役務原価の計上基準）

商品の販売ではなく、純粋に役務（サービス）の提供を営む企業においては、サービスの提供にともなう役務収益を、サービスの提供が終了したときに**役務収益**（収益）として計上する。したがって、サービスの提供が終了していない段階での対価の受取額は**前受金**（負債）として処理する。また、そのサービスの提供に係る役務費用は、**役務原価**（費用）として計上する。なお、役務収益の計上時点と役務費用の計上時点にタイムラグがある場合、役務費用は、いったん**仕掛品**（資産）として計上する。その後、役務収益との直接的または期間的な対応関係をもって役務原価（費用）に振り替える。

2 | 固定資産の減損に係る会計基準

減損会計とは、資産の収益性の低下により行われる帳簿価額の減額処理である。

> **POINT**
> ・減損損失の認識と減損損失の測定の違いが理解できる。
> ・減損損失が計算できる。

1 減損処理の意義

❶▶減損処理の意義・・・

固定資産の減損とは、資産の**収益性の低下**により投資額の回収が見込めなくなった状態であり、減損処理とは、そのような場合に、一定の条件のもとで**回収可能性**を反映させるように帳簿価額を減額する会計処理である。

（例）

帳簿価額600百万円

回収可能価額200百万円

➡

減損損失 400百万円

❷▶減損処理の目的・・・

減損会計の目的は、固定資産（事業用固定資産）の過大な帳簿価額を減額し、将来に損失を繰り延べないことである。

R2 5
H29 7

2 会計手続き

減損会計は次の手順で行われる。

❶ **対象となる資産のグルーピングを行う（認識・測定する単位を定める）。**

❷ **減損の兆候の有無**
資産または資産グループごとに減損が生じている可能性を示す事象（営業活動から生じる損益またはキャッシュフローが継続してマイナスである、経営環境が悪化したなど）があるかどうかを把握する。

360　●第11章　会計規則

❸ 減損損失の認識

減損の兆候があると判定された資産から生じる割引前将来キャッシュフローが資産の帳簿価額を下回る場合に減損損失を認識する。

(例)
　帳簿価額：600百万円　　割引前将来キャッシュフロー：300百万円
　∴　600百万円＞300百万円　より、減損損失を認識

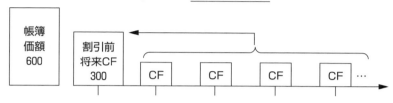

※帳簿価額≦割引前将来キャッシュフローの場合は、減損損失を認識しない。

❹ 減損損失の測定

減損損失は、固定資産の帳簿価額を回収可能価額まで減額し、減損損失（特別損失）を測定する。

(例)
　固定資産の帳簿価額：600百万円　　　回収可能価額：200百万円
　∴　減損損失＝600－200＝400百万円

※回収可能価額
　回収可能価額とは、売却による回収額である正味売却価額と使用による回収額である使用価値の**いずれか高い金額**をいう。

正味売却価額	固定資産の時価から処分費用見込額を控除して算定される金額
使用価値	固定資産の継続的使用と使用後の処分によって生ずると見込まれる将来キャッシュフローの現在価値

(例)
　正味売却価額：180百万円　　　使用価値：200百万円
　∴　180百万円＜200百万円　より、回収可能価額＝200百万円

設 例

　固定資産Ｘ、ＹおよびＺに減損の兆候がみられる。以下の表に基づき、減損損失を認識すべきものの組み合わせとして、最も適切なものを下記の解答群から選べ。 〔R2－5〕

(単位：千円)

	帳簿価額	割引前将来キャッシュ・フローの総額	正味売却価額	使用価値
Ｘ	2,800	2,400	1,300	1,400
Ｙ	3,100	3,300	2,700	2,300
Ｚ	4,500	3,900	3,400	3,200

〔解答群〕
　ア　Ｘ、ＹおよびＺ
　イ　ＸおよびＹ
　ウ　ＸおよびＺ
　エ　ＹおよびＺ

解 答　ウ

- 固定資産Ｘ

  2,800（帳簿価額）＞2,400（割引前将来CF）

  ※割引前将来CFが帳簿価額を下回るため、減損損失を認識する。

- 固定資産Ｙ

  3,100（帳簿価額）＜3,300（割引前将来CF）

  ※割引前将来CFが帳簿価額を上回るため、減損損失を認識しない。

- 固定資産Ｚ

  4,500（帳簿価額）＞3,900（割引前将来CF）

  ※割引前将来CFが帳簿価額を下回るため、減損損失を認識する。

2 固定資産の減損に係る会計基準

設 例

　X社は、本社建物を所有している。当該建物については、当期末において減損の兆候が見られるため、減損損失の認識の判定を行ったところ、減損損失を認識すべきであると判定された。減損損失を求めよ（単位：百万円）。
・決算整理後残高試算表（当期の減価償却費を減額した後）
　本社建物の帳簿価額：600
・減損処理に関する事項
　使用価値：200、正味売却価額：180

解 答　**400（百万円）**

① 回収可能価額：正味売却価額と使用価値のいずれか高い金額
　　使用価値200＞正味売却価額180
　∴ 回収可能価額＝200
② 帳簿価額600－回収可能価額200＝減損損失400（百万円）

取得原価	減価償却累計額		
	帳簿価額　　600	減損損失　　400	
		回収可能価額　200	200＞180

363

3 分配可能額の計算

　剰余金の配当を行うと、株主資本が減少する。ここでは、株主資本からどれだけ剰余金の配当や自己株式の取得（剰余金の分配）として株主に金銭等を分配することが可能なのか、という論点を学習する。

> **POINT**
> ・分配可能額の計算ができる。
> ・剰余金の配当による準備金の積立額が計算できる。

1 分配可能額の計算

❶ ▶ 資本金

　会社の**資本金**には、設立または設立後の株式の発行に際し、会社に対して払込みまたは給付された財産の額が計上される。

　ただし、払込みまたは給付された額の**2分の1を超えない額**を、資本金として計上しないことも可能である。このとき、資本金として計上しなかった額は、**資本準備金**として計上しなければならない。

　たとえば、事業を開始するにあたって、自分で（銀行からの借入金などではなく）3,000万円の現金（元手）を用意したとしよう。このとき、3,000万円全額を資本金とすることもできるし、1,500万円を資本金とし、残りの1,500万円を資本準備金とすることもできる。

　ただし、資本金を1,000万円、資本準備金を2,000万円といったように、払込みなどをされた額（この例では3,000万円）の2分の1を超える額（この例では1,500万円を超える額）を資本準備金として計上することはできない。

❷ ▶ 株主資本等変動計算書

 [11-1] 株主資本等変動計算書

株主資本等変動計算書
x1年4月1日～x2年3月31日
（単位：千円）

	株主資本										評価換算差額等	新株予約権	純資産合計
	資本金	資本剰余金			利益剰余金				自己株式	株主資本合計			
		資本準備金	その他資本剰余金	資本剰余金合計	利益準備金	その他利益剰余金		利益剰余金合計					
						任意積立金	繰越利益剰余金						
当期首残高	90,000	5,000	5,000	10,000	6,500	3,000	8,000	17,500	△2,000	115,500	0	0	115,500
当期変動額													
新株の発行	10,000	10,000		10,000						20,000			20,000
剰余金の配当					500		△5,000	△5,000		△5,000			△5,000
							△500						
任意積立金の積立						500	△500	0		0			0
当期純利益							3,000	3,000		3,000			3,000
自己株式の処分									1,000	1,000			1,000
株主資本以外の項目の当期変動額													
当期変動額合計	10,000	10,000	－	10,000	500	△3,000	△2,000		1,000	19,000	－		19,000
当期末残高	100,000	15,000	5,000	20,000	7,000	3,500	5,000	15,500	△1,000	134,500	0	0	134,500

　株主資本等変動計算書の各項目の当期末残高と貸借対照表の純資産の部の各項目の残高は**必ず一致**し、損益計算書の当期純利益と株主資本等変動計算書の当期純利益も**必ず一致**することになる。

　株主資本等変動計算書は、純資産の各項目を横に並べる様式により作成する。純資産の各項目を縦に並べる様式により作成することもできるが、本テキストでは割愛する。

❸ ▶ 剰余金の算定

　会社法では、剰余金の分配可能額は効力発生日（分配時）の剰余金をもとに計算する。

　一方、期中配当をする場合、分配時は期末と異なるため、期末の剰余金に、分配時までの剰余金の変動を反映させる。

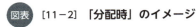

図表 [11-2] 「分配時」のイメージ

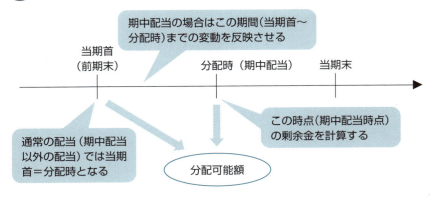

1 期末の剰余金（期中配当以外の配当）

期末の剰余金は、前期末の貸借対照表における「その他資本剰余金」「任意積立金」「繰越利益剰余金」から計算される。

> 期末の剰余金＝（期末B/Sの）その他資本剰余金＋任意積立金
> 　　　　　　＋繰越利益剰余金

2 分配時の剰余金（期中配当）

期末から分配時までの間に、剰余金に変動をもたらす要因が発生した場合には、期末の剰余金に変動分を加減算することで、**分配時の剰余金**を計算する。

剰余金に変動をもたらす要因としては次のようなものがある。
　増加要因：資本金や資本準備金をその他資本剰余金に振り替えたり、利益準備金をその他利益剰余金に振り替えたりした場合など
　減少要因：繰越利益剰余金を財源として、剰余金の配当を行った場合など

> **参　考**
> 会社法では、変動要因を明確に規定しているが、本テキストではこの論点は詳しくは扱わず、単に「剰余金変動要因」とのみ表すことにする。

したがって、分配時の剰余金（期中配当）は次のように計算する。

> 分配時の剰余金＝分配時の「その他資本剰余金＋任意積立金
> 　　　　　　　＋繰越利益剰余金」
> 　　　　　　　＝期末剰余金±剰余金変動要因

3 分配可能額の計算

❹ ▶ 分配可能額 ·· H29 3

会社法では、**剰余金の配当などにより株主に対して交付する金銭等の総額は分配可能額を超えてはならない**という規定（財源規制）がある。

分配可能額は次のように計算される（臨時計算書類を作成しない場合のみ明記する）。

> 分配可能額＝分配時の剰余金－分配時の自己株式（簿価）

参 考

自己株式を株主資本全体から一括して控除する形式で表示する理由

自己株式及び準備金の額の減少等に関する会計基準では、自己株式を取得したのみでは発行済株式総数が減少するわけではなく、取得後の処分もあり得る点に着目し、自己株式の保有を処分または消却までの暫定的な状態であると考え、取得原価で一括して純資産の部の株主資本全体の控除項目とする方法が適切であると考えている。

（例）

A社は、自己株式を現金1,000万円で取得した。

自己株式	1,000	現金	1,000

> 純資産の部
> 　株主資本
> 　　資本金　　　　　×××
> 　　資本剰余金　　　×××
> 　　利益剰余金　　　×××
> 　　自己株式　　　△1,000万円

なお、貸借対照表上の表示場所は、純資産の株主資本の控除として表示する点に注意する。

---

❺ ▶ 剰余金の配当による準備金の計上 ··························· R2 4

会社が剰余金の配当を行う場合には、当該**剰余金の配当により減少する額の10分の1を資本準備金または利益準備金に積み立てる**必要がある。

また、この準備金への計上は、**配当時の資本準備金と利益準備金の合計額が資本金の4分の1に達していれば不要**だが、**4分の1未満であれば4分の1に達するまで積立てを行う**必要がある。

この場合、次の①②で計算した金額の少ないほうが積立額となる。

367

> ① 配当額の $\frac{1}{10}$
>
> ② 資本金の $\frac{1}{4}$ －（配当時の資本準備金＋利益準備金）

設例

資本金10,000、資本準備金2,200、利益準備金180である甲社が、剰余金の配当を1,300行う場合の利益準備金の積立額を求めよ（単位：万円）。

解 答 120（万円）

① 配当額の $\frac{1}{10}$

$1,300 \times \frac{1}{10} = 130$

② 資本金の $\frac{1}{4}$ －（配当時の資本準備金＋利益準備金）

$10,000 \times \frac{1}{4} - (2,200 + 180)$

$= 2,500 - 2,380$

$= 120$

①と②で少ない額が積立額となるため、②の120が正解となる。

考え方

参 考

準備金の計上は、剰余金の配当がその他資本剰余金から行われた場合には資本準備金に対して、その他利益剰余金から行われた場合には利益準備金に対して行われる。

また、剰余金の配当が両方から行われた場合には、配当額全体に対するその他資本剰余金からの配当額と、その他利益剰余金からの配当額の割合に応じて、それぞれに対して行われる。ただし、診断士試験で出題されるのは、その他利益剰余金からの配当のケースが中心になると考えられるため、この規定は参考程度に留めておけばよい。

4 リース取引に関する会計基準

　リース会計は、ファイナンス・リース取引が主な論点で、当該取引はさらに所有権移転と所有権移転外に分類される。両者の会計処理は、ともに売買処理を行うが、資産の性格が異なるため、減価償却費の計算に相違が生じることに注意する。

> **POINT**
> ・ファイナンス・リース取引の要件が理解できる。
> ・ファイナンス・リース取引とオペレーティング・リース取引の会計処理の違いが理解できる。
> ・所有権移転と所有権移転外における減価償却計算の違いが理解できる。

1 リースの定義

　リース取引とは、特定の物件（主に有形固定資産）の所有者たる貸手（リース会社）が、その物件の借手（ユーザ）に対して、合意した期間（リース期間）にわたり、これを使用収益する権利を与え、借手は、合意した使用料（リース料）を貸手に支払う取引をいう。

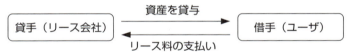

2 リース取引の分類

　リース取引には、ファイナンス・リース取引とオペレーティング・リース取引の２つがある。

❶▶ファイナンス・リース取引

　ファイナンス・リース取引とは、次の２つの要件の両方を満たす取引をいう。

1 解約不能（ノンキャンセラブル）

　リース期間の中途で当該契約を解除することができない、法的形式上は解約可能でも、解約時に相当の違約金を支払うなど事実上解約不能な取引。

2 フルペイアウト

リース物件を自己所有するとすれば得られると期待されるすべての経済的利益を享受できる。リース物件の使用に伴って生じるコスト（取得原価相当額、維持管理費等）を実質的に負担する。

なお、ファイナンス・リース取引の経済的実質は、固定資産を割賦により購入した場合と同じものと考えられる。そのため、通常の売買取引に準じて会計処理を行う。

❷▶ オペレーティング・リース取引

オペレーティング・リース取引とは、ファイナンス・リース取引以外のリース取引をいう。オペレーティング・リース取引は、通常の賃貸借取引に準じて会計処理を行う。

3 会計手続き

リース取引		会計処理
ファイナンス・リース取引	所有権移転ファイナンス・リース取引	売買処理
	所有権移転外ファイナンス・リース取引	
オペレーティング・リース取引		賃貸借処理

※ファイナンス・リース取引は、契約上の諸条件により所有権が移転すると認められる「所有権移転」とそれ以外の「所有権移転外」とに分類される。

リース会計の主要論点はファイナンス・リース取引のため、オペレーティング・リース取引の詳細は割愛する。

❶ 固定資産取得時

リース資産	××	リース債務 〈流動負債〉	××

リース資産については、原則として、有形固定資産に一括して**リース資産**として表示する。ただし、有形固定資産に属する各科目に含めることもできる。

リース資産の取得原価は、原則として、リース料総額からこれに含まれている利息相当額を控除して決定することとなる。

リース資産の取得原価＝リース料総額－利息相当額

また、リース資産の金額と同額を**リース債務**として計上する。

4 リース取引に関する会計基準

❷ リース料支払時

リース債務	××	現金及び預金	××
支払利息	××		

リース債務の返済額と利息の支払額の合計額がリース料支払額となる。

❸ 決算時

減価償却費	××	減価償却累計額	××
リース債務	××	長期リース債務	××
		〈固定負債〉	

　減価償却費を計上するとともに、翌々期以降に支払期日が到来する部分をリース債務（流動負債）から長期リース債務（固定負債）に振り替える。

※減価償却費

　リース資産の減価償却計算は、所有権の移転の有無により以下のように異なる。

	定　義	耐用年数	残存価額
所有権移転	リース期間終了後、または中途でリース物件の所有権が借手に移転する。	経済的耐用年数	自己資産と同一
所有権移転外	上記以外	リース期間	ゼロ

※減価償却費の計算法が異なる理由

所有権移転	割賦により購入した場合と同じように、リース物件を売買により取得したものである。したがって、**自己所有の固定資産と同一の方法により、減価償却を行う（定額法or定率法）**。
所有権移転外	使用する権利を売買により取得したものであり、リース期間終了時にはリース資産を貸手に返却する。したがって、**償却期間はリース期間、残存価額はゼロで減価償却を行う**。

371

設　例 🖊

　次の資料をもとに、①所有権移転ファイナンス・リースの場合と②所有権移転外ファイナンス・リースの場合の、それぞれ決算時における減価償却費を計算せよ（単位：円）。

（資料）
・リース期間　５年
・リース資産　50,000円
・経済的耐用年数　６年
・減価償却は残存価額10%、定額法

解　答　①7,500（円）　②10,000（円）

①　所有権移転ファイナンス・リースは、経済的耐用年数により減価償却を行う。
∴　50,000×0.9÷6年（経済的耐用年数）＝7,500（円）

②　所有権移転外ファイナンス・リースは、リース期間を耐用年数とし、残存価額をゼロとして減価償却費を計上する。
∴　50,000÷5年（リース期間）＝10,000（円）

5 税効果会計に係る会計基準

税効果会計の目的は、法人税等の額を適切に期間配分することにより、法人税等を税引前当期純利益に合理的に対応させることである。

> **POINT**
> ・税引前当期純利益と法人税等が期間的に対応することが理解できる。
> ・「将来減算一時差異」と「永久差異」の違いが理解できる。また、代表的な項目を示すことができる。

1 会計上と税務上の考え方

損益計算書上の当期純利益は、税引前当期純利益から法人税等を差し引いて求める。たとえば、税引前当期純利益200、法人税等80（＝税引前当期純利益200×税率40％）の場合には、当期純利益は120となる。

税引前当期純利益	200	
法人税等	80	←税引前当期純利益200×税率40％
当期純利益	120	

しかし、損益計算書上の法人税等は、税引前当期純利益に税率を乗じて算定するわけではない。法人税等は、税法上の利益（課税所得）に税率を乗じて算定する。

企業会計と税務（課税所得）計算とは、その目的を異にするため、会計上の「収益・費用」と税務上の「益金・損金」の認識時点に差異が生じるのが一般的である。
・会計の目的…業績評価に役立つ情報の開示
・税法の目的…課税の公平性

（例）
建物100、残存価額0、定額法、耐用年数（会計上1年、税務上2年）、税率40％

会計上の考え方		税務上の考え方		
収益	300	益金	300	
費用（減価償却費）	100	損金	50	（減価償却超過額50）
税引前当期純利益	200	所得	250	

税引前当期純利益	200	← 会計上の利益200
法人税等	100	← 税務上の所得250 ×税率40%
当期純利益	100	

この場合、損益計算書上の税率は50％（＝法人税等100÷税引前当期純利益200）である。

2 税効果会計の目的

税効果会計の目的は、法人税等の額を適切に期間配分することにより、法人税等を税引前当期純利益に合理的に対応させることである。つまり、法人税等は、税引前当期純利益に実効税率を乗じることで対応させようとする考えである。

> 税引前当期純利益×実効税率＝法人税等

※実効税率（あるいは法定実効税率）とは、課税所得に対する法人税、住民税、事業税の総合的な税率である。

● 税効果会計の適用がない場合

法人税等の額は、会計上の税引前当期純利益を基礎に計算するのではなく、税法上の課税所得を基礎に計算する。そのため、計算された法人税等をそのまま損益計算書に計上すると、税引前当期純利益と法人税等が必ずしも期間的に対応しなくなる。

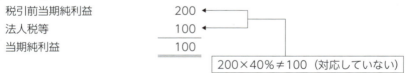

● 税効果会計の適用がある場合

法人税等は、税引前当期純利益に実効税率を乗じることで対応させる。

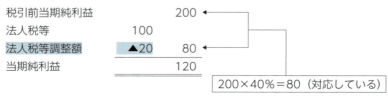

3 会計手続き（法人税等調整額の認識）

税効果会計においては、税効果会計を適用するか否かにより差異を「**一時差異**」と「**永久差異**」に区分し、さらに「一時差異」については、法人税等を繰り延べるのか見越計上するのかによって「**将来減算一時差異**」と「将来加算一時差異」に区分される。

● 一時差異と永久差異

一時差異	将来減算一時差異	将来の課税所得を減額する効果をもつもの（「繰延税金資産」を生じさせる）。	減価償却費の超過額 引当金の繰入超過額 評価損の損金不算入額
	将来加算一時差異	将来の課税所得を増額する効果をもつもの（「繰延税金負債」を生じさせる）。	圧縮記帳の損金算入額など
永久差異		差異が永久に解消されないため、税効果会計は適用されない。	受取配当金の益金不算入額 交際費の損金不算入額 寄付金の損金不算入額 罰科金の損金不算入額

※試験対策上、将来減算一時差異と永久差異の区別ができればよい。詳細については、法人税法の知識が必要となるため、学習対象外とする。

以下、将来減算一時差異（減価償却費の超過額）について学習する。

(例)
建物100、残存価額0、定額法、耐用年数（会計上1年、税務上2年）

会計上の考え方		税務上の考え方	
収益	300	益金	300
費用（減価償却費）	100	損金	50（減価償却超過額50）
税引前当期純利益	200	所得	250
法人税等（40%）	80	税額	100

❶ 一時差異の認識

会計上の費用（減価償却費）100 ＞ 税務上の損金50

会計上は、費用を100認めるが、税務上は、損金（税務上の費用）を50しか認めない（会計上と税務上で一時差異が50生じる）。

❷ 差異の判定

❶の一時差異は、「将来減算一時差異」に該当する。将来減算一時差異は、当該一時差異が解消するときに、その期の課税所得を減額させる効果をもつ。

なお、当該差異は将来にわたって必ず解消される。前述の例であれば、2年目に費用50が損金として認められることで、差異が解消される。

(例)
　会計上の費用計上額100　＞　税務上の損金計上額50
　∴　将来減算一時差異　⇒　繰延税金資産を認識する

なお、一時差異とは、厳密には、会計上の資産（または負債）の金額と税務上の資産（または負債）の金額との差額をいう。前述の例であれば、「会計上の資産計上額0　＜　税務上の資産計上額50」で認識する。

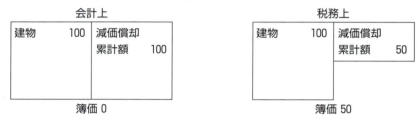

❸　税効果会計を適用
(例)
　一時差異にかかる税額＝一時差異×実効税率
　　　　　　　　　　　＝(税務上の資産計上額50－会計上の資産計上額0)×40％
　　　　　　　　　　　＝20

　繰延税金資産　　　　　20　　法人税等調整額　　　　　　20

❹　貸借対照表、損益計算書における計上方法
将来減算一時差異にかかる税効果額は、「繰延税金資産」が貸借対照表に計上されるとともに、税効果会計の適用による「法人税等調整額」が損益計算書に計上される。

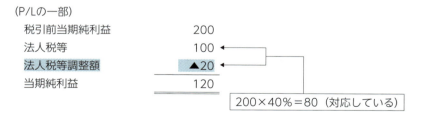

5 税効果会計に係る会計基準

なお、「法人税等調整額」が借方残高の場合は、法人税等に加算する。貸方残高の場合は、逆に法人税等から控除する。

借方残高の場合	
税引前当期純利益	×××
法人税等	×××
法人税等調整額 ＋×××	×××
当期純利益	×××

貸方残高の場合	
税引前当期純利益	×××
法人税等	×××
法人税等調整額 △×××	×××
当期純利益	×××

参考

永久差異

永久差異は、会計上は、収益または費用として計上したが、法人税法上は、益金または損金として扱われないものから生じた差異であり、永久に差異が解消されないものをいう。差異が永久に解消されないため、税効果会計は適用されない。

設例

決算に当たり、期首に取得した備品1,200千円（耐用年数４年、残存価額ゼロ）について定額法で減価償却を行った。しかし、この備品の税法上の耐用年数は６年であった。このとき、計上される繰延税金資産または繰延税金負債の金額として、最も適切なものはどれか。なお、法人税等の実効税率は30％とする。また、期首における一時差異はないものとする。〔R元－8〕

ア　繰延税金資産：30千円
イ　繰延税金資産：70千円
ウ　繰延税金負債：30千円
エ　繰延税金負債：70千円

解答　ア

会計上の資産と税法上の資産の差額に実効税率を乗じることで、調整すべき税効果額を計算する。ただし、会計上の資産と税法上の資産の差額は、会計上の費用と税法上の損金の差額から計算しても同様の数値が計算されるため、こちらから計算してもよい。

●会計上の減価償却費
　　1,200÷4＝300千円
●会計上の備品の帳簿価額
　　1,200－300＝900千円
●税法上の減価償却費
　　1,200÷6＝200千円

●税法上の備品の帳簿価額
　　1,200－200＝1,000千円
●将来減算一時差異
　　1,000－900＝100千円
※会計上の減価償却費300－税法上の減価償却費200＝100千円から計
　算してもよい。
●調整すべき税効果額（減価償却費の超過額のため、<u>繰延税金資産</u>が計上
　される）
　　100×0.3＝<u>30千円</u>

| （借）繰延税金資産 | 30 | （貸）法人税等調整額 | 30 |

6 連結キャッシュフロー計算書等の作成基準

個別のキャッシュフロー計算書は、連結のキャッシュフロー計算書の作成基準に準拠する。本基準では、キャッシュの範囲、利息および配当金の表示区分について整理する。

> **POINT**
> ・資金（キャッシュ）のうち現金同等物に含まれるものが理解できる。
> ・第1法と第2法における利息の表示場所の違いが理解できる。

1 資金（キャッシュ）の範囲

当該基準では、対象とする資金の範囲が示されており、あわせて経営者には資金の範囲を注記することが求められている。現金及び現金同等物に分けられる。

資金	現金	手許現金	
		要求払預金（いつでも引き出せる預金）	普通預金
			当座預金
			通知預金[※1]
	現金同等物	容易に換金可能であり、かつ、価値の変動について僅少なリスクしか負わない短期投資（**取得日から満期日または償還日までの期間が3か月以内の短期投資**）	定期預金
			譲渡性預金[※2]
			コマーシャル・ペーパー[※3]
			公社債投資信託[※4]
			売戻し条件付現先[※5]

※1 引出予定日の一定期間前に通知を要求する預金をいう。
※2 銀行が発行する無記名の預金証書で、預金者はこれを金融市場で自由に売買できる。
※3 市場を通じて資金を調達するために発行する無担保の証券をいう。
※4 投資家などが信託銀行に対し金銭で信託し、信託銀行はその預かった金銭を公社債で運用し、信託終了時に信託財産を投資家などに金銭で交付するもの。
※5 債権を担保とした短期貸付金。

H30 12

2 表示区分

利息および配当金の表示区分には、次の2つの方法がある。

❶▶第1法

- 受取利息、受取配当金および支払利息 ⇒ 「営業活動によるキャッシュフロー」
- 支払配当金 ⇒ 「財務活動によるキャッシュフロー」

　理由：受取利息、受取配当金および支払利息は損益の算定に含まれるものであり、損益の算定に含まれない支払配当金と区別して表示するため。

❷▶第2法

- 受取利息および受取配当金 ⇒ 「投資活動によるキャッシュフロー」
- 支払利息および支払配当金 ⇒ 「財務活動によるキャッシュフロー」

　理由：投資活動に関連する受取利息および受取配当金と、財務活動に関連する支払利息および支払配当金を活動区分別に表示するため。

	第1法	第2法
利息および配当金の受取額	営業活動によるCF	投資活動によるCF
利息の支払額		財務活動によるCF
配当金の支払額	財務活動によるCF	

なお、企業により、表示区分が異なるため、営業活動によるキャッシュフローの企業間比較を行う際は、「小計」で比較することが妥当である。

●第11章　会計規則

7 連結財務諸表に関する会計基準

　連結財務諸表は、支配従属関係にある2つ以上の企業からなる集団を単一の組織体とみなして作成するものである。本基準では、連結の範囲につき持株基準が採用されていたが、現行は支配力基準を採用している。

> **POINT**
> ・子会社の判定基準のうち議決権の要件がわかる。
> ・資本連結の会計処理ができる。

1 連結の対象

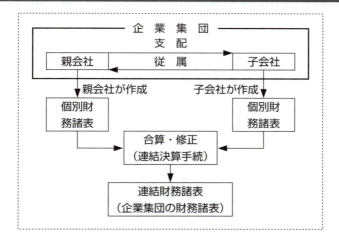

① 親会社は、原則としてすべての子会社を連結の範囲に含めなければならない。
② 子会社の判定基準は、「**支配力基準**」である。つまり、議決権の所有割合以外の要素を考慮し、他の会社の意思決定機関（取締役会等）を支配しているかどうかという観点から子会社の範囲を決定する。

【子会社の判断基準】
・議決権の過半数（50％超）を所有している場合
・議決権の40％以上、50％以下を所有し、一定の条件を満たす場合
・その他一定の条件を満たす場合

なお、議決権の過半数を所有している場合でも、支配が一時的な会社や更生会社等で有効な支配従属関係がない会社は連結には含めない。

2 資本連結

❶▶ 投資と資本の相殺消去

親会社の「子会社に対する投資」とこれに対応する「子会社の資本」は、相殺消去しなければならない。

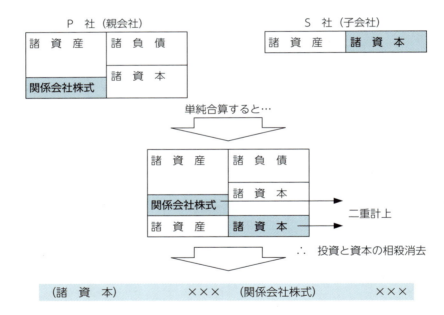

(例)
P社は、S社株式の100％を1,000万円で取得し、S社を子会社として支配した。なお、S社の諸資本は1,000万円であった。

投資と資本の相殺　⇒　P社投資：1,000万円
　　　　　　　　　　　　S社資本：1,000万円

| 諸資本（S社） | 1,000 | 関係会社株式（P社） | 1,000 |

 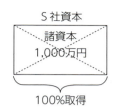

❷▶のれん

　親会社の投資と子会社の資本が必ずしも同額とは限らない。差額が生じる場合は、当該差額を**のれん**として認識する。

　のれんとは、人や組織などに関する優位性を源泉として、当該企業の平均的収益力が同種の他の企業のそれより大きい場合におけるその**超過収益力**である。

R3 4
R2 8
H30 4

（例）
　P社は、S社株式の100％を1,500万円で取得し、S社を子会社として支配した。なお、S社の諸資本は1,000万円であった。

　　　　投資と資本の相殺　⇒　P社投資：1,500万円
　　　　　　　　　　　　　　　S社資本：1,000万円

| 諸資本（S社） | 1,000 | 関係会社株式（P社） | 1,500 |
| のれん | 500 | | |

 補足　**のれんの会計処理**

　のれんは、資産（無形固定資産）に計上し、20年以内のその効果の及ぶ期間にわたって、定額法その他の合理的な方法により規則的に償却する。のれんの当期償却額は、販売費及び一般管理費の区分に表示する。

❸▶非支配株主持分

親会社の投資が必ずしも100％とは限らず、部分的に所有する場合がある。部分所有の連結では、投資と資本の相殺消去にあたって、子会社の資本を持分割合に応じて親会社の持分と非支配株主の持分に按分し、親会社の持分は親会社の投資と相殺消去し、非支配株主の持分は「**非支配株主持分**」として処理し、純資産の部に区分して表示する。

(例)
P社は、S社株式の80％を1,500万円で取得し、S社を子会社として支配した。なお、S社の諸資本は1,000万円であった。

　　　投資と資本の相殺　⇒　P社投資：1,500万円
　　　　　　　　　　　　　　S社資本：1,000万円（うちP社持分800万円）

| 諸資本（S社） | 1,000 | 関係会社株式（P社） | 1,500 |
| のれん | 700 | 非支配株主持分 | 200 |

※非支配株主持分＝S社資本1,000×非支配株主20％＝200

設　例

A社は、20X1年12月31日にB社株式の80％を85百万円で取得した。取得時のA社およびB社の貸借対照表は以下のとおりである。なお、B社の諸資産および諸負債の簿価は、時価と一致している。取得時におけるのれんと非支配株主持分の金額を計算せよ。　　　　　　　　　　　　〔H30－4改題〕

7　連結財務諸表に関する会計基準

A社貸借対照表		（単位：百万円）	
諸資産	415	諸負債	150
B社株式	85	資本金	200
		利益剰余金	150
	500		500

B社貸借対照表		（単位：百万円）	
諸資産	200	諸負債	120
		資本金	40
		利益剰余金	40
	200		200

解　答　**のれん　21百万円　非支配株主持分　16百万円**

① 　のれん

　A社（親会社）はB社（子会社）の諸資本80百万円（資本金40＋利益剰余金40）のうち80％相当分に対して、85百万円の投資を行っている。つまり、64百万円（80×80％）の諸資本に対して、85百万円の投資を行ったということである。この場合の投資と諸資本の差額である21百万円（投資85－諸資本64）がのれんにあたる。

② 　非支配株主持分

　A社はB社の諸資本を80％所有することになり、残りの20％については、A社以外の外部株主（この株主のことを非支配株主とよぶ）が存在することになる。このような場合には、子会社の諸資本を持分割合に応じて親会社の持分と非支配株主の持分に按分し、非支配株主の持分は「非支配株主持分」として処理する。よって、非支配株主持分は16百万円（子会社諸資本80×20％）である。

　なお、取得時の連結修正仕訳は以下のとおりである。

（諸　　資　　本）	80	（B 　社 　株 　式）	85
（の　　れ　　ん）	21	（非支配株主持分）	16

8 資産除去債務に関する会計基準

これまで日本では、電力業界で発電施設の解体費用につき解体引当金を計上しているような特定の事例は見られるものの、国際的な会計基準に見られるような、資産除去債務に関する会計処理は行われていなかった。このため、当該基準によって、有形固定資産の除去に関する将来の負担を財務諸表に反映させ、投資情報として役立たせることが期待される。

本基準では、資産除去債務の意義、除去の範囲、会計処理（資産除去債務の負債計上および除去費用の資産計上）について把握する。

> **POINT**
> ・「除去」に該当するものと該当しないものがわかる。
> ・「除去費用」の会計処理ができる。

1 資産除去債務の意義

資産除去債務とは、有形固定資産の取得、建設、開発または通常の使用によって生じ、当該有形固定資産の除去に関して法令または契約で要求される法律上の義務およびそれに準じるものをいう。

有形固定資産を除去する場合には、解体作業や廃材の処分などのために「除去費用」が生じることがある。そこで、法令または契約によって有形固定資産を除去する義務が生じている場合には、その義務を「資産除去債務」として負債の部に計上する。同時に、これと同額を固定資産の取得原価に含めて耐用年数にわたり費用配分する。

たとえば、電力会社の発電施設のように、資産の除去が法律上の義務に基づく場合などが該当する。

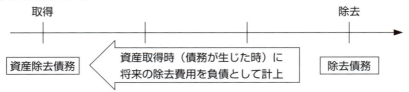

※有形固定資産の「除去」とは、有形固定資産を用役提供から除外することをいう（一時的な除外は除く）。具体的には、売却、廃棄、リサイクルなどが除去に該当するが、転用や用途変更および遊休状態になる場合には該当しない。

8 資産除去債務に関する会計基準

② 会計手続き

資産除去債務の会計手続きは次の手順で行われる。

❶ 資産除去債務の算定

資産除去債務は、有形固定資産の除去に要する費用（割引前将来キャッシュフロー）を見積もり、割引後の金額（割引価値）で算定する。

（例）

除去に要する費用（割引前将来キャッシュフロー見積額）1,000千円

割引率　3.0%　　資産取得から5年後に除去を行う。

$1,000 \div (1.03)^5 = 862.60\cdots$　　∴　863千円

❷ 資産除去債務の計上

資産除去債務を負債に計上し、これと同時に、同額を固定資産の取得原価に含める。

（例）

資産除去債務　　　　863千円
資産の取得原価　　10,000千円

有形固定資産	10,863	現金預金	10,000
		資産除去債務	863

※固定資産の取得原価に含める理由は、有形固定資産の取得に付随して生じる除去費用は、有形固定資産の稼働にとり不可欠なものであり、有形固定資産の取得に関する付随費用と同様に処理するのが適当と考えられるからである。

❸ 資産計上した除去費用の減価償却（除去費用の費用配分）

資産除去債務に対応する除去費用は、減価償却を通じて、当該有形固定資産の残存耐用年数にわたり、各期に費用配分する。

（例）

資産の耐用年数　　5年
残存価額　　　　　0
定額法により減価償却を行う。

$10,000 \div 5$年$= 2,000$　　∴　2,000千円

$863 \div 5$年$= 172.6$　　∴　173千円

減価償却費	2,000	減価償却累計額	2,000
減価償却費	173	減価償却累計額	173

※解説の都合上、仕訳を2本立てにしている。

387

❹ 時の経過による資産除去債務の調整

資産除去債務は、発生時に割引計算された現在価値で計上しているため、時の経過によって増加させる（割引前将来CF 1,000に戻す）必要がある。この増加額を時の経過による資産除去債務の調整額（利息費用）という。

調整額(利息費用)＝期首の資産除去債務×割引率

（例）
調整額(利息費用)＝863×0.03＝25.89　∴　26千円

利息費用	26	資産除去債務	26

※利息費用は、資産除去債務に関連する有形固定資産の減価償却費と同じ区分に含めて計上する。

※この計算処理は調整額の説明上記載しているものであるため、計算はできなくともよい。

資産除去債務は、5年の時を経て前述のように増加させるため、5年経過後に割引前将来キャッシュフロー見積額1,000と一致する。

資産除去債務	1,000	現金預金	1,000

なお、見積額1,000を超えてしまった場合は、次の仕訳になる（たとえば、除去費用に1,200かかってしまった場合）。

資産除去債務	1,000	現金預金	1,200
資産除去費用※	200		

※資産除去費用は、原則として、有形固定資産の用途に応じて損益計算書に計上される。

MEMO

出題領域表

		H29	H30
第1章	財務・会計とは		
第2章	財務諸表の基本		
	貸借対照表（B/S）		
	損益計算書（P/L）		
	株主資本等変動計算書		
	キャッシュフロー計算書		キャッシュフローの表示12
第3章	経営分析の基本		
	収益性分析	総資本営業利益率11	
	効率性分析（回転率、回転期間）		
	安全性（流動性）分析	インタレストカバレッジレシオ11 固定長期適合率11 自己資本利益率11 財務比率への影響12	
	生産性分析		付加価値率10 労働生産性10 労働装備率10 労働分配率10
	キャッシュフロー計算書分析		
第4章	CVP分析		目標売上高11 感度分析11
	利益差異分析		
	セグメント別損益計算		
	差額原価収益分析		
第5章	意思決定会計		
	設備投資の経済性計算	税引後キャッシュフロー15	正味現在価値と内部収益率の対比22
	不確実性下の意思決定		

※表中の項目名とともに付されている白抜き数字は、本試験における問題番号となります。

R元	R2	R3
計算書類⑤		
	有価証券の期末評価（貸借対照表価額）③	
総資本営業利益率⑪ 売上高営業利益率⑪	自己資本利益率⑪⑫ 総資本利益率⑫	
総資本回転率⑪		
固定比率⑪ 財務比率への影響⑫	固定長期適合率⑪ 自己資本比率⑪ 当座比率⑪ 固定比率⑫ 流動比率⑫	固定長期適合率⑩ インタレスト・カバレッジ・レシオ⑩
キャッシュフロー分析⑫		
	損益分岐点売上高㉑ 損益分岐点比率㉑	損益分岐点売上高⑫ 目標売上高⑫ 損益分岐点比率⑫ 安全余裕率⑫
		売上高差異分析⑧
業務的意思決定⑩		
現在価値⑯	現価係数⑰	
投資評価基準㉓	税引後キャッシュフロー㉓	税引後キャッシュフロー⑱ 正味現在価値法⑲ 収益性指数法⑲

		H29	H30
第6章	企業財務論の基礎		
	株価と債券価格の計算	配当割引モデル[18]	債券価格[13]
	DCF法などによる企業価値の算定	加重平均資本コスト[24]	
	最適資本構成	資金調達構造[14] MM理論[17]	財務レバレッジ[21]
	配当政策		
第7章	個別証券のリターンとリスク	期待値[16]	効率的市場仮説[20]
	ポートフォリオのリターンとリスク		効率的フロンティア[17] ポートフォリオのリターン[18]
	共分散と相関係数	相関係数[19]	
	CAPM	CAPM[20] 最適ポートフォリオ[23]	市場リスク[16] 効率的フロンティア[17]
	デリバティブ	先物取引・先渡取引[21] プットオプション[25]	先物取引[14] スワップ[14] コールオプション[15]
第8章	財務諸表の概観		
	取引と仕訳		
	転記		
	試算表		
	期中取引		
	決算整理	棚卸減耗費・商品評価損[1] 経過勘定[2]	固定資産の売却（減価償却費の計算）[2]
	繰延資産		
	精算表		
	特殊論点		伝票式会計[1] 本支店会計[3]
第9章	キャッシュフロー計算書の具体例		
	直接法によるキャッシュフロー計算書の作成		
	間接法によるキャッシュフロー計算書の作成	キャッシュフローの表示[13]	キャッシュフローの表示[12]
第10章	原価計算制度の基礎	原価[10]	
	原価計算制度	総合原価計算[8] 標準原価計算[9]	

※表中の項目名とともに付されている白抜き数字は、本試験における問題番号となります。

R元	R2	R3
株価指標[19]	割引債[20]	配当割引モデル[21]
加重平均資本コスト[21]		加重平均資本コスト[15] 企業価値評価[22]
資金調達[20] 財務レバレッジ[22] MM理論[22]	MM理論[24]	資金調達[14] MM理論[17]
		株主還元[16]
リスク回避的投資家[13]	効率的市場仮説[18] 期待値[19]	
ポートフォリオ[15]		
相関係数[17]		
	CAPM[22]	効率的フロンティア[20]
オプション[14]	オプション[15]	オプション[23]
		商品販売[1]
商品売買益[1] 棚卸資産の評価[6]	売上原価の計算[1] 貸倒引当金[2]	負債性引当金[5]
		最低限必要な借入金[13]
		キャッシュフローが増加する原因[9]
		個別原価計算[7]

		H29	H30
第11章	会計原則	企業会計原則5	サービス業7
	固定資産の減損に係る会計基準	減損損失7	
	分配可能額の計算	分配可能額3	
	リース取引に関する会計基準		ファイナンス・リース6
	税効果会計に係る会計基準	税効果会計6	
	連結キャッシュフロー計算書等の作成基準		キャッシュフローの表示12
	連結財務諸表に関する会計基準		のれん・非支配株主持分4
	資産除去債務に関する会計基準		
その他		工事収益4 流動性リスク22	ソフトウェア5 部門別個別原価計算8 製造間接費配賦差異9 振当処理19

※表中の項目名とともに付されている白抜き数字は、本試験における問題番号となります。

R元	R2	R3
		収益6 サービス業11
	減損損失の認識5	
	準備金の積立額4	
	リース取引の借手側の会計処理と開示7	
税効果会計8		
	キャッシュフローの表示13	
連結会計3	のれん6 8	のれん4
資産除去債務7		
圧縮記帳2 銀行勘定調整表4 材料消費価格差異9 金利18	消費税9 賃金消費額（直接労務費）10 活動基準原価計算14 金利16	本店集中計算制度2 固定資産除却損3

参考文献一覧

「企業分析シナリオ（第2版）」西山　茂　東洋経済新報社

「入門ビジネス・ファイナンス」西山　茂　東洋経済新報社

「現代簿記会計（第6版)」大塚宗春/佐藤紘光/奥山修司　中央経済社

「管理会計の基礎」大塚宗春/辻　正雄　税務経理協会

「新版会計学総論」青木茂男/大塚宗春　中央経済社

「ビジネス・ファイナンス論」大塚宗春/宮本順二朗　学文社

「ベーシック財務管理（第2版）」大塚宗春/佐藤紘光　同文舘出版

「財務管理と診断」菊井高昭/竹本達広　同友館

「ビジネス・ファイナンス」菊井髙昭/宮本順二朗　放送大学教育振興会

「経営分析の考え方・すすめ方（第2版）」渋谷武夫　中央経済社

「ベーシック経営分析」渋谷武夫　中央経済社

「原価計算（六訂版)」岡本　清　国元書房

「経営財務入門（第4版）」井手正介/高橋文郎　日本経済新聞社

「最新財務諸表論（第11版）」武田隆二　中央経済社

「意思決定の財務情報分析」石塚博司共著　国元書房

「企業財務のための金融工学」葛山康典　朝倉書店

「ファイナンス入門」齋藤正章/阿部圭司　放送大学教育振興会

「改訂版　管理会計」齋藤正章　放送大学教育振興会

索引

【数字】

1株当たり純資産額（BPS） ………… 147
1株当たり当期純利益（EPS） ……… 146
1株当たり配当金（DPS） …………… 146
3伝票制 ………………………………… 294

【C】

CAPM ……………………………………… 197
CVP分析 ………………………………… 83

【D】

DCF法 …………………………… 121,165

【M】

MM理論 ………………………………… 173

【あ】

アウト・オブ・ザ・マネー ………… 214
アット・ザ・マネー …………………… 214
洗替法 …………………………………… 253
アンシステマティック・リスク ……… 199
安全資産 ………………………………… 184
安全性分析 ……………………………… 61
安全余裕率 ……………………………… 92

【い】

一時差異 ………………………………… 375
一年基準（ワン・イヤー・ルール） … 16
一部現金取引 …………………………… 296
一般管理費 ……………………………… 325
インカムアプローチ …………………… 164
インカムゲイン ………………… 143,179
イン・ザ・マネー ……………………… 214
インタレストカバレッジレシオ ……… 66

【う】

受取手形 ………………………………… 16
売上原価 ………………………… 26,259
売上債権 ………………………………… 232
売上債権回転期間 ……………………… 58
売上債権回転率 ………………………… 56
売上総利益 ……………………………… 25

売上高 …………………………………… 25
売上高売上原価比率 …………………… 53
売上高営業利益率 ……………………… 52
売上高金融費用比率 …………………… 54
売上高経常利益率 ……………………… 52
売上高差異分析 ………………………… 97
売上高総利益率 ………………………… 51
売上高当期純利益率 …………………… 52
売上高販管費比率 ……………………… 53
売上高利益率 …………………………… 51
売上割引 ………………………………… 239
売掛金 …………………………… 17,232
運転資本（運転資金） ………………… 78
運用形態 ………………………………… 4

【え】

永久差異 ………………………… 375,377
営業外収益 ……………………………… 27
営業外費用 ……………………………… 27
営業活動によるキャッシュフロー
………………………… 33,308,321
営業収入 ………………………………… 308
営業利益 ………………………………… 26
営業量 …………………………………… 86

【お】

オプション取引 ………………………… 209
オプションプレミアム（オプション料）
………………………………………… 209
オペレーティング・リース取引 ……… 370

【か】

買入債務回転期間 ……………………… 60
買入債務 ………………………………… 232
買入債務（仕入債務）回転率 ………… 58
買掛金 …………………………… 20,232
開業費 …………………………………… 287
会社法 …………………………………… 11
回収可能価額 …………………………… 360
回収期間法（PP） ……………………… 127
回転率 …………………………………… 55
開発費 …………………………………… 287

外部金融	168
解約不能（ノンキャンセラブル）	369
価格差異	97,99,346
確実性等価法	135
加工費	337
貸倒れ	241
貸倒損失	241
貸倒引当金	17,252
貸倒引当金繰入額	252,255
貸倒引当金戻入益	255
加重平均資本コスト（WACC）	119,157
株価収益率（PER）	147
株価純資産倍率（PBR）	147
株価倍率法（マルチプル法）	165
株式価値	141
株主価値	179
株式交付費	287
株式の期待収益率	143
株主資本	21
株主資本等変動計算書	11,28,30,365
為替先物予約	206
勘定	220
勘定科目法	85
勘定式	24
間接金融	168
間接法	34,248,320
感度分析	94
管理会計	3
関連原価	105

【き】

機会費用	133
企業価値	141,155,161
企業財務	5
危険資産	184
期待収益率	185
期末実地棚卸数量	268
期末実地棚卸高	268
期末帳簿数量	267
期末商品帳簿棚卸高	267
キャッシュ	4
キャッシュフロー計算書	4,11,32,76
キャピタルゲイン	143,179

共通固定費	102
共分散	191
金融商品取引法	11
金融費用	45
金利スワップ	215

【く】

繰越利益剰余金	22,28
繰延資産	287

【け】

経営資本	44
経営資本営業利益率	50
経営資本回転率	56
経営成績	4
経営分析	43
経過勘定	274
継続性の原則	355
決算整理	243
経済的効果（正味CF・CF）	115
計算書類	11
経常利益	27
継続価値（永続価値）	160
形態別分類	326
経費	327,331
原価	325
限界利益	86
原価計算制度	329
減価償却	18,243
減価償却費	243,371
原価標準	344
現金	32,379
現金及び預金	16
現金主義	28,358
現金同等物	32,379
現金割引	238
現在価値	111
建設仮勘定	19
減損処理	360

【こ】

貢献利益	103
高低点法	85
購入代価	234

効率性分析 …………………………… 55
効率的フロンティア …………… 190,197
効率的ポートフォリオ …………… 190
コーポレートファイナンス ………… 5
コールオプション ……………… 209,214
コストアプローチ ………………… 164
固定資産 …………………………… 18
固定長期適合率 …………………… 64
固定費 ……………………………… 85
固定比率 …………………………… 64
固定負債 …………………………… 20
個別原価計算 ……………………… 333
個別固定費 ………………………… 102
個別注記表 ………………………… 11
個別リスク ………………………… 199

【さ】

債券価格 …………………………… 149
最小自乗法 ………………………… 86
財政状態 …………………………… 3
財務会計 …………………………… 3
財務活動によるキャッシュフロー
…………………………………… 33,316
債務超過 …………………………… 23
財務レバレッジ …………………… 168
材料費 ……………………… 327,331
差額補充法 ………………………… 253
先入先出法 ……………… 266,340
先物取引 …………………………… 204
先渡取引 …………………………… 204
残存価額 …………………………… 244
三分法 ……………………………… 259

【し】

仕入債務 …………………………… 232
仕入諸掛 …………………………… 234
仕入割引 …………………………… 239
仕掛品 ……………………………… 333
時間差異 …………………………… 347
事業利益 …………………………… 45
資金（キャッシュ）……………… 379
資金調達意思決定 ………………… 139
自己株式 …………………………… 22
自己資本（純資産）…………… 5,45

自己資本比率 ……………………… 65
自己資本利益率（ROE）………… 50
資産 ……………………………… 4,16
資産除去債務 ……………………… 386
試算表（T/B）…………………… 229
市場ポートフォリオ ……………… 198
市場ポートフォリオの期待収益率 ‥ 201
市場リスク ………………………… 199
システマティック・リスク ……… 199
実現主義 ………………………… 29,358
実効税率 …………………………… 374
実際原価計算 ……………………… 344
実地棚卸 …………………………… 268
支払手形 …………………………… 20
資本回転率 ………………………… 48
資本金 …………………………… 21,364
資本コスト ………………………… 119
資本資産価格形成（評価）モデル ‥ 197
資本準備金 ………………………… 22
資本剰余金 ………………………… 21
資本生産性（設備生産性）……… 73
資本装備率（労働装備率）……… 72
資本調達構造分析 ………………… 61
資本・利益区別の原則 …………… 355
資本利益率（ROI）……………… 49
資本連結 …………………………… 382
社債 ……………………………… 20
社債発行費等 ……………………… 287
車両運搬具 ………………………… 19
収益 ……………………………… 4
収益還元法 ………………………… 164
収益性指数法（PI）……………… 126
収益性分析 ………………………… 48
従業員1人当たり売上高 ………… 72
従業員1人当たり人件費 ………… 72
修正簿価法 ………………………… 164
取得原価 ………………… 234,243
純資産（資本）………………… 4,15
純資産額法 ………………………… 164
純資産の部 ………………………… 21
準備金の計上 ……………………… 367
使用価値 …………………………… 361
商品 ……………………………… 17
商品有高帳 ………………………… 263

399

商品の仕入れによる支出 ……………… 310	総勘定元帳 …………………………… 219
商品評価損 …………………………… 270	総原価 ………………………………… 325
正味運転資本（正味運転資金）……… 78	総合原価計算 ………………………… 337
正味現在価値法（NPV）…………… 122	総資産回転率 ………………………… 56
正味売却価額 ………………………… 361	総資本（使用総資本）……………… 44
剰余金 ………………………………… 365	総資本回転率 ………………………… 56
将来加算一時差異 …………………… 375	総資本経常利益率 …………………… 49
将来価値 ……………………………… 111	総資本事業利益率（ROA）………… 49
将来減算一時差異 …………………… 375	総平均法 ……………………………… 266
仕訳 …………………………………… 220	総リスク ……………………………… 199
仕訳帳 ………………………………… 219	創立費 ………………………………… 287
新株予約権 …………………………… 22	その他資本剰余金 …………………… 22
人件費の支出 ………………………… 311	その他の営業支出 …………………… 311
真実性の原則 ………………………… 355	その他の取引によるCF …………… 312
進捗度 ………………………………… 338	その他利益剰余金 …………………… 22
信用取引 ……………………………… 232	損益勘定 ……………………………… 231

【す】

数量差異 ………………………… 97,99,346
スキャッターグラフ法（散布図表法）
…………………………………… 85

【せ】

正規の簿記の原則 …………………… 356
税効果会計 …………………………… 373
生産性分析 …………………………… 71
精算表 ………………………………… 289
正常営業循環基準 …………………… 15
製造間接費 …………………………… 327
製造原価 ……………………………… 325
製造原価報告書 ……………………… 329
製造指図書 …………………………… 333
製造直接費 …………………………… 327
制度会計 ……………………………… 3
税引後キャッシュフロー …………… 116
税引前キャッシュフロー …………… 115
税引前当期純利益 …………………… 28
セールスミックス …………………… 101
節税効果 ……………………………… 172
ゼロ成長モデル ……………………… 144
全部原価計算 ………………………… 348

【そ】

相関係数 ……………………………… 192

損益計算書 …………………… 4,11,24
損益分岐点売上高 …………………… 87
損益分岐点の営業量 ………………… 87
損益分岐点比率 ……………………… 92
損害賠償金 …………………………… 312

【た】

貸借対照表 ………………… 3,5,11,14
耐用年数 ……………………………… 243
タックスシールド …………………… 116
建物 …………………………………… 18
棚卸減耗 ……………………………… 268
棚卸減耗費 …………………………… 268
棚卸資産回転期間 …………………… 59
棚卸資産回転率 ……………………… 57
他人資本（負債）…………………… 5
単一性の原則 ………………………… 356
短期安全性分析 ……………………… 61
短期貸付金 …………………………… 18
短期借入金 …………………………… 20
単利計算 ……………………………… 151

【ち】

中小企業の会計に関する基本要領 … 12
中小企業の会計に関する指針 ……… 12
超過収益力 …………………………… 383
長期安全性分析 ……………………… 61
長期貸付金 …………………………… 20

長期借入金 ……………………………… 20
調達源泉 …………………………………… 4
帳簿価額（簿価）………………………… 19
直接金融 ………………………………… 168
直接原価計算 …………………………… 349
直接材料費 ……………………………… 337
直接法 …………………………… 34,248,320
賃貸借処理 ……………………………… 370
賃率差異 ………………………………… 347

【つ】

通貨オプション ………………………… 213
通貨スワップ …………………………… 216

【て】

定額法 …………………………………… 244
定率成長モデル ………………………… 144
定率法 …………………………………… 244
デリバティブ（金融派生商品）……… 204
転記 ……………………………………… 224
伝票 ……………………………………… 294

【と】

当期純利益 ………………………………… 28
当期製品製造原価 ……………………… 333
当期総製造費用 ………………………… 331
当座資産 …………………………………… 63
当座比率 …………………………………… 63
倒産コスト ……………………………… 172
投資意思決定 …………………………… 139
投資活動によるキャッシュフロー
………………………………… 33,314
投資有価証券 ……………………………… 19
特別損失 …………………………………… 28
特別利益 …………………………………… 27
土地 ………………………………………… 19
特許権 ……………………………………… 19
取替投資 ………………………………… 132

【な】

内部金融 ………………………………… 168
内部収益率法（IRR）………………… 124

【に】

任意積立金 ………………………………… 22

【ね】

値上がり率 ……………………………… 143
値引 ……………………………………… 237
年金現価係数 …………………………… 112

【の】

のれん …………………………………… 383

【は】

ハードルレート ………………………… 120
配当性向 ………………………………… 146
配当政策 ………………………………… 179
配当無関連説 …………………………… 180
配当利回り ………………………… 143,146
配当割引モデル ………………………… 144
売買処理 ………………………………… 370
配賦 ……………………………………… 334
発生主義 …………………………… 28,358
払出単価 ………………………………… 265
バランスシート …………………………… 3
販売費 …………………………………… 325
販売費及び一般管理費（販管費）……… 26

【ひ】

非支配株主持分 …………………… 21,384
費用 ………………………………………… 4
評価・換算差額等 ………………………… 22
評価性引当金 …………………………… 257
費用収益対応の原則 …………………… 357
標準原価計算 …………………………… 344
標準偏差 ………………………………… 186

【ふ】

ファイナンス・リース取引 …………… 369
賦課 ……………………………………… 334
付加価値 …………………………………… 72
付加価値率 ………………………………… 72
複利計算 ………………………………… 151
複利現価係数 …………………………… 112
負債 …………………………………… 4,15
負債価値 ………………………………… 141

401

負債性引当金 …………………………… 257
負債比率 …………………………………… 65
付随費用 ………………………………… 234
附属明細表 ………………………………… 11
プットオプション ………………… 209,215
フリーキャッシュフロー ………… 78,155
不利差異 …………………………………… 97
フルペイアウト ………………………… 370
分散 ……………………………………… 186
分配可能額 ……………………………… 367

【へ】

平均法 …………………………………… 341
ベータ（β）…………………………… 199
変動費 …………………………………… 84
返品 ……………………………………… 236

【ほ】

報告式 …………………………………… 24
法人税、住民税及び事業税 …………… 28
法人税等 ………………………………… 313
法定実効税率 …………………………… 374
ポートフォリオのリスク分散効果 … 193
簿記 ………………………………………… 5
簿記一巡 ………………………………… 219
簿記の5要素 …………………………… 220
保守主義の原則 ………………………… 356

【ま】

マーケットアプローチ ………………… 165
マーケット・リスク …………………… 199
埋没原価 ………………………………… 133
前受金 …………………………………… 235
前受収益 ………………………………… 277
前払金 …………………………………… 235
前払費用 ………………………………… 274
前渡金 …………………………………… 235

【み】

未達取引 ………………………………… 299
未収収益 ………………………………… 283
未払費用 ………………………………… 280

【む】

無関連原価 ……………………………… 105
無形固定資産 …………………………… 19
無リスク利子率 ………………………… 202

【め】

明瞭性の原則 …………………………… 356

【ゆ】

有価証券 ………………………………… 17
有形固定資産 …………………………… 18
有形固定資産回転率 …………………… 57
有利差異 ………………………………… 97
ユニーク・リスク ……………………… 199

【り】

リース取引 ……………………………… 369
利益 ………………………………………… 4
利益準備金 ……………………………… 22
利益剰余金 ……………………………… 22
利益分配の意思決定 …………………… 139
リスク ………………… 183,185,190,196
リスク回避的投資家 …………………… 186
リスク調整割引率法 …………………… 135
リスクフリーレート ……………… 184,201
リスクプレミアム ……………………… 184
リターン ……………… 183,185,190,196
利付債（クーポン債）………………… 150
流動資産 ………………………………… 16
流動比率 ………………………………… 62
流動負債 ………………………………… 20

【ろ】

労働生産性 ……………………………… 72
労働分配率 ……………………………… 72
労務費 …………………………… 327,331

【わ】

割引債（ゼロクーポン債）…………… 149
割引率 …………………………………… 111

中小企業診断士　2022年度版
最速合格のためのスピードテキスト　②　財務・会計

（2003年度版 2002年10月 1 日 初版　第 1 刷発行）
2021年10月14日　初 版　第 1 刷発行

編 著 者	Ｔ Ａ Ｃ 株 式 会 社	
	（中小企業診断士講座）	
発 行 者	多　田　敏　男	
発 行 所	ＴＡＣ株式会社　出版事業部	
	（ＴＡＣ出版）	

〒101-8383
東京都千代田区神田三崎町3-2-18
電 話 03 (5276) 9492（営業）
FAX 03 (5276) 9674
https://shuppan.tac-school.co.jp

組 版	株 式 会 社 グ ラ フ ト	
印 刷	株 式 会 社 ワコープラネット	
製 本	株 式 会 社 常 川 製 本	

© TAC 2021　　　Printed in Japan

ISBN 978-4-8132-9728-4
N.D.C. 335

本書は，「著作権法」によって，著作権等の権利が保護されている著作物です。本書の全部または一部につき，無断で転載，複写されると，著作権等の権利侵害となります。上記のような使い方をされる場合，および本書を使用して講義・セミナー等を実施する場合には，小社宛許諾を求めてください。

乱丁・落丁による交換，および正誤のお問合せ対応は，該当書籍の改訂版刊行月末日までといたします。なお，交換につきましては，書籍の在庫状況等により，お受けできない場合もございます。
また，各種本試験の実施の延期，中止を理由とした本書の返品はお受けいたしません。返金もいたしかねますので，あらかじめご了承くださいますようお願い申し上げます。

中小企業診断士への関心が高まった方へおすすめ

2022合格目標 1次「財務・会計」先どり学習講義

1次試験の「財務・会計」、2次試験の「事例Ⅳ」ともに、数値計算をする問題が出題されます。当講義は、頻出領域に絞って解説しながらインプットし、問題を解きながらアウトプットする学習をしていきます。
「財務・会計」が得意になると、2次試験「事例Ⅳ」の学習でも大きなアドバンテージを得られますので、ぜひ早期に対策を行い、「財務・会計」を得意科目にしてください!

カリキュラム

第1回	☐ 会計種類 ☐ B/S(貸借対照表)、P/L(損益計算書)の概要とつながり ☐ B/S、P/Lの一般的な項目 ☐ 簿記(仕訳)の基礎、仕訳の練習、減価償却 ☐ B/S、P/L作成練習 ☐ キャッシュフロー計算書
第2回	☐ 経営分析(総合収益性、収益性、効率性、安全性)
第3回	☐ CVP分析(損益分岐点、損益分岐点比率、安全余裕率、利益計画、利益差異、感度分析)
第4回	☐ 投資の経済性計算(正味現在価値法、内部収益率法、収益性指数法、単純回収期間法)

学習メディア
●ビデオブース講座　●Web通信講座

教材
オリジナルテキスト1冊

講義時間
140分/回

フォロー制度
質問メール:3回まで(受講生専用サイトにて受付)

受講料

コース	学習メディア	通常受講料
1次「財務・会計」先どり学習講義	ビデオブース講座 Web通信講座	¥15,000

※左記は入会金不要
※受講料は教材費・消費税10%が含まれます。

中小企業診断士試験の受講を検討中でもっといろいろなことをお知

これから始める相談ダイヤル
ライセンスアドバイザーまで
お気軽にご相談ください。

通話無料 0120-443-411

受付時間　月〜金／9:30〜19:00
　　　　　土・日・祝／9:30〜18:00
受付時間は変更させていただく場合がございます。

講座案内　　　　　　　　　　　資格の学校 TAC

2022合格目標　1次パック生　[直前編]

全7科目のアウトプットを中心に直前期の総仕上げをしたい方におすすめです。TACオリジナル問題の答練・公開模試を受験することで、得点力が向上します。

カリキュラム 全21回＋1次公開模試

	2022年5月～7月
1次完成答練 [14回]	本試験の予想問題に取り組み、これまでの学習の成果を確認します。 ここで間違えてしまった問題は、確実にマスターすることが重要です。
1次公開模試 [2日間]	本試験と同様の形式で実施する模擬試験です。 自分の実力を正確に測ることができます。これまでの学習の成果を発揮してください。
1次最終講義 [各科目1回／全7回]	1次試験対策の最後の総まとめ講義です。 法改正などのトピックも交えた最新情報をお伝えします。

学習メディア

●教室講座　●ビデオブース講座　●Web通信講座　●DVD通信講座

フォロー制度

質問メール：10回まで（受講生専用サイトにて受付）

受講料

コース	学習メディア	開講月	通常受講料	
1次パック生（直前編）	教室講座	2022年5月	¥88,000	2022年 3月1日(火)より お申込みいただけます。
	ビデオブース講座			
	Web通信講座	2022年4月		
	DVD通信講座		¥98,000	

※0から始まる会員番号をお持ちでない方は、受講料のほかに別途入会金¥10,000(消費税込)が必要です。
※受講料は教材費・消費税10％が含まれています。

なりたい方は、下記のサービス（無料）をお気軽にご利用ください！

これから始める相談メール

メール相談は24時間受付中！

TAC 資格例　[検索]

中小企業診断士講座のご案内

現役の中小企業診断士が"熱く"語る!
講座説明会&個別相談コーナー
予約不要! 参加無料!

試験制度や学習方法、資格の魅力等について、現役の中小企業診断士が語ります。予約不要、参加無料です。直接会場にお越しください。
ガイダンス終了後には、学習を始めるにあたっての疑問や不安を、講師や合格者等に質問できる「個別相談コーナー」も開催します。

>> ガイダンス日程は、TACホームページにてご確認ください。

▶▶▶ TAC 診断士 ガイダンス [検索]

TACの講義を体感!
無料体験入学制度
体験無料!

TACではお申込み前に講義を無料で体験受講していただけます。
講義の雰囲気や講師・教材をじっくり体験してからお申込みください!

教室で体験

各コースの第1回目の講義の開始前に各校舎の受付窓口にてお手続きください。
予約不要です。

ビデオブースで体験

TACのビデオブースで第1回目の講義を受講できます。ご都合の良い日時をご予約ください。TAC各校のお電話にてご予約を承ります。

インターネットで体験

TACホームページ内の「TAC動画チャンネル」より体験講義のご視聴が可能です。

▶▶▶ TAC 診断士 動画チャンネル [検索]

当ページでご紹介しているサービスは、全て無料です。ぜひご活用ください!

資格の学校 TAC

各種セミナー・体験講義を見たい!
TAC動画チャンネル 視聴無料!

資格の概要や試験制度・TACのカリキュラムをご説明する「講座説明会」、実務の世界や戦略的な学習方法、試験直前対策などをお話する「セミナー」等、多様なジャンルの動画を無料でご覧いただけます!

▶▶▶ | TAC 診断士 動画チャンネル | 検索

読者にオススメの動画!

ガイダンス

中小企業診断士の魅力とその将来性や、効率的・効果的な学習方法等を紹介します。ご自身の学習計画の参考として、ぜひご覧ください!

主なテーマ例
- ▶ 中小企業診断士の魅力
- ▶ 試験制度
- ▶ 初学者向けコースガイダンス
- ▶ 無料体験講義(Web視聴)

各種セミナー

各種情報や教室で開催したセミナーを無料配信しています。中小企業診断士受験生に役立つ情報が盛りだくさんです!

主なテーマ例
- ▶ 1次直前対策セミナー   ▶ 1次試験分析会
- ▶ 2次直前対策セミナー   ▶ 2次試験分析会
- ▶ 2次口述試験対策セミナー
- ▶ キャリアアップ&起業・創業・独立開業セミナー 等

TAC 中小企業診断士講座 開講コースのご案内

1次上級単科生（応用＋直前編）
学習したい科目のみのお申込みができる、学習経験者向けカリキュラム

- □ 必ず押さえておきたい論点や合否の分かれ目となる論点をピックアップ！
- □ 実際に問題を解きながら、解法テクニックを身につける！
- □ 習得した解法テクニックを実践する答案練習！

カリキュラム
※講義の回数は科目により異なります。

1次応用編 2021年10月〜2022年4月 ｜ **1次直前編 2022年5月〜** ｜ **1次試験【2022年8月（推定）】**

1次上級講義
[財務5回／経済5回／中小3回／その他科目各4回]
講義140分／回

過去の試験傾向を分析し、頻出論点や重要論点を取り上げ、実際に問題を解きながら知識の再確認をするとともに、解法テクニックも身につけていきます。

[使用教材]
1次上級テキスト（上・下巻）

➡ INPUT ⬅

1次上級答練
[各科目1回]
答練60分＋解説80分／回

1次上級講義で学んだ知識を確認・整理し、習得した解法テクニックを実践する答案練習です。※Webで受講（DVD通信講座はDVD送付）

[使用教材]
1次上級答練

⬅ OUTPUT ➡

1次完成答練
[各科目2回]
答練60分＋解説80分／回

重要論点を網羅した、TAC厳選の本試験予想問題による答案練習です。

[使用教材]
1次完成答練

⬅ OUTPUT ➡

1次最終講義
[各科目1回]
講義140分／回

1次対策の最後の総まとめです。法改正などのトピックを交えた最新情報をお伝えします。

[使用教材]
1次最終講義レジュメ

➡ INPUT ⬅

1次養成答練 [各科目1回] ※講義回数には含まず。
基礎知識の確認を図るための1次試験対策の答案練習です。
配布のみ・解説講義なし・採点あり

⬅ OUTPUT ➡

さらに！
「1次基本単科生」の教材付き！（配付のみ・解説講義なし）
◇基本テキスト　◇講義サポートレジュメ　◇1次養成答練　◇トレーニング　◇1次過去問題集

学習メディア

教室講座

ビデオブース講座

Web通信講座

DVD通信講座

開講予定月
- ◎企業経営理論／11月
- ◎財務・会計／11月
- ◎運営管理／11月
- ◎経営学・経済政策／11月
- ◎経営情報システム／11月
- ◎経営法務／11月
- ◎中小企業経営・政策／12月

1科目から申込できます！　※詳細はホームページまたはパンフレットをご覧ください。

資格の学校 **TAC**

本試験を体感できる!実力がわかる!
2022(令和3)年合格目標　公開模試

受験者数の多さが信頼の証。全国最大級の公開模試!

中小企業診断士試験、特に2次試験においては、自分の実力が全体の中で相対的にどの位置にあるのかを把握することが非常に大切です。独学や規模の小さい受験指導校では把握することが非常に困難ですが、TACは違います。規模が大きいTACだからこそ得られる成績結果は極めて信頼性が高く、自分の実力を相対的に把握することができます。

1次公開模試
2021年度受験者数
2,653名

2次公開模試
2020年度受験者数
1,986名

TACだから得られるスケールメリット!
規模が大きいから正確な順位を把握し効率的な学習ができる!

TACの成績は全国19の直営校舎にて講座を展開し、多くの方々に選ばれていますので、受験生全体の成績に近似しており、**本試験に近い成績・順位を把握**することができます。
さらに、**他のライバルたちに差をつけられている、自分にとって本当に克服しなければいけない苦手分野を自覚することができ**、より効率的かつ効果的な学習計画を立てられます。

はたして今の成績は良いの?悪いの?

規模の小さい受験指導校で得られる成績・順位よりも…

この母集団で今の成績なら大丈夫!

規模の大きい**TAC**なら、本試験に近い成績が分かる!

実施予定

1次公開模試：2022年7/2(土)・3(日)実施予定
2次公開模試：2022年9/4(日)実施予定

詳しくは公開模試パンフレットまたはTACホームページをご覧ください。

1次公開模試：2022年2月下旬完成予定　2次公開模試：2022年6月上旬完成予定

https://www.tac-school.co.jp/　　TAC　診断士　　検索

2022年度 中小企業診断士試験 （第1次試験・第2次試験）

TAC出版では、中小企業診断士試験（第1次試験・第2次試験）にスピード合格を目指される方のために、科目別、用途別の書籍を刊行しております。資格の学校TAC中小企業診断士講座とTAC出版が強力なタッグを組んで完成させた、自信作です。ぜひご活用いただき、スピード合格を目指してください。

※刊行内容・刊行月・装丁等は変更になる場合がございます。

基礎知識を固める

▶ みんなが欲しかった！シリーズ

**みんなが欲しかった！
中小企業診断士
合格へのはじめの一歩** 好評発売中
A5判
- フルカラーでよくわかる、「本気でやさしい入門書」！試験の概要、学習プランなどのオリエンテーションと、科目別の主要論点の入門講義を収載。

**みんなが欲しかった！
中小企業診断士の教科書**
上：企業経営理論、財務・会計、運営管理
下：経済学・経済政策、経営情報システム、経営法務、中小企業経営・政策
A5判　10～11月刊行　全2巻
- フルカラーでおもいっきりわかりやすいテキスト
- 科目別の分冊で持ち運びラクラク
- 赤シートつき

**みんなが欲しかった！
中小企業診断士の問題集**
上：企業経営理論、財務・会計、運営管理
下：経済学・経済政策、経営情報システム、経営法務、中小企業経営・政策
A5判　10～11月刊行　全2巻
- 診断士の教科書に完全準拠
- 各科目とも論点別に約50問収載
- 科目別の分冊で持ち運びラクラク

▶ 最速合格シリーズ

科目別全7巻
① 企業経営理論
② 財務・会計
③ 運営管理
④ 経済学・経済政策
⑤ 経営情報システム
⑥ 経営法務
⑦ 中小企業経営・中小企業政策

**最速合格のための
スピードテキスト**
A5判　9月～12月刊行
- 試験に合格するために必要な知識のみを集約。初めて学習する方はもちろん、学習経験者も安心して使える基本書です。

科目別全7巻
① 企業経営理論
② 財務・会計
③ 運営管理
④ 経済学・経済政策
⑤ 経営情報システム
⑥ 経営法務
⑦ 中小企業経営・中小企業政策

**最速合格のための
スピード問題集**
A5判　9月～12月刊行
- 「スピードテキスト」に準拠したトレーニング用問題集。テキストと反復学習していただくことで学習効果を飛躍的に向上させることができます。

1次試験への総仕上げ

**最速合格のための
第1次試験過去問題集**
A5判　12月刊行
- 過去問は本試験攻略の上で、絶対に欠かせないトレーニングツールです。また、出題論点や出題パターンを知ることで、効率的な学習が可能となります。5年分の本試験問題を科目別にまとめた本書は、丁寧な解説つきで、理解もぐんぐん進みます。

科目別全7巻
① 企業経営理論　③ 運営管理　⑤ 経営情報システム　⑦ 中小企業経営・中小企業政策
② 財務・会計　④ 経済学・経済政策　⑥ 経営法務

受験対策書籍のご案内　TAC出版

要点整理と弱点補強

最速合格のための
要点整理ポケットブック
B6変形判　1月刊行

全2巻
1日目
（経済学・経済政策、財務・会計、企業経営理論、運営管理）
2日目
（経営法務、経営情報システム、中小企業経営・中小企業政策）

● 第1次試験の日程と同じ科目構成の「要点まとめテキスト」です。コンパクトサイズで、いつでもどこでも手軽に確認できます。買ったその日から本試験当日の会場まで、フル活用してください！

集中特訓 財務・会計 計算問題集 第8版
B5判　9月刊行

● 財務・会計を苦手とする受験生の「計算力」を飛躍的に向上することを目的として、第1次試験の基礎的なレベルから、第2次試験の応用レベルまでを広くカバーした良問を厳選して収載しました。集中特訓で苦手科目脱却を図りましょう。

2次試験への総仕上げ

最速合格のための
第2次試験 過去問題集
B5判　2月刊行

● 過去5年分の本試験問題を収載し、問題文の読み取り方から解答作成まで丁寧に解説しています。抜き取り式の解答用紙付きです。最高の良問である過去問題に取り組んで、合格をたぐりよせましょう。

集中特訓 診断士 第2次試験 第2版
B5判

● 本試験と同様の4つの事例を4回分、計16問の問題を収載。実際に問題を解き、必要な確認・修正を行い、次の問題に取り組むことを繰り返すことで、2次試験への対応力を高めることができます。

好評発売中

TACの書籍はこちらの方法でご購入いただけます

1 全国の書店・大学生協　**2** TAC各校 書籍コーナー　**3** インターネット

CYBER BOOK STORE　TAC出版書籍販売サイト
アドレス　https://bookstore.tac-school.co.jp/

・2021年8月現在　・価格等詳細は、決定しだい上記のサイバーブックストアに掲載されますのでご参照ください

書籍の正誤についてのお問合わせ

万一誤りと疑われる箇所がございましたら、以下の方法にてご確認いただきますよう、お願いいたします。

なお、正誤のお問合わせ以外の書籍内容に関する解説・受験指導等は、**一切行っておりません。**
そのようなお問合わせにつきましては、お答えいたしかねますので、あらかじめご了承ください。

1 正誤表の確認方法

TAC出版書籍販売サイト「Cyber Book Store」の
トップページ内「正誤表」コーナーにて、正誤表をご確認ください。

CYBER TAC出版書籍販売サイト
BOOK STORE

URL:https://bookstore.tac-school.co.jp/

2 正誤のお問合わせ方法

正誤表がない場合、あるいは該当箇所が掲載されていない場合は、書名、発行年月日、お客様のお名前、ご連絡先を明記の上、下記の方法でお問合わせください。
なお、回答までに1週間前後を要する場合もございます。あらかじめご了承ください。

文書にて問合わせる

● 郵 送 先　〒101-8383 東京都千代田区神田三崎町3-2-18
TAC株式会社 出版事業部 正誤問合わせ係

FAXにて問合わせる

● FAX番号　**03-5276-9674**

e-mailにて問合わせる

● お問合わせ先アドレス　**syuppan-h@tac-school.co.jp**

※お電話でのお問合わせは、お受けできません。また、土日祝日はお問合わせ対応をおこなっておりません。
※正誤のお問合わせ対応は、該当書籍の改訂版刊行月末日までといたします。

乱丁・落丁による交換は、該当書籍の改訂版刊行月末日までといたします。なお、書籍の在庫状況等により、お受けできない場合もございます。
また、各種本試験の実施の延期、中止を理由とした本書の返品はお受けいたしません。返金もいたしかねますので、あらかじめご了承くださいますようお願い申し上げます。

TACにおける個人情報の取り扱いについて
■お預かりした個人情報は、TAC（株）で管理させていただき、お問い合わせへの対応、当社の記録保管および当社商品・サービスの向上にのみ利用いたします。お客様の同意なしに業務委託先以外の第三者に開示、提供することはございません（法令等により開示を求められた場合を除く）。その他、個人情報保護管理者、お預かりした個人情報の開示等及びTAC（株）への個人情報の提供の任意性については、当社ホームページ（https://www.tac-school.co.jp）をご覧いただくか、個人情報に関するお問い合わせ窓口（E-mail:privacy@tac-school.co.jp）までお問合せください。

（2020年10月現在）